Prix: 2.60

OTHÈQUE
T DES FAMILLES

ID ABOUT

VELLES

PARIS

RD SAINT-GERMAIN, 79

NOUVELLES
ET
SOUVENIRS

LA MORT DU TURCO

BIBLIOTHÈQUE
DES ÉCOLES ET DES FAMILLES

NOUVELLES
ET
SOUVENIRS

PAR

EDMOND ABOUT

de l'Académie Française

TROISIÈME ÉDITION
ILLUSTRÉE DE 13 GRAVURES

PARIS
LIBRAIRIE HACHETTE ET Cie
79, BOULEVARD SAINT-GERMAIN, 79
1890

Droits de traduction et de reproduction réservés.

A
LA MÉMOIRE
DE
EDMOND ABOUT

CE RECUEIL
COMPOSÉ POUR LA BIBLIOTHÈQUE DES ÉCOLES
ET DES FAMILLES

PAR
UN ANCIEN CAMARADE ET AMI

E. F.

VOYAGES

I

LA GRÈCE CONTEMPORAINE

LE PAYS

I

Idée qu'on se fait de la Grèce. — Deux sceptiques. — Premier coup d'œil, qui n'est pas rassurant. — Syra.

Le 1ᵉʳ février 1852, je m'embarquais à Marseille sur le *Lycurgue;* le 9, je descendais au Pirée. L'Orient, qui passe pour un pays lointain, n'est pas beaucoup plus loin de nous que la banlieue : Athènes est à neuf jours de Paris, et il m'en a coûté trois fois moins de temps et d'argent pour aller voir le roi Othon dans sa capitale que Mme de Sévigné n'en dépensait pour aller voir sa fille à Grignan. Si quelque lecteur veut s'épargner la peine de parcourir ce petit livre ou se donner le plaisir de le contrôler, je lui conseille de s'adresser à la Compagnie des Messageries impériales : elle a d'excellentes voitures qui vont à Marseille en trente-six heures, et de fort bons bateaux qui font le voyage de Grèce en huit jours sans se presser[1].

A Paris, à Marseille et partout où je disais adieu à des amis, on me criait, pour me consoler d'une absence qui devait être longue : « Vous allez voir un beau pays! » C'est aussi ce que je me disais à moi-même. Le nom de la Grèce, plus encore que celui de l'Espagne ou de l'Italie, est plein de promesses. Vous ne trouverez pas un jeune homme en qui il n'éveille des idées de beauté, de lumière et de bonheur. Les écoliers les moins studieux et qui maudissent le plus éloquemment l'histoire de la Grèce et la version grecque, s'ils s'endorment sur leur dictionnaire grec, rêvent de la Grèce. Je comptais sur un ciel sans nuage, une mer sans ride, un printemps sans fin, et surtout des fleuves limpides et des ombrages frais : les poètes grecs ont parlé si tendrement de la fraîcheur et de l'ombre! Je ne songeais pas que les biens qu'on vante le plus ne sont pas ceux qu'on a, mais ceux que l'on désire.

Je fis la traversée avec deux enseignes de vaisseau qui allaient rejoindre la station du Levant et l'amiral Romain Desfossés. Ces messieurs riaient beaucoup de mes illusions sur la Grèce : l'un d'eux avait vu le pays; l'autre le connaissait aussi bien que s'il l'avait vu : car chaque carré d'officiers, à bord des bâtiments de l'État, est un véritable bureau de renseignements où l'on sait au juste les ressources, les distractions et les plaisirs que peut offrir chaque recoin du monde, depuis Terre-Neuve jusqu'à Taïti. Dans nos longues promenades sur le pont, mes deux compagnons de voyage me désabusaient à qui mieux mieux, avec une verve désolante, et faisaient tomber mes plus chères espérances comme on gaule des noix en septembre. « Ah! me disaient-ils, vous allez en Grèce sans y être forcé? Vous choisissez bien vos plaisirs! Figurez-vous des montagnes sans arbres, des plaines sans herbe,

---

[1]. La rapidité des transports a fait de tels progrès depuis un an, qu'on peut aller en sept jours du Louvre à l'Acropole.   (*Note de la 2ᵉ édition.*)

des fleuves sans eau, un soleil sans pitié, une poussière sans miséricorde, un beau temps mille fois plus ennuyeux que la pluie, un pays où les légumes poussent tout cuits, où les poules pondent des œufs durs, où les jardins n'ont pas de feuilles, où la couleur verte est rayée de l'arc-en-ciel, où vos yeux fatigués chercheront la verdure sans trouver même une salade où se reposer! »

C'est au milieu de ces propos que j'aperçus la terre de Grèce. Le premier coup d'œil n'avait rien de rassurant. Je ne crois pas qu'il existe au monde un désert plus stérile et plus désolé que les deux presqu'îles méridionales de la Morée, qui se terminent par le cap Malée et le cap Matapan. Ce pays, qu'on appelle *le Magne*, semble abandonné des dieux et des hommes. J'avais beau fatiguer mes yeux, je ne voyais que des rochers rougeâtres, sans une maison, sans un arbre; une pluie fine assombrissait le ciel et la terre, et rien ne pouvait me faire deviner que ces pauvres grandes pierres, si piteuses à voir dans les brouillards de février, resplendissaient d'une beauté sans égale au moindre rayon de soleil.

La pluie nous accompagna jusqu'à Syra, sans toutefois nous dérober la vue des côtes; et je me souviens même qu'on me fit voir à l'horizon le sommet du Taygète. La terre paraissait toujours aussi stérile. De temps en temps on voyait passer quelques misérables villages sans jardins, sans vergers, sans tout cet entourage de verdure et de fleurs qui couronnent les villages de France.

J'ai connu bon nombre de voyageurs qui avaient vu la Grèce sans quitter le pont du bateau qui les portait à Smyrne ou à Constantinople. Ils étaient tous unanimes sur la stérilité du pays. Quelques-uns avaient débarqué pour une heure ou deux à Syra, et ils avaient achevé de se convaincre que la Grèce n'a pas un arbre. J'avoue que Syra n'est pas un paradis terrestre: on n'y voit ni fleuve, ni rivière, ni ruisseau, et l'eau s'y vend un sou le verre. Le peu d'arbres qu'elle nourrit dans ses vallées, loin du vent de la mer, ne sont pas visibles pour le voyageur qui passe; mais il ne faut pas juger l'intérieur d'un pays d'après les côtes, ni le continent d'après les îles.

I

Le brillant Antonio. — L'Attique au mois de février. — Le ciel et la mer.
Le Pirée et la route d'Athènes.

Dans la route de Syra, on nous fit quitter le *Lycurgue*, qui continuait sa route vers Smyrne, et l'on nous embarqua sur un bateau de la compagnie, l'*Eurotas*, qui devait nous déposer au Pirée. Je me préparais à passer d'un bord à l'autre, et je m'expliquais de mon mieux, c'est-à-dire fort mal, avec le batelier grec qui allait transporter mes bagages, lorsque je m'entendis appeler en français par une voix inconnue. Un homme de quarante ans, de bonne mine, l'air noble, et couvert de vêtements magnifiques, s'était approché du *Lycurgue*, dans un bateau à quatre rameurs : c'était lui qui, d'un ton plein de dignité, demandait au capitaine si j'étais à bord. Ce seigneur portait un si beau bonnet rouge, une si belle jupe blanche ; il avait tant d'or à sa veste, à ses guêtres et à sa ceinture, que je ne doutai pas un instant qu'il ne fût un des principaux personnages de l'État. Mes deux officiers de marine prétendaient que le roi, informé des sentiments d'admiration que je nourrissais pour son royaume, avait envoyé au-devant de moi son maréchal du palais, tout au moins. Lorsque ce gentilhomme fut arrivé jusqu'à moi et que je l'eus salué avec tout le respect que je devais à son rang, il me remit courtoisement une lettre pliée en quatre. Je lui demandai la permission de lire et je lus :

« Je vous recommande Antonio ; c'est un bon domestique qui vous épargnera les ennuis de la barque, de la douane et de la voiture. »

Je m'empressai de confier mon manteau à cette grandeur déchue qui me servit fidèlement pendant dix ou douze heures, fit transporter mes bagages et ma personne, se chargea de corrompre, moyennant un franc, la facile vertu du douanier, et me remit sain et sauf à la porte de notre maison. Les voyageurs qui vont en Grèce sans savoir le grec n'ont pas à craindre un seul moment d'embarras : ils trouveront dès Syra, non seulement Antonio, mais cinq ou six autres domestiques aussi bien dorés, qui parlent le français, l'anglais et l'italien, et qui les mèneront, presque sans les voler, jusqu'à l'un des hôtels de la ville.

Huit heures après avoir quitté Syra, nous découvrions la plaine d'Athènes. La pluie avait cessé, les nuages avaient disparu comme par enchantement, et le ciel était aussi pur que notre ciel de France dans les plus belles journées de juillet. L'eau de la mer était d'un bleu pur, doux, sombre et profond; elle glissait sur les deux flancs du navire comme un velours épais largement chiffonné. Nous courions au milieu de ce golfe, le plus illustre du monde, qui vit naître et fleurir Athènes, Éleusis, Mégare, Corinthe, Égine, toutes les gloires de la Grèce. Nous laissions derrière nous l'île d'Égine et les montagnes de la Morée, dont les sommets couverts de neige se découpaient nettement sur le ciel; les rochers de Salamine se dressaient à notre gauche, aussi nus et aussi stériles que les rivages du Magne, et devant nous s'ouvrait une plaine de six lieues de long sur dix de large : c'est la plaine d'Athènes. Elle est fermée d'un côté par l'Hymette, une triste montagne aux formes rondes et molles, aux couleurs ternes et grises. Pas un arbre, pas un buisson; à peine peut-elle nourrir une centaine de ruches, qui font, comme autrefois, un miel délicieux. En face de l'Hymette se dresse le Parnès, qu'on dirait découpé par un paysagiste, tant les lignes en sont pures, tant le dessin en est hardi, tant les sapins qui le hérissent et la grande crevasse qui le coupe par le milieu lui donnent une sauvage et franche originalité. Entre ces deux montagnes, au fond de la plaine, s'allonge, en forme de fronton, le Pentélique, qui a fourni et qui pourrait fournir encore le plus beau de tous les marbres statuaires. Au milieu de la plaine s'élèvent quelques rochers qui enveloppent et protègent la ville : c'est le Lycabète, le Musée, l'Aréopage, et surtout l'Acropole, le plus beau et le plus célèbre de tous. Le voyageur qui s'approche du Pirée ne voit pas l'Athènes moderne, mais ses yeux sont frappés tout d'abord par l'Acropole et les ruines gigantesques qui la couronnent. En Grèce, le passé fera toujours tort au présent.

Le Pirée est un village de quatre ou cinq mille âmes, tout en cabarets et en magasins[1]. Une route de sept kilomètres environ le fait communiquer avec la ville. Cette route est entretenue avec quelque soin : cependant elle est horriblement fangeuse en hiver et poudreuse en été. Elle est bordée, en quelques endroits seulement, de grands peupliers d'une espèce particulière, plus vigoureux, plus amples et plus touffus que les nôtres, et dont la feuille est doublée d'un léger coton. On ne rencontre d'abord que des landes stériles, qui vont se confondre à droite avec les marais de Phalères. A un quart de lieue du Pirée on commence à voir quelques vignes et quelques amandiers; un peu plus loin, la route passe sur un ruisseau imperceptible : Antonio m'avertit que c'était le Céphise. Dès ce moment, la route s'embellit un peu; elle longe un bois d'oliviers qui faisait autrefois le tour de la ville, mais que la guerre de l'indépendance et l'hiver rigoureux de 1849 à 1850 ont successivement dévasté. Ces gros arbres au tronc noueux, au pâle et maigre feuillage sont la seule verdure qu'on aperçoive en hiver dans la plaine d'Athènes. En été, le paysage n'est pas beaucoup plus gai : les figuiers ont beau étaler leurs feuilles larges et puissantes; la vigne, qui rampe à quelques pieds de terre, a beau se charger de feuillage et de fruits : une poussière épaisse, que le vent enlève en gros tourbillons, revêt tous les objets

---

1. Nos soldats ont nettoyé les rues du Pirée; ils y ont même créé des jardins. Le patriotisme grec remettra les choses en ordre quand nos soldats seront partis.

(*Note de la 2ᵉ édition.*)

L'ACROPOLE.

d'une teinte uniforme et donne à la fertilité même un air désolé. C'est au printemps qu'il faut voir l'Attique dans tout son éclat, quand les anémones, aussi hautes que les tulipes de nos jardins, confondent et varient leurs brillantes couleurs; quand les abeilles descendues de l'Hymette bourdonnent dans les asphodèles; quand les grives babillent dans les oliviers; quand le jeune feuillage n'a pas encore reçu une couche de poussière; que l'herbe, qui doit disparaître à la fin de mai, s'élève verte et drue partout où elle trouve un peu de terre; et que les grandes orges, mêlées de fleurs, ondoient sous la brise de la mer. Une lumière blanche et éclatante illumine la terre et fait concevoir à l'imagination cette lumière divine dont les héros sont vêtus dans les champs Élysées. L'air est si pur et si transparent qu'il semble qu'on n'ait qu'à étendre la main pour toucher les montagnes les plus éloignées; il transmet si fidèlement tous les sons, qu'on entend la clochette de troupeaux qui passent à une demi-lieue, et le cri des grands aigles qui se perdent dans l'immensité du ciel.

III

Le climat de la Grèce : chaleurs intolérables et froids terribles. — Le vent du nord et le sirocco. — Un premier jour de printemps. — Comparaison entre les différentes provinces de la Grèce. — Le pays est malsain.

Mais ce ciel si beau est sujet aux caprices les plus étranges. Je me souviens que, le jour de mon arrivée à Athènes, je voulais, avant le déjeuner, gravir le sommet de l'Hymette, et je fus bien surpris d'apprendre que cette montagne, qui semblait si près de nous, était à plus de deux heures de notre maison : il faisait beau. Vers midi, le vent du sud-ouest se mit à souffler : c'est ce célèbre sirocco, si terrible dans les déserts de l'Afrique, et qui fait sentir son influence non seulement jusque dans Athènes, mais jusqu'à Rome. L'air s'obscurcit insensiblement ; quelques nuages blancs, fouettés de gris, s'amassèrent à l'horizon ; les objets devinrent plus ternes, les sons moins clairs ; je ne sais quoi d'étouffant semblait peser sur la terre. Je sentais une lassitude inconnue s'emparer de moi et briser mes forces. Le lendemain, c'était le tour du vent du nord ; on le reconnaît tout d'abord à sa grande voix, rude et sifflante ; il ébranle les arbres, battait les maisons comme pour les renverser, et surtout il avait emprunté aux neiges de la Thrace une froidure si vive et si piquante qu'il nous faisait grelotter au coin du feu dans nos manteaux. Heureusement le vent du nord ne souffle pas tous les jours : j'ai passé dans Athènes un hiver où il ne s'est pas montré quinze fois ; mais lorsqu'il se déchaîne, il est terrible. Le 24 mars 1852, le jour où le printemps commençait sur les almanachs, nous avons été forcés de déjeuner aux lumières, volets clos, rideaux tirés, un grand feu allumé, et nous avions froid. Les Athéniens en quinze jours de vent du nord ont tout l'hiver que nous avons en quatre mois. Cependant le ciel leur épargne la gelée, et ils ne connaissent la neige que de vue. Une fois en vingt ans il a gelé dans la plaine d'Athènes ; et le thermomètre est descendu à deux degrés au-dessous de zéro. C'était au mois de janvier 1850, pendant les blocus de l'amiral Parker : la neige et la guerre, deux terribles fléaux, s'abattaient à la fois sur ce malheureux pays. En une nuit, les animaux et les arbres périrent par milliers : ni les arbres ni les animaux ne sont endurcis au froid.

Athènes est peut-être la ville de Grèce où il pleut le moins rement ; il ne faut donc pas s'étonner si l'Attique est plus aride que la Laconie, l'Argolide ou la Béotie. La campagne de Sparte nourrit une végétation vigoureuse comme le peuple lacédémonien ; la plaine d'Argos, riche sans élégance, a dans son opulente fécondité je ne sais quoi de superbement vulgaire qui rappelle le faste d'Agamemnon ; il y a quelque chose de béotien dans la grasse fertilité des marais voisins de Thèbes ; la plaine est élégante dans tous ses aspects, délicate dans toutes ses lignes, pleine d'une distinction un peu sèche et d'une élégance un peu maigre, comme le peuple si fin et si gracieux qu'elle a nourri.

La Grèce est un pays malsain ; les plaines fertiles, les âpres rochers, les plages riantes, tout recèle la fièvre : en respirant sous les orangers un air embaumé, on s'empoisonne ; on dirait que dans ce vieil Orient l'air même tombe en décomposition. Le printemps et l'automne produisent dans tout le pays des fièvres périodiques. Les enfants en meurent, les hommes en souffrent. Il faudrait quelques millions pour dessécher les marais, assainir le pays et sauver tout un peuple. Heureusement la race grecque est si nerveuse que la fièvre ne tue que les petits enfants : les hommes ont quelques accès au printemps ; ils coupent la fièvre, et ils l'oublient jusqu'à l'automne.

IV

Première excursion. — Comment on apprend le grec moderne. — Mon professeur cire mes bottes. — Voyage dans l'île d'Égine, avec Garnier. — Nous donnons le spectacle aux Éginètes. — Paysage.

Si l'on arrive sans peine aux bords du Céphise et de l'Ilissus, il est moins facile de pénétrer dans le cœur du pays ; et cette merveilleuse Compagnie des Messageries impériales, malgré tout son bon vouloir, ne saurait vous transporter ni à Sparte ni à Thèbes : aussi la plupart des étrangers se contentent de voir l'Attique, et jugent la terre de Grèce d'après la campagne d'Athènes. Je les plains : ils ne connaissent pas les fatigues enivrantes et les dégoûts délicieux d'une longue course à travers cet étrange pays. C'est au printemps et à l'automne qu'il faut se mettre en route, quand les torrents sont à sec. Le mois de mai et le mois d'octobre sont les plus favorables ; en juin il serait trop tard, en septembre il serait trop tôt : à courir les chemins sous le soleil de l'été, vous risqueriez votre vie, ou tout au moins votre raison.

J'étais si impatient de commencer cette belle vie aventureuse, que je trouvai le 1ᵉʳ mai bien lent à venir. Je me hâtais d'apprendre le grec moderne, pour voyager sans interprète et causer avec les hommes que je rencontrerais. Tous les soirs mon domestique, ce bon vieux Petros, descendait dans ma chambre et me donnait une leçon. Je faisais des progrès rapides, car le grec moderne ne diffère de l'ancien que par un système de barbarismes dont on trouve aisément la clef. Le tout est d'écorcher convenablement les mots que nous avons appris au collège : il n'y a rien de changé au fond de la langue. « Viens ici, mon Pierre, disais-je en lui prenant le bras : comment appelles-tu cela ? » Il me nommait successivement toutes les parties de son corps, tous les meubles de ma chambre; il entrait, en son patois, dans des explications sans fin où je tâchais de me reconnaître; bref, au bout de deux mois de cette gymnastique, je savais sa langue aussi bien, c'est-à-dire aussi mal que lui. Je suis peut-être le dixième Français à qui il a enseigné le grec, sans qu'on ait jamais pu lui apprendre un mot de français.

Quand mon domestique fut content de moi et qu'il m'eut donné un bon certificat, je voulus me mettre en route; mais avril commençait à peine. On me conseilla de faire, en attendant le mois de mai, un petit apprentissage dans la banlieue d'Athènes : je partis pour Égine avec un architecte de l'Académie de Rome, mon ami Garnier, qui entreprenait alors cette belle restauration qu'on a admirée, il y a quelques mois, au Palais des Beaux-Arts. Égine n'est qu'à six lieues d'Athènes, mais les chemins y sont aussi mauvais, les gîtes aussi inhabitables, la nourriture aussi désespérante qu'en aucun canton de la Grèce. Nous avions débarqué au village qui est le chef-lieu de l'île; notre batelier nous avait conduits au cabaret le plus confortable de l'endroit : *confortable* est un mot qui n'a pas d'équivalent en grec. Nous avions soupé au milieu de tout le populaire, qui examinait curieusement nos vêtements, nos visages et l'omelette que notre domestique nous préparait; enfin nous avions dormi dans une soupente, sur les matelas que nous avions apportés. Bon gré mal gré, le voyageur est comme le sage : il faut qu'il porte tout avec soi. Le lendemain matin nous nous mîmes en route vers le temple d'Égine, que Garnier devait dessiner et mesurer à loisir : tout notre bagage marchait avec nous. Nous voulions louer une cabane près du temple, et nous y fixer pour quinze ou vingt jours. Garnier avait des échelles, des cartons, des planches à laver; nous possédions en commun deux matelas de quelques centimètres d'épaisseur, deux couvertures, du riz, du sucre, du café, des pommes de terre et autres provisions de luxe qu'on ne trouve guère que dans la capitale.

Au lever du jour, les Éginètes assistèrent à un beau spectacle. Nous avions pris deux chevaux de bagage : l'un était borgne et portait les échelles; l'autre jouissait de tous ses avantages de cheval, et nous lui avions confié les matelas et les vivres, l'espoir de nos jours et de nos nuits. Il était fier de son emploi et marchait d'un pas relevé. Mais le porteur d'échelles, soit surprise de se voir ainsi bâté, soit jalousie contre son compagnon qui était moins chargé que lui, soit par un effet de ce préjugé qui nous fait mépriser les fonctions modestement utiles, n'aspirait qu'à se défaire du fardeau dont notre confiance l'avait revêtu. Il se jetait contre les maisons, contre les murs, contre les passants, l'échelle la première. Son maître le suivait de près, et tantôt le piquait rudement avec le bout d'un magnifique parapluie bleu, tantôt le ramenait en arrière par le bâton d'une échelle, tantôt le poussait à droite ou à gauche, en manœuvrant l'échelle comme un gouvernail. Deux ânes, qui devaient nous servir de montures, devinèrent de bonne heure que la route serait pénible; ils profitèrent du désordre pour s'échapper, entrer dans une maison et s'y barricader si bien qu'on les y laissa. Notre troupe fut ainsi réduite à sept personnes dont deux chevaux. Chaque animal avait son pilote : tel est l'usage ; qui loue la bête a l'homme par-dessus le marché. Les échelles allaient devant, les bagages ensuite, puis Garnier avec sa longue pique, puis moi avec mon fusil, enfin le domestique avec nos cartons et nos papiers. Au détour de chaque chemin, le méchant borgne nous jouait quelque tour de sa façon ; son camarade indigné refusait de marcher, le parapluie bleu faisait son office ; les conducteurs poussaient une espèce de hurlement nasal pour encourager leurs bêtes ; les chiens du pays, qui n'ont pas l'habitude de voir des caravanes, aboyaient du haut de leur tête ; les femmes accouraient à leurs portes, les filles à leurs fenêtres et nous riaient vertement au nez. Grâce au zèle de nos conducteurs, nous n'avons pas mis plus d'une demi-heure à traverser la ville, qui est grande comme la rue de Poitiers ; mais les habitants se souviendront longtemps d'une journée si fertile en émotions, et si jamais Égine a une histoire, notre passage y fera époque.

Le village que nous quittions est à deux heures du temple, si l'on marche à pied ; il faut un peu plus de temps si l'on est à cheval. Jugez si les chemins sont bons ! Mais cette route est si variée qu'on y marcherait toute la vie sans se lasser : tantôt elle suit le versant d'une montagne rude et escarpée ; tantôt elle descend dans les ravins immenses, peuplés d'arbres de toute espèce et revêtus de grandes fleurs sauvages que nos jardins devraient envier. Quelques énormes figuiers tordent leurs bras puissants au milieu des amandiers au feuillage grêle ; on rencontre çà et là des orangers d'un vert sombre, des pins roussis par l'hiver, des cyprès aux formes bizarres, et, d'espace en espace, le roi des arbres, le palmier, élève sa belle tête échevelée. Dorez tout ce paysage d'un large rayon de soleil ; semez partout des ruines anciennes et modernes, des églises sur tous les sommets, sur tous les versants des maisons turques, carrées comme des tours, couronnées de terrasses et proprement blanchies à la chaux ; sur les chemins, de petites troupes d'ânes portant des familles entières ; dans les champs, des troupeaux de brebis ; des bandes de chèvres sur les rochers; çà et là quelques vaches maigres, couchées sur le ventre et fixant sur le voyageur leurs gros yeux étonnés; et partout le chant des alouettes qui s'élèvent dans l'air comme pour escalader le soleil; partout le bavardage impertinent des merles qui se réjouissent de voir pousser la vigne, et des centaines d'oiseaux de toute sorte, se disputant à grands cris une goutte de rosée que le soleil a oublié de boire. Je l'ai revue bien des fois, cette route charmante, et, quoiqu'on y trébuche dans les pierres, qu'on y glisse sur les rochers, qu'on s'y baigne les pieds dans l'eau des ruisseaux, je voudrais la parcourir encore.

V

Le voyage. — Idées d'Antonio sur la France. — Petits profits du métier de parrain. — Préparatifs. — De l'inutilité des armes en Grèce. — Nos gens. — Histoire naturelle de l'agoyate. — Le grand Épaminondas, mon cheval. — Leftéri.

Un mois plus tard, j'étais hors d'apprentissage, je serrais un cheval entre mes genoux, je tournais le dos à la plaine d'Athènes; je voyageais. Trois ou quatre jours avant mon départ, le digne Antonio était venu me faire une visite désintéressée pour savoir si je n'avais pas besoin de ses services. Tout voyageur qui ne sait pas le grec est condamné à marcher sous la tutelle d'Antonio ou de quelque autre courrier; car on n'entend le français que dans la capitale : hors d'Athènes, point de salut. Les courriers sont des personnages merveilleusement utiles, qui vous épargnent tous les embarras du voyage, vous procurent des chevaux, des lits, des vivres et un gîte chaque soir, le tout à un prix fort modéré pour le pays. Un voyageur seul paye ordinairement quarante francs par jour; pour deux ou trois personnes, le prix varie entre vingt-cinq francs et un louis. Nous étions trois : Garnier, qui est peintre presque autant qu'architecte; Alfred de Curzon, qui s'est déjà fait connaître au Salon par la rare distinction de sa peinture et l'art avec lequel il compose ses paysages; moi, enfin, qui devais les guider dans un pays que je ne connaissais pas. Mais la carte de l'expédition de Morée est si exacte et si complète qu'on n'a pas besoin d'autre guide. Antonio désirait vivement faire route avec nous, autant peut-être pour le plaisir de voyager que pour le profit qui lui en reviendrait. Les Grecs sont ainsi faits ; il n'aiment rien tant que de changer de place. J'ai entendu Antonio supplier un de mes amis de l'emmener en France. « Vous ne me payerez point, disait-il ; je vous servirai de domestique ; j'aurai soin de votre cheval, et tous les jours je vous ferai votre déjeuner, auprès de quelque fontaine, sous un arbre. » Sous un arbre, ô nature ! Expliquez donc à ces gens-là la vie de Paris et la théorie du restaurant à la carte !

En revanche, Antonio connaît à fond la société grecque et les mœurs de son pays. En homme qui doit voyager, il s'est ménagé des amis partout. Lorsqu'il traverse un village où un enfant vient de naître, il se met sur les rangs pour servir de parrain ; le paysan accepte, trop heureux de placer son fils sous la protection d'un homme cousu d'or, qui habite la capitale et qui voyage avec des seigneurs étrangers. Antonio tient l'enfant sur les fonts de baptême, embrasse son compère, jure de ne l'oublier jamais, et tient sa promesse. Chaque fois qu'il repassera par le village, c'est chez son compère qu'il viendra loger, eût-il dix seigneurs avec lui ; il s'installera dans la maison du compère, brûlera le bois et l'huile du compère, et fera les honneurs comme s'il était chez lui, sans payer : d'ailleurs le compère n'accepterait pas un sou du parrain de son enfant. Antonio a semé tant de filleuls sur son chemin, qu'il loge ses voyageurs pour rien, et qu'il peut les prendre au rabais. Il nous offrit de nous faire parcourir la Grèce à quinze francs par jour ; mais à aucun prix nous ne voulions être la propriété d'un courrier et une chose qu'on promène. Antonio se retira, le sourire sur les lèvres, en nous priant de penser à lui quand nous voudrions acheter des vases antiques, des médailles, ou quelques livres de miel de l'Hymette.

Je ne sais rien de plus charmant que les préparatifs d'un voyage lorsqu'on est soi-même son pourvoyeur et son courrier. Trois jours avant le 1ᵉʳ mai, j'avais couru la ville avec Petros pour acheter des assiettes, des couverts, des casseroles, une énorme gourde pour le vin, deux longs bissacs en poil de chèvre pour le pain, deux grands paniers d'osier pour la vaisselle et les provisions. Chacun de nous s'était muni d'une large coupe de cuivre, ciselée à la turque, que l'on porte pendue au cou dans un étui de maroquin. La veille du départ, je m'étais fait apporter les provisions de bouche; j'avais eu soin d'acheter une dizaine de pains; car le pain ne se trouve guère que dans les villes, et celui d'Athènes est le meilleur. J'avais fait rouler soigneusement nos lits, dont la simplicité ferait peur à un soldat d'Afrique.

Nous n'emportions pas d'armes. J'aurais bien voulu prendre mon fusil : on m'en dissuada énergiquement. « Que voulez-vous en faire? me dit-on; chasser? vous n'aurez pas le temps. Quand vous aurez fait dix heures de cheval dans votre journée, vous ne songerez qu'à souper et à dormir. Si vous voulez vous armer contre les brigands, vous avez doublement tort. D'abord, vous n'en rencontrerez pas. Si quelque homme de mauvaise mine vous arrête au détour d'un chemin, ce sera un gendarme qui vous demandera l'heure qu'il est et une poignée de tabac. Mais je suppose que vous tombiez sur le passage des brigands; votre fusil ne servirait qu'à vous faire tuer. Les brigands de ce pays-ci ne sont pas des héros de théâtre, qui aiment le danger et qui jouent avec la mort, mais des calculateurs habiles, des spéculateurs de grand chemin, qui se mettent prudemment dix contre un et ne risquent une affaire qu'à coup sûr[1]. Vous vous apercevrez de leur présence quand vous aurez trente canons de fusil braqués sur vous. En pareil cas, le seul parti à prendre, c'est de descendre de cheval et de donner consciencieusement tout ce qu'on a; ne vous exposez pas à donner votre fusil. » Je me laissai convaincre à ce raisonnement. Notre

---

1. Voir plus loin, *le Roi des montagnes*.

seule précaution fut de demander un ordre du ministre de la guerre qui mettait à notre disposition tous les gendarmes dont nous pourrions avoir besoin.

Enfin, le 1ᵉʳ mai, à cinq heures du matin, on vint nous annoncer que nos chevaux et nos hommes étaient à la porte. Si modeste voyageur que l'on soit, on a, bon gré mal gré, ses hommes et ses chevaux, et l'on voyage avec tout le faste de M. de Lamartine ou de M. de Chateaubriand. Comment voulez-vous marcher à pied par une chaleur de trente degrés, traverser à pied les torrents et les rivières, transporter à pied votre lit et votre cuisine? Nous avions, outre nos montures, deux chevaux de bagage. Les propriétaires des cinq bêtes les accompagnaient, suivant l'usage, pour les nourrir, les panser et prendre soin d'elles et de nous. C'est un rude métier que celui de ces pauvres agoyates, qui font quelquefois des voyages de cinquante jours à pied avec des cavaliers. Ils se lèvent avant tout le monde pour panser les chevaux; ils se couchent quand les voyageurs sont endormis; souvent même ils passent la nuit à garder leurs bêtes, lorsqu'on traverse un pays sujet à caution. Ils se nourrissent à leurs frais, eux et leurs chevaux; ils dorment dans un manteau à la belle étoile; ils supportent le soleil et la pluie, le froid dans les montagnes, le chaud dans les plaines; et après tant de fatigues *leurs seigneurs*, comme ils disent, leur donnent ce qu'ils jugent à propos : car il ne leur est rien dû que le loyer de leurs chevaux. L'agoyate voyage à pied sans se fatiguer; il passe l'eau sans se mouiller, il se nourrit le plus souvent sans manger. Il pense à tout, il porte sur lui des clous, du fil, des aiguilles, tout un mobilier, toute une pharmacie. Il chasse, quand vous avez un fusil; il herborise, chemin faisant, et ramasse sur les bords de la route les plantes sauvages dont il assaisonne son pain; en approchant du gîte, il plume un poulet, tout en marchant, et sans avoir l'air d'y penser. L'agoyate a des amis dans tous les villages, des connaissances sur toutes les routes; il sait par cœur les gués des rivières, la distance des villages, les bons et les mauvais chemins; il ne s'égare jamais, hésite rarement, et, pour plus de sûreté, il crie de loin en loin aux paysans qu'il rencontre : « Frère, nous allons à tel endroit; est-ce là le chemin? » Ce nom de frère est encore d'un usage universel, comme aux beaux temps de la charité chrétienne. Mais je crois qu'il a perdu un peu de sa force, car il n'est pas rare d'entendre dire : « Frère, tu es un coquin ! Frère, je te ferai passer un mauvais quart d'heure ! »

Les chevaux d'agoyate, qui se payent quatre francs cinquante centimes par jour, et moitié les jours où ils ne marchent pas, sont des animaux très laids, passablement vicieux, et plus obstinés que toutes les mules de l'Andalousie; mais durs à la fatigue, patients, sobres, intelligents, et capables de marcher sur des pointes d'aiguille ou de grimper à des mâts de perroquet. Celui que je montais a certain air de famille avec Rossinante, quoique son maître l'ait honoré du nom d'Épaminondas. Il est si long qu'on n'en voit pas la fin, et maigre comme un cheval de ballade allemande. Ses défauts, je n'ai jamais pu en savoir le nombre. Aujourd'hui, il s'emporte et m'emporte; demain, il plantera ses quatre pieds en terre et ne bougera non plus qu'un arbre. Il ne saurait passer auprès d'une maison sans entreprendre d'y froisser la jambe de son cavalier, et lorsqu'il marche entre deux murs, son seul regret est de n'en pouvoir frôler qu'un à la fois. Le sable exerce sur lui une attraction irrésistible; tout chemin un peu poudreux l'invite à s'étendre sur le dos, et le plus désolant, c'est que l'eau des rivières produit exactement sur lui le même effet. Il n'écoute pas la bride, il est indifférent à la cravache, et les coups de talon les plus énergiques sont des raisons qui ne le persuadent pas. Et cependant je suis bien capable de l'aimer un peu, en mémoire de certains mauvais pas que nous avons franchis, l'un portant l'autre, et que je n'aurais pu traverser sans lui.

Si l'on finit par s'attacher à son cheval, on adore bientôt ses agoyates. Notre agoyate en chef avait la plus belle figure d'honnête homme que j'aie jamais rencontrée. Il s'appelle Leftéri, c'est-à-dire libre, et jamais nom ne fut mieux porté. Il nous rendait mille petits offices avec tant de dignité et d'un si grand air, qu'on aurait juré qu'il nous servait par politesse et non par métier.

Nous formions à nous tous une plaisante armée. Nos bagages, secoués par la marche des chevaux, s'éparpillaient sur la route; les jupes blanches de nos hommes avaient pris, au bout de huit jours, des couleurs inqualifiables, et nos vêtements, produits économiques de la *Belle Jardinière*, trahissaient en vingt endroits la faiblesse de leurs coutures.

VI

Physionomie de Mycènes. — Les bords de l'Eurotas. — Ce qui reste de Sparte et de Mistra. — Aspect de la Laconie.

En sortant d'Athènes, nous avons traversé Éleusis, la ville des mystères sacrés; Mégare, où la beauté du type grec s'est conservée sans tache; Corinthe, cette seconde Athènes, qui a produit tant de chefs-d'œuvre et qui ne produit plus que des raisins; nous nous sommes assis sur les ruines de Mycènes, et nous avons évoqué les ombres sanglantes de cette race de coquins qui commence à Atrée et finit à Oreste, heureux scélérats qui ont été chantés par Sophocle et par Racine, tandis que les assassins de Fualdès n'ont obtenu qu'une complainte. Mycènes a eu le bonheur d'être abandonnée à une époque très ancienne : c'est ce qui l'a conservée. On n'a pas démoli ses vieux murs cyclopéens pour construire des bicoques turques ou vénitiennes. Tous les remparts sont encore debout, le milieu est comblé par quelques maigres champs d'orge qui poussent sur le palais d'Agamemnon. La ville du roi des rois a bien pu contenir jusqu'à cinq cents maisons. On voit encore ses deux portes, en pierres monstrueuses, taillées par quelque rude ciseau. La plus grande, la porte d'honneur, est surmontée de deux lions sculptés peut-être par Dédale, et qui ressemblent fort à ceux que je dessinais jadis sur mon cahier de brouillons. L'enfance de l'art a beaucoup de rapport avec l'art de l'enfance. C'est assurément par cette grande porte qu'entrèrent Hélène et Ménélas lorsqu'ils vinrent faire à Agamemnon leur visite de noces ; c'est par là que sortit le roi des rois avec Iphigénie, qu'il allait égorger ; c'est par là qu'Achille était entré lorsqu'il était venu voir Iphigénie ; c'est là que rentra Agamemnon vainqueur. A quelques pas plus loin l'attendaient sa femme, et Égisthe, et la chemise fatale dont elle l'enveloppa, et la hache dont il lui fendit la tête. C'est par là que, quelques années plus tard, entra la vengeance dans la personne d'Oreste, qui devait poignarder Égisthe et sa mère, et fuir ensuite par toute la terre sous le fouet des Furies. Tout ce gibier de cour d'assises a fourmillé dans ces mêmes murs ; toute cette collection de crimes, riche à défrayer deux mille ans de tragédies, a tenu dans ce petit espace. Et c'est là qu'à la génération précédente Atrée avait tué les enfants de Thyeste, et fait cette abominable cuisine qui épouvanta le soleil. Mycènes a tout l'air de ce qu'elle a été, un nid d'horribles sacripants. Au nord et à l'est, elle est dominée par deux rochers raides, nus, âpres à l'œil, et hauts d'une demi-lieue. A ses pieds se creuse un ravin immense où courent les torrents pendant l'hiver. Ses murs, ouvrage d'une industrie robuste et guerrière, ont une physionomie particulièrement scélérate. Et cependant, si l'on porte les yeux à l'ouest et au sud, on voit s'ouvrir un horizon aussi riant, aussi frais, aussi jeune que l'image d'Iphigénie. C'est la plaine d'Argos, cette Beauce de la Grèce, où les jeunes filles cueillent les feuilles de mûrier et sèment la graine du coton ; et Nauplie, penchée sur son golfe bleu ; et la gracieuse silhouette des hautes montagnes du Péloponèse, et la mer, et les îles, et tout au fond l'élégante Hydra, dont les filles couvrent leur tête et ne couvrent pas leur poitrine.

Entre Argos et Sparte, la route (je veux dire le sentier) parcourt un pays étrangement varié : des plaines brûlantes où le laurier-rose est en fleur; des montagnes glaciales où les chênes et les mûriers attendent encore leurs premières feuilles. On passe en quelques heures du printemps à l'hiver, et l'on change de climat trois ou quatre fois par jour.

L'Eurotas est le plus beau fleuve de la Morée. Je ne vous dirai pas qu'on peut y lancer des bateaux à vapeur, ni même des canots de canotier; mais c'est une vraie rivière, où l'on trouve de l'eau en toute saison. L'Ilissus est mouillé quand il pleut; le Céphise a toujours un peu d'eau, mais divisée en mille petits ruisseaux qui auraient rappelé à Mme de Staël le ruisseau de la rue du Bac. La route qui nous menait à Sparte nous a jetés sans préparation au plus bel endroit de l'Eurotas. Son lit peut avoir là quinze mètres de large; l'eau, très claire et très rapide, coule sur un lit de sable fin, entre deux massifs d'arbres derrière lesquels s'élèvent de beaux rochers, grands, taillés à pic, de couleur tantôt rougeâtre, tantôt dorée. Le pont est d'une seule arche, très hardie : c'est une construction vénitienne. Les saules, les peupliers et d'énormes platanes se serrent à s'étouffer au bord de l'eau : on dirait que c'est à qui se fera une petite place pour regarder passer l'Eurotas. Ici les lauriers-roses sont de véritables arbres, plus grands que des chênes de vingt ans. Il ne faut pas penser cependant, comme M. de Chateaubriand l'a fait croire à beaucoup de monde, qu'on n'en trouve que sur l'Eurotas. Il n'y a pas de ruisseau sans lauriers-roses. Nous avons campé au milieu des figuiers aux larges feuilles, des oliviers au feuillage grêle, des arbres de Judée, des vignes sauvages, des chênes verts en buisson, des églantiers, des genêts et de ces grands roseaux, communs en Italie, dont la tige a quelquefois vingt pieds de haut. C'est là que j'ai retrouvé pour la première fois ces bonnes senteurs forestières, si âpres et si délicieuses, que j'avais presque oubliées depuis la France. C'est sans doute dans ce délicieux petit coin que Jupiter, déguisé en cygne, vint rôder autour de Léda, et peut-être avons-nous déjeuné dans le cabinet de verdure qui servit de vestiaire à sa métamorphose. Les deux artistes qui voyageaient avec moi, et qui tous les jours accusaient la Grèce de manquer de premiers plans, lui ont pardonné en faveur de l'Eurotas et de la Laconie. La plaine de Sparte, fertile et entièrement couverte de beaux arbres, s'étend entre un rang de jolies collines et la chaîne énorme du Taygète, hérissé de sapins et coiffé de neige. C'est l'horizon le plus majestueux que j'aie vu, après la plaine de Rome, qui sera toujours au-dessus de toutes les comparaisons. Au premier aspect du pays, lorsque du haut d'une montagne on voit se dérouler la Laconie, on est saisi[1]. Il fallait que Pâris fût bien beau pour qu'Hélène ait consenti à quitter un pareil domaine.

L'ancienne Sparte a péri tout entière. Tandis que les débris d'Athènes brillent encore de jeunesse et de beauté, et attirent de loin les regards du voyageur, il faut chercher sous les champs d'orge un théâtre enseveli, un tombeau, et quelques pans de muraille qui marquent la place où fut sa rivale. Après un duel de plus de vingt siècles, Athènes a vaincu Sparte, et le champ de bataille lui est resté. La Sparte du moyen âge, Mistra, est une montagne escarpée, couverte du haut en bas de mosquées, de châteaux et de maisons écroulées : ruines étrangement pittoresques, au milieu desquelles on est tenté de regretter, pour l'harmonie, les Turcs, cette ruine vigoureuse d'une grande nation. La Sparte nouvelle est une création du roi Othon, qui a formé le vain projet de ressusciter tous les grands noms de la Grèce. C'est une ville d'administration et de commerce, toute en boutiques, en casernes et en bureaux.

La Laconie n'est pas à plaindre. Il est vrai qu'elle n'a plus ni les lois de Lycurgue ni cette organisation artificielle qui transforma violemment un peuple d'hommes en un régiment de soldats ; elle a perdu cette puissance brutale dont elle abusait pour

---

1. Les Grecs sont convaincus que si l'on monte au sommet du Taygète le 1ᵉʳ juillet, on aperçoit Constantinople à l'horizon. Ces pauvres gens voient partout Constantinople.

opprimer ses voisins et faire des ilotes ; mais il lui reste une terre fertile, bonne à labourer, bonne à planter; de larges ombrages sous les mûriers et les figuiers, des eaux fraîches et limpides; le Taygète, dont le front se perdrait dans les nuages, s'il y avait des nuages ; il lui reste enfin le plus beau peuple du monde. Virgile, atteint déjà de cette langueur qui devait l'emporter au tombeau, regrettait la Grèce, comme tous ceux qui l'ont vue; mais ce qu'il désirait surtout, c'était de voir les vierges de Laconie dansant sur le Taygète les danses sacrées de Bacchus. Elles n'ont point dégénéré, ces gracieuses sœurs d'Hélène et de Léda; mais elles ne dansent qu'une fois par an, et elles poussent la charrue.

L'aspect général de la Laconie rappelle surtout à l'esprit l'idée de la force. On y trouve cependant des paysages pleins de délicatesse. Quatre heures après avoir quitté Sparte, nous marchions au milieu d'une jolie forêt dont la feuille nouvelle brillait du plus beau vert émeraude. Une herbe épaisse formait partout de gros tapis au pied des chênes et des oliviers sauvages; de beaux genêts dorés et de grandes bruyères, aussi hautes que de petits arbres, s'entrelaçaient pêle-mêle avec les lentisques et les arbousiers. Mille odeurs pénétrantes, échappées de la terre, exhalées du feuillage, apportées on ne sait d'où par la brise, se mêlaient ensemble pour nous enivrer. A chaque pas nous faisions la rencontre d'un joli filet d'eau qui tombait de quelque rocher pour nous rafraîchir la vue; ou bien c'était un petit ruisseau qui nous suivait depuis un quart d'heure, invisible et muet sous les herbes, et qu'un léger murmure, un reflet argenté trahissait tout à coup. Voilà les voluptés les plus exquises que l'on trouve en Grèce, après et peut-être avant le plaisir d'admirer des chefs-d'œuvre : un peu d'eau fraîche par un doux soleil. Et ne croyez pas que pour sentir ces beautés il soit nécessaire d'avoir l'âme de Rousseau, qui pleurait devant une fleur de pervenche : les Turcs, qui ne sont pas tendres, soupirent encore au seul nom de la Grèce; et, dans les plaines insipides de la Thessalie, ils s'écrient, en versant des larmes : « Ah! les eaux fraîches sur les montagnes! »

VII

L'Arcadie. — Le cours de la Néda. — Le Ladon.

L'Arcadie, que les poètes ont tant chantée, n'est pas un pays d'opéra-comique. Des paysans austères, des montagnes escarpées, des ravins profonds, des torrents rapides, peu de plaines, presque point de culture, voilà en quelques mots toute l'Arcadie. Le Styx, que les indigènes appellent aujourd'hui l'Eau Noire, est un fleuve d'Arcadie si violent, si bruyant et si terrible que les anciens en ont fait un fleuve des enfers. La Néda, moins effrayante que le Styx, a deux aspects différents; près du village de Pavlitza, elle forme des cascatelles qui ressemblent en miniature à celles de Tivoli; une lieue plus loin, elle se précipite dans un gouffre immense, avec le fracas d'une cataracte. En approchant de son embouchure, ce n'est plus qu'un filet d'eau dans un lit large comme une vallée. Nous avons cheminé longtemps sur les galets humides à travers lesquels elle serpente : quand l'eau passait à droite, nous prenions à gauche. La Grèce voit à chaque instant les hommes dans le chemin des torrents, et les torrents dans le chemin des hommes. Au milieu du lit du fleuve, on rencontre de grands troncs d'arbres dépouillés de leur écorce, des amas de branchages rompus et pétris ensemble, des cailloux gigantesques grossièrement arrondis; ces arbres arrachés, ces troncs pelés, ces roches roulées, et les rives partout déchirées, voilà les œuvres complètes de la Néda. Tandis que nous descendions le courant, un orage se formait derrière nous. Leftéri nous avertit de nous hâter, si nous ne voulions pas qu'il nous coupât le chemin. Heureusement, la pluie attendit pour tomber que nous fussions à l'abri. Une heure après, la route que nous venions de traverser à pied sec, ou à peu près, ressemblait au lit de la Seine après la fonte des neiges : la Néda était devenue une grosse rivière. Avant la nuit il n'y paraissait plus ; nous la traversions à pied sec en poursuivant les lucioles.

Le Ladon, le plus beau des fleuves de l'Arcadie, et le plus cher aux poètes bucoliques, ne m'a pas agréablement surpris la première fois que je l'ai traversé. Je voyais, entre des rives plates et nues, un peu d'eau trouble coulant dans un lit, et je plaignais les pauvres auteurs de pastorales qui ont tant admiré le Ladon sans le connaître. Ces petites rivières, le jour où elles ne sont pas torrents, ressemblent, dans leurs larges ravins, à des enfants qu'on a couchés dans le lit à colonnes de leur grand-père. Au reste, je dois avouer qu'à cette première entrevue je n'avais pas l'esprit tourné à l'admiration. Je venais de prendre un bain dans l'Érymanthe, bien malgré moi, et par la volonté du grand Épaminondas, mon cheval. Cet animal a la même passion que M. de Chateaubriand : il veut emporter de l'eau de tous les fleuves qu'il traverse. Quand je revis le Ladon, c'était un peu plus près de sa source. Nous avions dressé notre camp dans le plus frais, le plus gracieux et le plus magnifique temple que la nature se soit bâti de ses propres mains. La rivière, qui a bien dix mètres de large, coule avec rapidité, entraînant dans ses eaux jaunes des débris de toute espèce. Elle dévore ses rives, et emporte souvent jusque dans l'Alphée les arbres qui ont grandi sur ses bords. Jamais, en cet endroit, un rayon de soleil ne pénètre jusqu'à la surface de l'eau, tant les arbres des deux rives rapprochent et confondent leur feuillage. Ce sont des platanes au tronc marbré, de grands saules plantés au milieu de la rivière, qui éparpillent dans les airs leur graine cotonneuse, et dessinent sur l'eau l'ombre grêle de leur feuillage; des chênes verts, dont le feuillage sombre s'anime au printemps des plus beaux tons roux ; des frênes au tronc noueux, à la feuille découpée; des arbousiers qui laissent pendre en groupe leurs grosses framboises vertes ; des ormeaux, ces pauvres ormeaux classiques, dédaignés des poètes de nos jours, et bien déchus du haut rang où la rime les avait mis! Ce sont des lentisques odorants, dont la moindre tige, pourvu qu'on la laisse croître, forme au bout de dix ans un môle de feuillage; des églantiers, des aubépines roses qui laissent tomber sur nos têtes une pluie de pétales et de parfum. Et partout des clématites, des vignes, des lianes de toute espèce. Souvent une vigne sauvage s'empare d'un arbre, l'escalade de branche en branche jusqu'au sommet, et retombe à ses pieds en cascade. Souvent on trouve quelque grand arbre sans nom et sans forme : le lierre l'a étouffé dans ses bras, et revêt ce cadavre d'un feuillage éternel. A nos pieds la terre est couverte de jeunes fougères dont les extrémités sont encore recroquevillées comme des scorpions. L'herbe, verte et touffue, est semée de boutons d'or, de mauves sauvages et de marguerites, de vraies marguerites de France. C'est ici le lieu de la fraîcheur et de la paix. Je comprends la fantaisie d'un solitaire qui viendrait s'établir au bord du Ladon et endormir sa vie au bruit de l'eau, sous les beaux platanes, dans le voisinage des bergers. Nous nous y sommes arrêtés trois ou quatre heures : nous n'avions pas mangé cette fleur du lotus qui fait oublier la patrie.

VIII

Conclusion. — La Grèce telle qu'elle est.

Le lendemain de mon retour à Athènes, je reçus la visite des deux officiers de marine avec qui j'avais voyagé quatre ou cinq mois auparavant. Quand ils eurent assez ri de mes mains noires et de ma figure que le soleil avait pris soin de teindre en brique :

« Eh bien! me dirent-ils, la Grèce, la belle Grèce?

— Ma foi, messieurs, leur répondis-je, je persiste à croire qu'elle n'a pas volé son nom. D'abord elle n'est ni aussi nue ni aussi stérile que vous me l'avez faite. On y trouve de beaux arbres et des paysages frais, quand on prend la peine de les chercher. Et puis la stérilité a sa beauté tout aussi bien que l'abondance ; elle a même, si je ne me trompe, une beauté plus originale. Je vous accorde que la Grèce ne ressemble pas à la Normandie : tant pis pour la Normandie ! Peut-être le pays était-il plus boisé, plus vert et plus frais dans l'antiquité : on a brûlé les forêts, la pluie a emporté les terres, et les rochers ont été mis à nu. Il ne serait pas difficile de faire reverdir la Grèce entière ; il suffirait de quelques années. Plantez sur toutes les montagnes ; il se formera de la terre végétale ; les pluies deviendront plus fréquentes ; les torrents se changeront en rivières ; le pays sera plus fertile : en sera-t-il plus beau ? J'en doute. L'Acropole d'Athènes, qui est le plus admirable rocher du monde, est cent fois plus belle en été, quand le soleil a brûlé les herbes, qu'au mois de mars, lorsqu'elle est çà et là plaquée de verdure. Si un enchanteur ou un capitaliste faisait le miracle de changer la Morée en une nouvelle Normandie, il obtiendrait pour récompense les malédictions unanimes des artistes. La Grèce n'a pas plus besoin de prairies que la basse Normandie n'a besoin de rochers, que la campagne de Rome n'a besoin de forêts. »

(*La Grèce contemporaine*, chapitre i.)

II

LE ROI DES MONTAGNES

I

LES BRIGANDS EN GRÈCE

La seule différence qui existe entre les diables et les brigands, c'est que les diables sont moins noirs qu'on ne le dit, et les brigands plus crottés qu'on ne le suppose. Les huit sacripants qui se mirent en cercle autour de nous étaient d'une telle malpropreté, que j'aurais voulu leur donner mon argent avec des pincettes. On devinait avec un peu d'effort que leurs bonnets avaient été rouges; mais la lessive elle-même n'aurait pas su retrouver la couleur originelle de leurs habits. Tous les rochers du royaume avaient déteint sur leurs jupes de percale, et leurs vestes gardaient un échantillon des divers terrains sur lesquels ils s'étaient reposés. Leurs mains, leurs figures et jusqu'à leurs moustaches étaient d'un gris rougeâtre comme le sol qui les portait. Chaque animal se colore suivant son domicile et ses habitudes : les renards du Groenland sont couleur de neige; les lions, couleur de désert; les perdrix, couleur de sillon; les brigands grecs, couleur de grand chemin.

Le chef de la petite troupe qui nous avait faits prisonniers ne se distinguait par aucun signe extérieur. Peut-être cependant sa figure, ses mains et ses habits étaient-ils plus riches en poussière que ceux de ses camarades. Il se pencha vers nous du haut de sa longue taille, et nous examina de si près, que je sentis le frôlement de ses moustaches. Vous auriez dit un tigre qui flaire sa proie avant d'y goûter. Quand sa curiosité fut satisfaite, il dit à Dimitri : « Vide tes poches ! » Dimitri ne se le fit pas répéter deux fois. Il jeta devant lui un couteau, un sac à tabac et trois piastres mexicaines qui composaient une somme de 16 francs environ.

« Est-ce tout? demanda le brigand.
— Oui, frère.
— Tu es le domestique?
— Oui, frère.
— Reprends une piastre. Tu ne dois pas retourner à la ville sans argent. »

Dimitri marchanda. « Tu pourrais bien m'en laisser deux, dit-il. J'ai deux chevaux en bas; ils sont loués au manège; il faudra que je paye la journée.
— Tu expliqueras à Zimmermann que nous t'avons pris ton argent.
— Et s'il veut être payé quand même?
— Réponds-lui qu'il est trop heureux de revoir ses chevaux.
— Il sait bien que vous ne prenez pas les chevaux. Qu'est-ce que vous en feriez dans la montagne?
— Assez! Dis-moi quel est ce grand maigre qui est auprès de toi? »

Je répondis moi-même : « Un honnête Allemand dont les dépouilles ne vous enrichiront pas.
— Tu parles bien le grec. Vide tes poches! »

Je déposai sur la route une vingtaine de francs, mon tabac, ma pipe et mon mouchoir.

« Qu'est cela? demanda le grand inquisiteur.
— Un mouchoir.
— Pourquoi faire?

— Pour me moucher.

— Pourquoi m'as-tu dit que tu étais pauvre? Il n'y a que les milords qui se mouchent dans des mouchoirs. Ôte la boîte que tu as derrière le dos. Bien ! Ouvre-la. »

Ma boîte contenait quelques plantes, un livre, un couteau, un petit paquet d'arsenic, une gourde presque vide, et les restes de mon déjeuner qui allumèrent un regard de convoitise dans les yeux de Mme Simons. J'eus la hardiesse de les lui offrir avant que mon bagage changeât de maître. Elle accepta gloutonnement et se mit à dévorer le pain et la viande. A mon grand étonnement, cet acte de gourmandise scandalisa nos voleurs, qui murmurèrent entre eux le mot de *schismatique!* Le moine fit une demi-douzaine de signes de croix suivant le rite de l'Église grecque.

« Tu dois avoir une montre, me dit le brigand; mets-la avec le reste. »

Je livrai ma montre d'argent, un bijou héréditaire du poids de quatre onces. Les scélérats se la passèrent de main en main, et la trouvèrent fort belle. J'espérais que l'admiration, qui rend l'homme meilleur, les disposerait à me restituer quelque chose, et je priai leur chef de me laisser ma boîte de fer-blanc. Il m'imposa rudement silence. « Du moins, lui dis-je, rends-moi deux écus pour retourner à la ville! » Il répondit avec un rire sardonique : « Tu n'en auras pas besoin ».

Le tour de Mme Simons était venu. Avant de mettre la main à la poche, elle interpella nos vainqueurs dans la langue de ses pères. L'anglais est un des rares idiomes qu'on peut parler la bouche pleine. « Réfléchissez bien à ce que vous allez faire, dit-elle d'un ton menaçant. Je suis Anglaise, et les citoyens anglais sont inviolables dans tous les pays du monde. Ce que vous me prendrez vous servira peu et vous coûtera cher. L'Angleterre me vengera, et vous serez tous pendus, pour le moins. Maintenant, si vous voulez de mon argent, vous n'avez qu'à parler; mais il vous brûlera les doigts; c'est de l'argent anglais!

— Que dit-elle? » demanda l'orateur des brigands.

Dimitri répondit : « Elle dit qu'elle est Anglaise.

— Tant mieux! Tous les Anglais sont riches. Dis-lui de faire comme vous. »

La pauvre dame vida sur le sable une bourse qui contenait douze souverains. Comme sa montre n'était pas en évidence, et qu'on ne faisait pas mine de nous fouiller, elle la garda. La clémence des vainqueurs lui laissa son mouchoir de poche.

Mary-Ann jeta sa montre avec tout un trousseau d'amulettes contre le mauvais œil. Elle lança devant elle, par un mouvement plein de grâce mutine, un sac de peau de chagrin qu'elle portait en bandoulière. Le brigand l'ouvrit avec un empressement de douanier. Il en tira un petit nécessaire anglais, un flacon de sels anglais, une boîte de pastilles de menthe anglaises et cent et quelques francs d'argent anglais.

« Maintenant, dit la belle impatiente, vous pouvez nous laisser partir : nous n'avons plus rien à vous. »

On lui indiqua, par un geste menaçant, que la séance n'était pas levée. Le chef de la bande s'accroupit devant nos dépouilles, appela le *bon vieillard*[1], compta l'argent en sa présence et lui remit une somme de quarante-cinq francs. Mme Simons me poussa le coude : « Vous voyez, me dit-elle, le moine et Dimitri nous ont livrés : on partage avec eux.

— Non, madame, répliquai-je aussitôt. Dimitri n'a reçu qu'une aumône sur ce qu'on lui a volé. C'est une chose qui se fait partout. Aux bords du Rhin, lorsqu'un voyageur s'est ruiné à la roulette, le fermier des jeux lui donne de quoi retourner chez lui.

— Mais le moine?

— Il a perçu la dîme du butin, en vertu d'un usage immémorial. Ne le lui reprochez pas, mais plutôt sachez-lui gré d'avoir voulu nous sauver quand son couvent était intéressé à notre capture. »

---

1. Le moine dont il a été question un peu plus haut, et qui faisait plus ou moins partie de la bande.

Cette discussion fut interrompue par les adieux de Dimitri. On venait de lui rendre sa liberté. « Attends-moi, lui dis-je, nous retournerons ensemble. » Il hocha tristement la tête et me répondit en anglais pour être compris de ces dames :

« Vous êtes prisonniers pour quelques jours, et vous ne reverrez pas Athènes avant d'avoir payé rançon. Je vais avertir le milord. Ces dames ont-elles des commissions à me donner pour lui ?

— Dites-lui, cria Mme Simons, qu'il coure à l'ambassade, qu'il aille ensuite au Pirée trouver l'amiral, qu'il se plaigne au Foreign-Office, qu'il écrive à lord Palmerston! On nous arrachera d'ici par la force des armes ou par l'autorité de la politique ; mais je n'entends pas qu'on débourse un penny pour ma liberté.

— Moi, repris-je sans tant de colère, je te prie de dire à mes amis dans quelles mains tu m'as laissé. S'il faut quelques centaines de drachmes pour racheter un pauvre diable de naturaliste, ils les trouveront sans peine. Ces messieurs de grand chemin ne sauraient me coter bien cher. J'ai envie, tandis que tu es encore là, de leur demander ce que je vaux, au plus juste prix.

— Inutile, mon cher monsieur Hermann ; ce n'est pas eux qui fixeront le chiffre de votre rançon.

— Et qui donc ?

— Leur chef, Hadgi-Stavros. »

II

HADGI-STAVROS

Le Roi était un beau vieillard, merveilleusement conservé, droit, maigre, souple comme un ressort, propre et luisant comme un sabre neuf. Ses longues moustaches blanches pendaient sous le menton comme deux stalactites de marbre. Le reste du visage était scrupuleusement rasé, le crâne nu jusqu'à l'occiput, où une grande tresse de cheveux blancs s'enroulait sous le bonnet. L'expression de ses traits me parut calme et réfléchie. Une paire de petits yeux bleu clair et un menton carré annonçaient une volonté inébranlable. Sa figure était longue, et la disposition des rides l'allongeait encore. Tous les plis du front se brisaient par le milieu et semblaient se diriger vers la rencontre des sourcils; deux sillons larges et profonds descendaient perpendiculairement à la commissure des lèvres, comme si le poids des moustaches eût entraîné les muscles de la face. J'ai vu bon nombre de septuagénaires; j'en ai même disséqué un qui aurait attrapé la centaine si la diligence d'Osnabruck ne lui eût passé sur le corps; mais je ne me souviens pas d'avoir observé une vieillesse plus verte et plus robuste que celle d'Hadgi-Stavros.

Il portait l'habit de Tino et de toutes les îles de l'Archipel. Son bonnet rouge formait un large pli à sa base autour du front. Il avait la veste de drap noir, soutachée de soie noire, l'immense pantalon bleu qui absorbe plus de vingt mètres de cotonnade, et les grandes bottes en cuir de Russie, souple et solide. La seule richesse de son costume était une ceinture brodée d'or et de pierreries, qui pouvait valoir deux ou trois mille francs. Elle enserrait dans ses plis une bourse de cachemire brodée, un cangiar de Damas dans un fourreau d'argent, un long pistolet monté en or et en rubis, et la baguette assortissante.

Immobile au milieu de ses employés, Hadgi-Stavros ne remuait que le bout des doigts et le bout des lèvres : les lèvres pour dicter sa correspondance, les doigts pour compter les grains de son chapelet. C'était un de ces beaux chapelets d'ambre laiteux qui ne servent point à chiffrer des prières, mais à amuser l'oisiveté solennelle des Turcs.

Il leva la tête à notre approche, devina d'un coup d'œil l'accident qui nous amenait, et nous dit avec une gravité qui n'avait rien d'ironique : « Vous êtes les bienvenus. Asseyez-vous.

— Monsieur, cria Mme Simons, je suis Anglaise, et.... »

Il interrompit le discours en faisant claquer sa langue contre les dents de sa mâchoire supérieure, des dents superbes en vérité. « Tout à l'heure, dit-il, je suis occupé. » Il n'entendait que le grec, et Mme Simons ne savait que l'anglais; mais la physionomie du Roi était si parlante que la bonne dame comprit aisément sans le secours d'un interprète.

Nous prîmes place dans la poussière. Quinze ou vingt brigands s'accroupirent autour de nous, et le Roi, qui n'avait point de secrets à cacher, dicta paisiblement ses lettres d'affaires.

Mme Simons se pencha vers moi et me dit à l'oreille :

« Est-ce notre sentence qu'il dicte à ses brigands? »

Je répondis : « Non, madame. Il écrit à sa fille.

— A propos de notre capture?

— A propos de piano, de crinoline et de Walter Scott.

— Cela peut durer longtemps. Va-t-il nous inviter à déjeuner?

— Voici déjà son domestique qui nous apporte des rafraîchissements. »

Le *cafedgi* du Roi se tenait devant nous avec trois tasses de café, une boîte de rahat-loukoum et un pot de confitures. Mme Simons et sa fille rejetèrent le café avec dégoût, parce qu'il était préparé à la turque et trouble comme une bouillie. Je vidai ma tasse en vrai gourmet de l'Orient. Les délicats sont malheureux dans ce pays de bonhomie. Mais le rahat-loukoum, découpé en morceaux, flatta le palais de ces dames sans trop choquer leurs habitudes. Elles prirent à belles mains cette gelée d'amidon parfumé, et vidèrent la boîte jusqu'au fond, tandis que le Roi dictait.

« Est-il question de nous? me dit Mary-Ann.

— Pas encore, mademoiselle. Sa Majesté aligne des chiffres.

— Des chiffres ici? Je croyais qu'on n'en faisait que chez nous.

— Monsieur votre père n'est-il pas l'associé d'une maison de banque?

— Oui, de la maison Barley et Cie.

— Y a-t-il deux banquiers du même nom à Londres?

— Pas que je sache.

— Avez-vous entendu dire que la maison Barley fit des affaires avec l'Orient?

— Mais avec le monde entier!

— Et vous habitez Cavendish-square?

— Non, il n'y a que les bureaux. Notre maison est dans Piccadilly.

— Merci, mademoiselle. Permettez-moi d'écouter la suite. Ce vieillard a une correspondance des plus attachantes. »

Le Roi dicta, sans désemparer, un long rapport aux actionnaires de sa bande. Ce curieux document était adressé à M. Georges Micrommati, officier d'ordonnance au palais, pour qu'il en donnât lecture dans l'assemblée générale des intéressés.

Le Roi dicta son rapport sans consulter de notes, sans hésiter sur un chiffre et sans chercher un mot. Je n'aurais jamais cru qu'un vieillard de son âge pût avoir la mémoire aussi présente. Il apposa son cachet au bas des trois lettres; c'est sa manière de signer. Il lit couramment; mais il n'a jamais trouvé le temps d'apprendre à écrire. Charlemagne et Alfred le Grand étaient, dit-on, dans le même cas.

Tandis que les sous-secrétaires d'État s'occupaient à transcrire sa correspondance du jour pour la déposer aux archives, il donna audience aux officiers subalternes qui étaient revenus avec leurs détachements dans la journée. Chacun de ces hommes s'asseyait devant lui, le saluait en appuyant la main droite sur le cœur et faisait son rapport en peu de mots, avec une concision respectueuse. Je vous jure que saint Louis, sous son chêne, n'inspirait pas une vénération plus profonde aux habitants de Vincennes.

Le premier qui se présenta fut un petit homme de mauvaise

mine; vraie figure de cour d'assises. C'était un insulaire de Corfou poursuivi pour quelques incendies; il avait été le bienvenu, et ses talents l'avaient fait monter en grade.

..... Notre interrogatoire allait commencer. Hadgi-Stavros, au lieu de nous faire comparaître devant lui, se leva gravement et vint s'asseoir à terre auprès de nous. Cette marque de déférence nous parut d'un favorable augure. Mme Simons se mit en devoir de l'interpeller de la bonne sorte. Pour moi, prévoyant trop bien ce qu'elle pourrait dire, et connaissant l'intempérance de sa langue, j'offris au Roi mes services en qualité d'interprète. Il me remercia froidement et appela le Corfiote, qui savait l'anglais.

« Madame, dit le Roi à mistress Simons, vous semblez courroucée. Auriez-vous à vous plaindre des hommes qui vous ont conduite ici?

— C'est une horreur! dit-elle. Vos coquins m'ont arrêtée, jetée dans la poussière, dépouillée, exténuée et affamée.

— Veuillez agréer mes excuses. Je suis forcé d'employer des hommes sans éducation. Croyez, madame, que ce n'est pas sur mes ordres qu'ils ont agi ainsi. Vous êtes Anglaise?

— Anglaise de Londres!

— Je suis allé à Londres; je connais et j'estime les Anglais. Je sais qu'ils ont bon appétit, et vous avez pu remarquer que je me suis empressé de vous offrir des rafraîchissements. Je sais que les dames de votre pays n'aiment pas à courir dans les rochers, et je regrette qu'on ne vous ait pas laissée marcher à votre pas. Je sais que les personnes de votre nation n'emportent en voyage que les effets qui leur sont nécessaires, et je ne pardonnerai pas à Sophoclis de vous avoir dépouillée, surtout si vous êtes une personne de condition.

— J'appartiens à la meilleure société de Londres.

— Daignez reprendre ici l'argent qui est à vous. Vous êtes riche?

— Assurément.

— Ce nécessaire n'est-il pas de vos bagages?

— Il est à ma fille.

— Reprenez également ce qui est à mademoiselle votre fille. Vous êtes très riche ?

— Très riche.

— Ces objets n'appartiennent-ils point à monsieur votre fils ?

— Monsieur n'est pas mon fils ; c'est un Allemand. Puisque je suis Anglaise, comment pourrais-je avoir un fils Allemand ?

— C'est trop juste. Avez-vous bien vingt mille francs de revenu ?

— Davantage.

— Un tapis à ces dames ! Êtes-vous donc riche à trente mille francs de rente ?

— Nous avons mieux que cela.

— Logothète, dis qu'on prépare le dîner de ces dames. Serait-il possible, madame, que vous fussiez millionnaire ?

— Je le suis.

— Et moi, je suis confus de la manière dont on vous a traitée. Vous avez assurément de belles connaissances à Athènes ?

— Je connais le ministre d'Angleterre, et si vous vous étiez permis !...

— Oh ! madame !... Vous connaissez aussi des commerçants, des banquiers ?

— Mon frère, qui est à Athènes, connaît plusieurs banquiers de la ville.

— J'en suis ravi. Sophoclis, viens ici ! Demande pardon à ces dames. »

Sophoclis marmotta entre ses dents je ne sais quelles excuses. Le Roi reprit :

« Ces dames sont des Anglaises de distinction ; elles ont plus d'un million de fortune ; elles sont reçues à l'ambassade d'Angleterre ; leur frère, qui est à Athènes, connaît tous les banquiers de la ville.

— A la bonne heure ! » s'écria Mme Simons. Le Roi poursuivit :

« Tu devais traiter ces dames avec tous les égards dus à leur fortune.

— Bien! dit Mme Simons.

— Les conduire ici doucement.

— Pourquoi faire? murmura Mary-Ann.

— Et t'abstenir de toucher à leur bagage. Lorsqu'on a l'honneur de rencontrer dans la montagne deux personnes du rang de ces dames, on les salue avec respect, on les amène au camp avec déférence, on les garde avec circonspection, et on leur offre poliment toutes les choses nécessaires à la vie, jusqu'à ce que leur frère ou leur ambassadeur nous envoie une rançon de cent mille francs. »

Pauvre Mme Simons! chère Mary-Ann! Elles ne s'attendaient ni l'une ni l'autre à cette conclusion. Pour moi, je n'en fus pas surpris. Je savais à quel rusé coquin nous avions affaire. Je pris hardiment la parole! et je lui dis à brûle-pourpoint : « Tu peux garder ce que tes hommes m'ont volé, car c'est tout ce que tu auras de moi. Je suis pauvre, mon père n'a rien, mes frères mangent souvent leur pain sec, je ne connais ni banquiers ni ambassadeurs, et si tu me nourris dans l'espoir d'une rançon, tu en seras pour les frais, je te le jure! »

Le roi n'écouta ni mes objections ni les interjections de Mme Simons. Il leva la séance, et nous montra du doigt notre salle à manger. Mme Simons y descendit en protestant qu'elle dévorerait le repas, mais qu'elle ne payerait jamais la carte. Mary-Ann semblait fort abattue; mais telle est la mobilité de la jeunesse, qu'elle poussa un cri de joie en voyant le lieu de plaisance où notre couvert était mis. C'était un petit coin de verdure enchâssé dans la roche grise. Une herbe fine et serrée formait le tapis; quelques massifs de troènes et de lauriers servaient de tentures et cachaient les murailles à pic. Une belle voûte bleue s'étendait sur nos têtes; deux vautours au long col qui planaient dans l'air semblaient avoir été suspendus pour le plaisir des yeux. Dans un coin de la salle, une source limpide comme le diamant se gonflait silencieusement dans sa coupe rustique, se répandait par-dessus les bords et roulait en nappe argentée sur le revers glissant de la montagne. De ce côté, la vue s'étendait à l'infini vers le fronton du Pentélique, le gros palais blanc qui règne sur Athènes, les bois d'oliviers sombres, la plaine poudreuse, le dos grisonnant de l'Hymette, arrondi comme l'échine d'un vieillard, et cet admirable golfe Saronique, si bleu qu'on dirait un lambeau tombé du ciel. Assurément, Mme Simons n'avait pas l'esprit tourné à l'admiration, et pourtant elle avoua que le loyer d'une vue si belle coûterait cher à Londres ou à Paris.

La table était servie avec une simplicité héroïque. Un pain bis, cuit au four de campagne, fumait sur le gazon et saisissait l'odorat par sa vapeur capiteuse. Le lait caillé tremblait dans une grande jatte de bois. Les grosses olives et les piments verts s'entassaient sur des planchettes mal équarries. Une outre velue gonflait son large ventre auprès d'une coupe de cuivre rouge naïvement ciselée. Un fromage de brebis reposait sur le linge qui l'avait pressé, et dont il gardait encore l'empreinte. Cinq ou six laitues appétissantes nous offraient une belle salade, mais sans aucun assaisonnement. Le Roi avait mis à notre disposition son argenterie de campagne, consistant en cuillers sculptées à coups de couteau, et nous avions, pour surcroît de luxe, la fourchette de nos cinq doigts. On n'avait pas poussé la tolérance jusqu'à nous servir de la viande, mais en revanche le tabac doré d'Almyros me promettait une admirable digestion.

Un officier du Roi était chargé de nous servir et de nous écouter. C'était ce hideux Corfiote, l'homme à la bague d'or, qui savait l'anglais. Il découpa le pain avec son poignard, et nous distribua de tout à pleines mains, en nous priant de ne rien ménager. Mme Simons, sans perdre un coup de dent, lui lança quelques interrogations hautaines. « Monsieur, lui dit-elle, est-ce que votre maître a cru sérieusement que nous lui payerions une rançon de cent mille francs?

— Il en est sûr, madame.

— C'est qu'il ne connaît pas la nation anglaise.

— Il la connaît bien, madame, et moi aussi. A Corfou, j'ai fréquenté plusieurs Anglais de distinction : des juges !

— Je vous en fais mon compliment; mais dites à ce Stavros de s'armer de patience, car il attendra longtemps les cent mille francs qu'il s'est promis.

— Il m'a chargé de vous dire qu'il les attendrait jusqu'au 15 mai, à midi juste.

— Et si nous n'avons pas payé le 15 mai à midi ?

— Il aura le regret de vous couper le cou, ainsi qu'à mademoiselle. »

Mary-Ann laissa tomber le pain qu'elle portait à sa bouche. « Donnez-moi à boire un peu de vin », dit-elle. Le brigand lui tendit la coupe pleine; mais à peine y eut-elle trempé ses lèvres, qu'elle laissa échapper un cri de répugnance et d'effroi. La pauvre enfant s'imagina que le vin était empoisonné. Je la rassurai en vidant la coupe d'un seul trait. « Ne craignez rien, lui dis-je; c'est la résine.

— Quelle résine ?

— Le vin ne se conserverait pas dans les outres si l'on n'y ajoutait une certaine dose de résine qui l'empêche de se corrompre. Ce mélange ne le rend pas agréable, mais vous voyez qu'on le boit sans danger. »

Malgré mon exemple, Mary-Ann et sa mère se firent apporter de l'eau. Le brigand courut à la source et revint en trois enjambées. « Vous comprenez, mesdames, dit-il en souriant, que le Roi ne ferait pas la faute d'empoisonner des personnes aussi chères que vous. » Il ajouta en se tournant vers moi : « Vous, monsieur le docteur, j'ai ordre de vous apprendre que vous avez trente jours pour terminer vos études et payer la somme. Je vous fournirai, ainsi qu'à ces dames, tout ce qu'il faut pour écrire.

— Merci, dit Mme Simons. Nous y penserons dans huit jours si nous ne sommes pas délivrées.

— Et par qui, madame?

— Par l'Angleterre!

— Elle est loin.

— Ou par la gendarmerie.

— C'est la grâce que je vous souhaite. En attendant, désirez-vous quelque chose que je puisse vous donner?

— Je veux d'abord une chambre à coucher.

— Nous avons près d'ici des grottes qu'on appelle *les Étables*. Vous y seriez mal; on y a mis des moutons pendant l'hiver, et l'odeur en est restée. Je ferai prendre deux tentes chez les bergers d'en bas, et vous camperez ici... jusqu'à l'arrivée des gendarmes.

— Je veux une femme de chambre.

— Rien n'est plus facile. Nos hommes descendront dans la plaine et arrêteront la première paysanne qui passera..., si toutefois la gendarmerie le permet.

— Il me faut des vêtements, du linge, des serviettes de toilette, du savon, un miroir, des peignes, des odeurs, un métier à tapisserie, un....

— C'est beaucoup de choses, madame, et pour vous trouver tout cela, nous serions forcés de prendre Athènes. Mais on fera pour le mieux. Comptez sur moi et ne comptez pas trop sur les gendarmes.

— Que Dieu ait pitié de nous! » dit Mary-Ann.

Le Roi et ses sujets se retirèrent à sept heures, et l'on nous servit le souper. Quatre flambeaux de bois résineux éclairaient la table. Leur lumière rouge et fumeuse colorait étrangement la figure un peu pâlie de Mlle Simons. Ses yeux semblaient s'éteindre et se rallumer au fond de leurs orbites, comme les phares à feu tournant. Sa voix, brisée par la fatigue, reprenait par intervalle un éclat singulier. En l'écoutant, mon esprit s'égarait dans le monde surnaturel, et il me venait je ne sais quelles réminiscences des contes fantastiques. Un rossignol chanta, et je crus voir sa chanson argentine voltiger sur les lèvres de Mary-Ann. La journée avait été rude pour tous, et moi-même, qui vous ai donné des preuves éclatantes de mon appétit, je reconnus bientôt que je n'avais faim que de sommeil. Je souhaitai le bonsoir à ces dames, et je me retirai sous ma tente. Là j'oubliai en un instant rossignol, danger, rançon, piqûres ; je fermai les yeux à double tour, et je dormis.......

Le samedi matin, entre cinq et six heures, un bruit inusité m'attira vers le cabinet du Roi. Ma toilette fut bientôt faite : je me mettais au lit tout habillé.

Hadgi-Stavros, debout au milieu de sa troupe, présidait un conseil tumultueux. Tous les brigands étaient sur le pied de guerre, armés jusqu'aux dents. Dix ou douze coffres que je n'avais jamais aperçus reposaient sur des brancards. Je devinai qu'ils contenaient les bagages et que nos maîtres se préparaient à lever le camp. Le Corfiote, Vasile et Sophoclis délibéraient à tue-tête et parlaient tous à la fois. On entendait aboyer au loin les sentinelles avancées. Une estafette en guenilles accourut vers le Roi en criant : « Les gendarmes ! »

III

LES GENDARMES

Le Roi ne paraissait pas fort ému. Cependant ses sourcils étaient plus rapprochés qu'à l'ordinaire, et les rides de son front formaient un angle aigu entre les deux yeux. Il demanda au nouveau venu :

« Par où montent-ils ?
— Par Castia.
— Combien de compagnies ?
— Une.
— Laquelle ?
— Je ne sais.
— Attendons. »

Un second messager arrivait à toutes jambes pour donner l'alarme. Hadgi-Stavros lui cria du plus loin qu'il le vit : « Est-ce la compagnie de Périclès? »

Le brigand répondit : « Je n'en sais rien ; je ne sais pas lire les numéros. » Un coup de feu retentit dans le lointain. « Chut ! » fit le Roi en tirant sa montre. L'assemblée observa un silence religieux. Quatre coups de fusil se succédèrent de minute en minute. Le dernier fut suivi d'une détonation violente qui ressemblait à un feu de peloton. Hadgi-Stavros remit en souriant sa montre dans sa poche.

« C'est bien, dit-il ; rentrez les bagages au dépôt, et servez-nous du vin d'Égine ; c'est la compagnie de Périclès ! »

Il m'aperçut dans mon coin, juste au moment où il achevait sa phrase. Il m'appela d'un ton goguenard :

« Venez, monsieur l'Allemand, vous n'êtes pas de trop. Il est bon de se lever matin : on voit des choses curieuses. Votre soif est-elle éveillée? Vous boirez un verre de vin d'Égine avec nos braves gendarmes. »

Cinq minutes plus tard on apporta trois outres énormes, tirées de quelque magasin secret. Une sentinelle attardée vint dire au Roi :

« Bonne nouvelle ! les gendarmes de Périclès ! »

Quelques brigands s'empressèrent au-devant de la troupe. Le Corfiote, beau parleur, courut haranguer le capitaine. Bientôt on entendit le tambour ; on vit poindre le drapeau bleu, et soixante hommes bien armés défilèrent sur deux rangs jusqu'au cabinet d'Hadgi-Stavros. Je reconnus M. Périclès pour l'avoir admiré à la promenade de Patissia. C'était un jeune officier de trente-cinq ans, brun, coquet, aimé des dames, beau valseur à la cour, et portant avec grâce les épaulettes de fer-blanc. Il remit son sabre au fourreau, courut au Roi des montagnes et l'embrassa sur la bouche en lui disant : « Bonjour, parrain !

— Bonjour, petit, répondit le Roi en lui caressant la joue du revers de la main. Tu t'es toujours bien porté?

— Merci. Et toi?

— Comme tu vois. Et la famille?

— Mon oncle l'évêque a les fièvres.

— Amène-le-moi ici; je le guérirai. Le préfet de police va mieux?

— Un peu; il te dit bien des choses; le ministre aussi.

— Quoi de nouveau?

— Bal au palais pour le 15. C'est décidé : le *Siècle* l'a dit.

— Tu danses donc toujours? Et que fait-on à la Bourse?

— Baisse sur toute la ligne.

— Bravo! As-tu des lettres pour moi?

— Oui; les voici. Photini n'était pas prête. Elle t'écrira par la poste.

— Un verre de vin.... A ta santé, petit!

— Dieu te bénisse, parrain! Quel est ce Franc qui nous écoute?

— Rien : un Allemand sans conséquence. Tu ne sais rien à faire pour nous?

— Le payeur général envoie vingt mille francs à Argos. Les fonds passeront demain soir par les roches Scironiennes.

— J'y serai. Faut-il beaucoup de monde?

— Oui : la caisse est escortée de deux compagnies.

— Bonnes ou mauvaises?

— Détestables. Des gens à se faire tuer.

— Je prendrai tout mon monde. En mon absence, tu garderas nos prisonniers.

— Avec plaisir. A propos, j'ai les ordres les plus sévères. Tes Anglaises ont écrit à leur ambassadeur. Elles appellent l'armée entière à leur secours.

— Et c'est moi qui leur ai fourni le papier! Ayez donc confiance aux gens!

— Il faudra écrire mon rapport en conséquence. Je leur raconterai une bataille acharnée.

— Nous rédigerons cela ensemble.

— Oui. Cette fois, parrain, c'est moi qui remporte la victoire.

— Non!

— Si! J'ai besoin d'être décoré.

— Tu le seras un autre jour. Quel insatiable! Il n'y a pas un an que je t'ai fait capitaine!

— Mais comprends donc, cher parrain, que tu as intérêt à te laisser vaincre. Lorsqu'on saura que ta bande est dispersée, la confiance renaîtra, les voyageurs viendront et tu feras des affaires d'or.

— Oui, mais si je suis vaincu, la Bourse montera, et je suis à la baisse.

— Tu m'en diras tant! Au moins, laisse-moi te massacrer une douzaine d'hommes!

— Soit. Cela ne fera de mal à personne. De mon côté, il faut que je t'en tue dix.

— Comment? On verra bien à notre retour que la compagnie est au complet.

— Du tout. Tu les laisseras ici; j'ai besoin de recrues.

— En ce cas, je te recommande le petit Spiro, mon adjudant. Il sort de l'école des Évelpides, il a de l'instruction et de l'intelligence. Le pauvre garçon ne touche que soixante-dix-huit francs par mois, et ses parents ne sont pas heureux. S'il reste dans l'armée, il ne sera pas sous-lieutenant avant cinq ou six ans; les cadres sont encombrés. Mais qu'il se fasse remarquer dans ta troupe : on lui offrira de le corrompre, et il aura sa nomination dans six mois.

— Va pour le petit Spiro! Sait-il le français?

— Passablement.

— Je le garderai peut-être. S'il faisait mon affaire, je l'intéresserais dans l'entreprise; il deviendrait actionnaire. Tu remettras à qui de droit notre compte rendu de l'année. Je donne 82 pour cent.

— Bravo! mes huit actions m'auront plus rapporté que ma

solde de capitaine. Ah! parrain, quel métier que le mien!
— Que veux-tu? Tu serais brigand, sans les idées de ta mère.
Elle a toujours prétendu que tu manquais de vocation. A ta santé!
A la vôtre, monsieur l'Allemand ! Je vous présente mon filleul, le
capitaine Périclès, un charmant jeune homme qui sait plusieurs
langues, et qui voudra bien me remplacer auprès de vous pendant
mon absence. Mon cher Périclès, je te présente monsieur, qui est
docteur et qui vaut quinze mille francs. Croirais-tu que ce grand
docteur-là, tout docteur qu'il est, n'a pas encore su faire payer
sa rançon par nos Anglaises! Le monde dégénère, petit : il valait
mieux de mon temps. »

Là-dessus, il se leva lestement et courut donner quelques ordres
pour le départ. Était-ce le plaisir d'entrer en campagne ou la joie
d'avoir vu son filleul? Il semblait tout rajeuni; il avait vingt ans
de moins, il riait, il plaisantait, il secouait sa majesté royale. Je
n'aurais jamais supposé que le seul événement capable de dérider
un brigand fût l'arrivée de la gendarmerie. Sophoclis, Vasile, le
Corfiote et les autres chefs répandirent dans tout le camp les
volontés du Roi. Chacun fut bientôt prêt à partir, grâce à l'alerte
du matin. Le jeune adjudant Spiro et les neuf hommes choisis
parmi les gendarmes échangèrent leurs uniformes contre l'habit
pittoresque des bandits. Ce fut un véritable escamotage : le ministre de la guerre, s'il eût été là, n'en aurait senti que le vent.
Les nouveaux brigands ne témoignèrent nul regret de leur premier
état. Les seuls qui murmurèrent furent ceux qui restaient sous le
drapeau. Deux ou trois moustaches grises disaient hautement
qu'on faisait la part trop belle au *choix* et qu'on ne tenait pas
assez de compte de *l'ancienneté*. Quelques grognards vantaient
leurs états de services et prétendaient avoir fait un *congé* dans
le brigandage. Le capitaine les calma de son mieux en promettant
que leur tour viendrait.

Hadgi-Stavros, avant de partir, remit toutes les clefs à son
suppléant. Il lui montra la grotte au vin, la caverne aux farines,
la crevasse au fromage et le tronc d'arbre où l'on serrait le café.

Il lui enseigna toutes les précautions qui pouvaient empêcher notre fuite et conserver un capital si précieux. Le beau Périclès répondit en souriant : « Que crains-tu? Je suis actionnaire. »

A sept heures du matin, le Roi se mit en marche et ses sujets défilèrent un à un derrière lui. Toute la bande s'éloigna dans la direction du nord, en tournant le dos aux roches Scironiennes. Elle revint, par un chemin assez long, mais commode, jusqu'au fond du ravin qui passait sous notre appartement. Les brigands chantaient du haut de leur tête, en piétinant dans l'eau de la cascade. Leur marche guerrière était une chanson de quatre vers, un péché de jeunesse d'Hadgi-Stavros :

> Un Clephte aux yeux noirs descend dans les plaines :
> Son fusil doré..., etc.

Vous devez connaître cela; les petits garçons d'Athènes ne chantent pas autre chose en allant au catéchisme.

Mme Simons, qui dormait auprès de sa fille et qui rêvait gendarmes, comme toujours, se réveilla en sursaut et courut à la fenêtre, c'est-à-dire à la cascade. Elle fut cruellement désabusée en voyant des ennemis où elle espérait des sauveurs. Elle reconnut le Roi, le Corfiote et beaucoup d'autres. Ce qui l'étonna plus encore, c'est l'importance et le nombre de cette expédition matinale. Elle compta jusqu'à soixante hommes à la suite d'Hadgi-Stavros. « Soixante! pensa-t-elle : il n'en resterait que vingt pour nous garder! » L'idée d'une évasion, qu'elle repoussait l'avant-veille, se représenta avec quelque autorité à son esprit. Au milieu de ses réflexions, elle vit défiler une arrière-garde qu'elle n'attendait pas. Seize, dix-sept, dix-huit, dix-neuf, vingt hommes! Il ne restait donc plus personne au camp! Nous étions libres! « Mary-Ann! » cria-t-elle. Le défilé continuait toujours. La bande se composait de quatre-vingts brigands; il en partait quatre-vingt-dix! Une douzaine de chiens fermaient la marche; mais elle ne prit pas la peine de les compter.

Mary-Ann se leva au cri de sa mère et se précipita hors de la tente.

« Libres! criait Mme Simons. Ils sont tous partis. Que dis-je? tous! Il en est parti plus qu'il n'y en avait. Courons, ma fille! »

Elles coururent à l'escalier et virent le camp du Roi occupé par les gendarmes. Le drapeau grec flottait triomphalement au faîte du sapin. La place d'Hadgi-Stavros était occupée par M. Périclès. Mme Simons vola dans ses bras avec un tel emportement, qu'il eut du mal à parer l'embrassade.

« Ange de Dieu, lui dit-elle, les brigands sont partis! »

Le capitaine répondit en anglais : « Oui, madame.

— Vous les avez mis en fuite?

— Il est vrai, madame, que sans nous ils seraient encore ici.

— Excellent jeune homme! La bataille a dû être terrible!

— Pas trop : bataille sans larmes. Je n'ai eu qu'un mot à dire.

— Et nous sommes libres!

— Assurément.

— Nous pouvons retourner à Athènes!

— Quand il nous plaira.

— Eh bien, partons!

— Impossible pour le moment.

— Que faisons-nous ici?

— Notre devoir de vainqueurs : nous gardons le champ de bataille!

— Mary-Ann, serrez la main de monsieur. »

La jeune Anglaise obéit.

« Monsieur, reprit Mme Simons, c'est Dieu qui vous envoie. Nous avions perdu toute espérance. Notre seul défenseur était un jeune Allemand de la classe moyenne, un savant qui cueille des herbes et qui voulait nous sauver par les chemins les plus saugrenus. Enfin, vous voici! J'étais bien sûre que nous serions délivrées par la gendarmerie. N'est-il pas vrai, Mary-Ann?

— Oui, maman.

— Sachez, monsieur, que ces brigands sont les derniers des

hommes. Ils ont commencé par nous prendre tout ce que nous avions sur nous.

— Tout? demanda le capitaine.

— Tout, excepté ma montre, que j'avais eu soin de cacher.

— Vous avez bien fait, madame. Et ils ont gardé ce qu'ils vous avaient pris?

— Non, ils nous ont rendu trois cents francs, un nécessaire d'argent et la montre de ma fille.

— Ces objets sont encore en votre possession?

— Sans doute.

— Vous avait-on pris vos bagues et vos pendants d'oreilles?

— Non, monsieur le capitaine.

— Soyez assez bonne pour me les donner.

— Vous donner quoi?

— Vos bagues, vos pendants d'oreilles, un nécessaire d'argent, deux montres et une somme de trois cents francs. »

Mme Simons se récria vivement :

« Quoi! monsieur, vous voulez nous reprendre ce que les brigands nous ont rendu? »

Le capitaine répondit avec dignité : « Madame, je fais mon devoir.

— Votre devoir est de nous dépouiller?

— Mon devoir est de recueillir toutes les pièces de conviction nécessaires au procès d'Hadgi-Stavros.

— Il sera donc jugé?

— Dès que nous l'aurons pris.

— Il me semble que nos bijoux et notre argent ne serviront de rien, et que vous avez abondamment de quoi le faire pendre. D'abord, il a arrêté deux Anglaises : que faut-il de plus?

— Il faut, madame, que les formes de la justice soient observées.

— Mais, cher monsieur, parmi les objets que vous me demandez, il en est auxquels je tiens beaucoup.

— Raison de plus, madame, pour me les confier.

— Mais si je n'ai plus de montre, je ne saurai jamais....

— Madame, je me ferai toujours un bonheur de vous dire quelle heure il est. »

Mary-Ann fit observer à son tour qu'il lui répugnait de quitter ses pendants d'oreilles.

« Mademoiselle, répliqua le galant capitaine, vous êtes assez belle pour n'avoir pas besoin de parure. Vous vous passerez mieux de joyaux que vos joyaux ne se passeront de vous.

— Vous êtes trop bon, monsieur, mais mon nécessaire d'argent est un meuble indispensable. Qui dit nécessaire, dit chose dont on ne saurait se passer.

— Vous avez mille fois raison, mademoiselle. Aussi je vous supplie de ne pas insister sur ce point. Ne redoublez point le regret que j'ai déjà de dépouiller légalement deux personnes aussi distinguées. Hélas! mademoiselle, nous autres militaires, nous sommes les esclaves de la consigne, les instruments de la loi, les hommes du devoir. Daignez accepter mon bras, j'aurai l'honneur de vous conduire jusqu'à votre tente. Là nous procéderons à l'inventaire, si vous voulez bien le permettre. »

Je n'avais pas perdu un mot de tout ce dialogue, et je m'étais contenu jusqu'à la fin; mais quand je vis ce friponneau de gendarme offrir son bras à Mary-Ann pour la dévaliser poliment, je me sentis bouillir, et je marchai droit à lui pour lui dire son fait. Il dut lire dans mes yeux l'exorde de mon discours, car il me lança un regard menaçant, abandonna ces dames sur l'escalier de leur chambre, plaça une sentinelle à la porte et revint à moi en disant :

« A nous deux! »

Il m'entraîna, sans ajouter un mot, jusqu'au fond du cabinet du Roi. Là il se campa devant moi, me regarda dans les yeux et me dit : « Monsieur, vous entendez l'anglais? »

Je confessai ma science. Il reprit : « Vous savez le grec aussi?

— Oui, monsieur.

— Alors, vous êtes trop savant. Comprenez-vous mon parrain

qui s'amuse à raconter nos affaires devant vous? Passe encore pour les siennes : il n'a pas besoin de se cacher. Il est roi, il ne relève que de son sabre. Mais moi, que diable! mettez-vous à ma place. Ma position est délicate, et j'ai bien des choses à ménager. Je ne suis pas riche; je n'ai que ma solde, l'estime de mes chefs et l'amitié des brigands. L'indiscrétion d'un voyageur peut me faire perdre les deux tiers de ma fortune.

— Et vous comptez que je garderai le secret de vos infamies!

— Lorsque je compte sur quelque chose, monsieur, ma confiance est bien rarement trompée. Je ne sais pas si vous sortirez vivant de ces montagnes, et si votre rançon sera jamais payée. Si mon parrain doit vous couper la tête, je suis tranquille, vous ne causerez pas. Si, au contraire, vous repassez par Athènes! je vous conseille en ami de vous taire sur ce que vous avez vu. Imitez la discrétion de feu Mme la duchesse de Plaisance, qui fut arrêtée par Bibichi et qui mourut dix ans plus tard sans avoir conté à personne les détails de son aventure. Connaissez-vous un proverbe qui dit : « La langue coupe la tête »? Méditez-le sérieusement, et ne vous mettez point dans le cas d'en vérifier l'exactitude.

— La menace....

— Je ne vous menace pas, monsieur. Je suis un homme trop bien élevé pour m'emporter à des menaces : je vous avertis. Si vous bavardiez, ce n'est pas moi qui me vengerais. Mais tous les hommes de ma compagnie ont un culte pour leur capitaine. Ils prennent mes intérêts plus chaudement que moi-même, et ils seraient impitoyables, à mon grand regret, pour l'imprudent qui m'aurait causé quelque ennui.

— Que craignez-vous, si vous avez tant de complices?

— Je ne crains rien des Grecs, et en temps ordinaire j'insisterais moins fortement sur mes recommandations. Nous avons bien parmi nos chefs quelques forcenés qui prétendent qu'on doit traiter les brigands comme des Turcs; mais je trouverais aussi des défenseurs convaincus, si l'affaire devait se débattre en famille. Le mal est que les diplomates pourraient s'en mêler et que la présence d'une armée étrangère nuirait sans doute au succès de ma cause. S'il m'arrivait malheur par votre faute, voyez, monsieur, à quoi vous seriez exposé! On ne fait pas quatre pas dans le royaume sans rencontrer un gendarme. La route d'Athènes au Pirée est sous la surveillance de ces mauvaises têtes, et un accident est bientôt arrivé.

— C'est bien, monsieur; j'y réfléchirai.

— Vous me promettez le secret?

— Vous n'avez rien à me demander, et je n'ai rien à vous promettre. Vous m'avertissez du danger des indiscrétions. J'en prends note, et je me le tiens pour dit.

— Quand vous serez en Allemagne, vous pourrez raconter tout ce qu'il vous plaira. Parlez, écrivez, imprimez; peu m'importe. Les ouvrages qu'on publie contre nous ne font de mal à personne, si ce n'est peut-être à leurs auteurs. Libre à vous de tenter l'aventure. Si vous dépeignez fidèlement ce que vous avez vu, les bonnes gens d'Europe vous accuseront de dénigrer un peuple illustre et opprimé. Nos amis, et nous en avons beaucoup parmi les hommes de soixante ans, vous taxeront de légèreté, de caprice et même d'ingratitude. On vous rappellera que vous avez été l'hôte d'Hadgi-Stavros et le mien; on vous reprochera d'avoir trahi les saintes lois de l'hospitalité. Mais le plus plaisant de l'affaire, c'est que l'on ne vous croira pas. Le public n'accorde sa confiance qu'aux mensonges vraisemblables. Allez donc persuader aux badauds de Paris, de Londres ou de Berlin, que vous avez vu un capitaine de gendarmerie embrasser un chef de brigands! une compagnie de troupes d'élite faire sentinelle autour des prisonniers d'Hadgi-Stavros, pour lui donner le temps de piller la caisse de l'armée! les plus hauts fonctionnaires de l'État fonder une compagnie par actions pour détrousser les voyageurs! Autant vaudrait leur raconter que les souris de l'Attique ont fait alliance avec les chats, et que nos agneaux vont chercher leur nourriture dans la gueule des loups. Savez-vous ce qui nous protège contre les mécontentements de l'Europe? C'est l'invraisemblance de notre civilisation. Heureusement pour le royaume, tout ce qu'on écrira de vrai contre nous sera toujours trop violent pour être cru. Je pourrais vous citer un petit livre[1] qui n'est pas à notre louange, quoiqu'il soit exact d'un bout à l'autre. On l'a lu un peu partout; on l'a trouvé curieux à Paris, mais je ne sais qu'une ville où il ait paru vrai : Athènes! Je ne vous défends pas d'y ajouter un second volume, mais attendez que vous soyez parti; sinon, il y aurait peut-être une goutte de sang à la dernière page.

— Mais, repris-je, s'il se commet une indiscrétion avant mon départ, comment saurez-vous qu'elle vient de moi?

— Vous êtes seul dans mon secret. Les Anglaises sont persuadées que je les délivre d'Hadgi-Stavros. Je me charge de les tenir dans l'erreur jusqu'au retour du Roi. C'est l'affaire de deux jours, trois au plus. Nous sommes à quarante nouveaux stades (40 kilomètres) des roches Scironiennes; nos amis y arriveront dans la nuit. Ils feront leur coup demain soir, et, vainqueurs ou vaincus, ils seront ici lundi matin. On saura prouver aux prisonnières que les brigands nous ont surpris. Tant que mon parrain sera absent, je vous protégerai contre vous-même en vous tenant loin de ces dames. Je vous emprunte votre tente. Vous devez voir, monsieur, que j'ai la peau plus délicate que ce digne Hadgi-Stavros, et que je ne saurais exposer mon teint aux intempéries de l'air. Que dirait-on, le 15, au bal de la cour, si l'on me voyait hâlé comme un paysan? D'ailleurs, il faut que je tienne compagnie à ces pauvres désolées, c'est mon devoir de libérateur. Quant à vous, vous coucherez ici au milieu de mes soldats. Permettez-moi de donner un ordre qui vous concerne. « Ianni! brigadier Ianni!
« Je te confie la garde de monsieur. Place autour de lui quatre
« sentinelles qui le surveilleront nuit et jour et l'accompagneront
« partout, l'arme au bras. Tu les relèveras de deux heures en
« deux heures. Marche! »

1. *La Grèce contemporaine.*

Il me salua avec une politesse légèrement ironique, et descendit, en chantonnant, l'escalier de Mme Simons. La sentinelle lui porta les armes.

Dès cet instant commença pour moi un supplice dont l'esprit humain ne saurait se faire aucune idée. Chacun sait ou devine ce que peut être une prison; mais essayez de vous figurer une prison vivante et ambulante, dont les quatre murs vont et viennent, s'écartent et se rapprochent, tournent et retournent, se frottent les mains, se grattent, se mouchent, se secouent, se démènent, et fixent obstinément huit grands yeux noirs sur le prisonnier! J'essayai de la promenade : mon cachot à huit pattes régla son pas sur le mien. Je poussai jusqu'aux frontières du camp : les deux hommes qui me précédaient s'arrêtèrent court, et je donnai du nez contre leurs uniformes. Cet accident m'expliqua une inscription que j'avais lue souvent, sans la comprendre, dans le voisinage des places fortes : *Limite de la garnison*. Je revins : mes quatre murs tournèrent sur eux-mêmes comme des décors de théâtre dans un changement à vue. Enfin, las de cette façon d'aller, je m'assis. Ma prison se mit à marcher autour de moi : je ressemblais à un homme ivre qui voit tourner sa maison. Je fermai les yeux; le bruit cadencé du pas militaire me fatigua bientôt le tympan. « Au moins, pensai-je en moi-même, si ces quatre guerriers daignaient causer avec moi! Je vais leur parler grec : c'est un moyen de séduction qui m'a toujours réussi auprès des sentinelles. » J'essayai, mais en pure perte. Les murs avaient peut-être des oreilles, mais l'usage de la voix leur était interdit : on ne parle pas sous les armes! Je tentai de la corruption. Je tirai de ma poche l'argent qu'Hadgi-Stavros m'avait rendu et que le capitaine avait oublié de me prendre. Je le distribuai aux quatre points cardinaux de mon logis. Les murs sombres et refrognés prirent une physionomie riante, et mon cachot fut illuminé comme d'un rayon de soleil. Mais, cinq minutes plus tard, le brigadier vint relever les sentinelles : il y avait juste deux heures que j'étais prisonnier! La journée me parut longue; la nuit, éternelle. Le capitaine s'était adjugé du même coup ma chambre et ma couche, et le rocher qui me servait de lit n'était pas moelleux comme la plume. Une petite pluie pénétrante comme un acide me fit sentir cruellement que la toiture est une belle invention et que les couvreurs rendent de vrais services à la société. Si parfois, en dépit des rigueurs du ciel, je parvenais à m'endormir, j'étais presque aussitôt réveillé par le brigadier Ianni, qui donnait le mot d'ordre. Enfin, vous le dirai-je? dans la veille et dans le sommeil, je croyais voir Mary-Ann et sa respectable mère serrer les mains de leur libérateur. Ah! monsieur, comme je commençai à rendre justice au bon vieux Roi des montagnes! Comme je retirai les malédictions que j'avais lancées contre lui! Comme je regrettai son gouvernement doux et paternel! Comme je soupirai après son retour! Comme je le recommandai chaudement dans mes prières! « Mon Dieu! disais-je avec ferveur, donnez la victoire à votre serviteur Hadgi-Stavros! Faites tomber devant lui tous les soldats du royaume! Remettez en ses mains la caisse et jusqu'au dernier écu de cette infernale armée! Et renvoyez-nous les brigands pour que nous soyons délivrés des gendarmes! »

Comme j'achevais cette oraison, un feu de file bien nourri se fit entendre au milieu du camp. Cette surprise se renouvela plusieurs fois dans le cours de la journée et de la nuit suivante. C'était encore un tour de M. Périclès. Pour mieux tromper Mme Simons et lui persuader qu'il la défendait contre une armée de bandits, il commandait, de temps à autre, un exercice à feu.

Cette fantaisie faillit lui coûter cher. Quand les brigands arrivèrent au camp, le lundi, au petit jour, ils crurent avoir affaire à de vrais ennemis et ripostèrent par quelques balles, qui malheureusement n'atteignirent personne.

Je n'avais jamais vu d'armée en déroute lorsque j'assistai au retour du Roi des montagnes. Ce spectacle eut donc pour moi tout l'attrait d'une première représentation. Le Ciel avait mal exaucé mes prières. Les soldats grecs s'étaient défendus avec tant de fureur, que le combat s'était prolongé jusqu'à la nuit. Formés en carré autour des deux mulets qui portaient la caisse, ils avaient d'abord répondu par un feu régulier aux tirailleurs d'Hadgi-Stavros. Le vieux Pallicare, désespérant d'abattre, un à un, cent vingt hommes qui ne reculaient pas, avait attaqué la troupe à l'arme blanche. Ses compagnons nous assurèrent qu'il avait fait des merveilles, et le sang dont il était couvert montrait assez qu'il avait payé de sa personne. Mais la baïonnette avait eu le dernier mot. La troupe avait tué quatorze brigands, dont un chien. Une balle de calibre avait arrêté l'avancement du jeune Spiro, cet officier de tant d'avenir! Je vis arriver une soixantaine d'hommes recrus de fatigue, poudreux, sanglants, contusionnés et blessés. Sophoclis avait une balle dans l'épaule : on le portait. Le Corfiote et quelques autres étaient restés en route, qui chez les bergers, qui dans un village, qui sur la roche nue, au bord d'un chemin.

Toute la bande était morne et découragée. Sophoclis hurlait de douleur. J'entendis quelques murmures contre l'imprudence du Roi, qui exposait la vie de ses compagnons pour une misérable somme, au lieu de détrousser paisiblement les voyageurs riches et débonnaires.

Le plus valide, le plus reposé, le plus content, le plus gaillard de la troupe était le Roi. On lisait sur son visage la fière satisfaction du devoir accompli. Il me reconnut tout d'abord au milieu de mes quatre hommes, et me tendit cordialement la main. « Cher prisonnier, me dit-il, vous voyez un roi bien maltraité. Ces chiens de soldats n'ont pas voulu lâcher la caisse. C'était de l'argent à eux : ils ne se seraient pas fait tuer pour le bien d'autrui. Ma promenade aux roches Scironiennes ne m'a rien rapporté, et j'ai dépensé quatorze combattants, sans compter quelques blessés qui ne guériront pas. Mais n'importe : je me suis bien battu. Ces coquins-là étaient plus nombreux que nous, et ils avaient des baïonnettes. Sans quoi!... Allons, cette journée m'a rajeuni. Je me suis prouvé à moi-même que j'avais encore du sang dans les veines. »

Et il fredonna le premier vers de sa chanson favorite : « Un

Clephte aux yeux noirs.... » Il poursuivit : « Par Jupiter ! (comme disait lord Byron) je ne voudrais pas pour vingt mille autres francs être resté chez moi depuis samedi. On mettra cela dans mon histoire. On dira qu'à soixante-dix ans passés je suis tombé à grands coups de sabre au milieu des baïonnettes, que j'ai fendu trois ou quatre soldats de ma propre main, et que j'ai fait dix lieues à pied dans la montagne pour revenir ici prendre ma tasse de café. Cafedgi, mon enfant, fais ton devoir : j'ai fait le mien. Mais où diable est Périclès ? »

Le joli capitaine reposait encore sous sa tente. Ianni courut le chercher et l'amena tout endormi, les moustaches défrisées, la tête soigneusement emmaillotée dans un mouchoir. Je ne sais rien de tel pour réveiller un homme qu'un verre d'eau froide ou une mauvaise nouvelle. Lorsque M. Périclès apprit que le petit Spiro et deux gendarmes étaient restés sur le terrain, ce fut bien une autre déroute. Il arracha son foulard, et, sans le tendre respect qu'il avait pour sa personne, il se serait arraché les cheveux.

« C'est fait de moi, s'écria-t-il. Comment expliquer leur présence parmi vous ? et en costume de brigands, encore ! On les aura reconnus : les autres sont maîtres du champ de bataille ! Dirai-je qu'ils avaient déserté pour se mettre avec vous ? Que vous les aviez faits prisonniers ? On demandera pourquoi je n'en avais pas parlé. Je l'attendais pour faire mon grand rapport. J'ai écrit hier soir que je te serrais de près sur le Parnès, et que tous nos hommes étaient admirables. Sainte Vierge ! je n'oserai pas me montrer dimanche à Patissia ! Que va-t-on dire, le 15, au bal de la cour ? Tout le corps diplomatique s'occupera de moi. On réunira le conseil. Serai-je seulement invité ?

— Au conseil ? demanda le brigand.

— Non ; au bal de la cour !

— Danseur ! va.

— Mon Dieu ! mon Dieu ! qui sait ce qu'on va faire ? S'il ne s'agissait que de ces Anglaises, je ne me mettrais pas en peine. J'avouerais tout au ministre de la guerre. Des Anglaises ! Il y en

a assez. Mais prêter mes soldats pour attaquer la caisse de l'armée !
Envoyer Spiro contre la ligne ! On me montrera au doigt ; je ne
danserai plus. »

Qui est-ce qui se frottait les mains pendant ce monologue ?
C'était le fils de mon père, entre ses quatre soldats.

Hadgi-Stavros, paisiblement assis, dégustait son café à petites
gorgées. Il dit à son filleul : « Te voilà bien embarrassé ! Reste
avec nous. Je t'assure un minimum de dix mille francs par an, et
j'enrôle tes hommes. Nous prendrons notre revanche ensemble. »

L'offre était séduisante. Deux jours plus tôt, elle aurait enlevé
bien des suffrages. Et pourtant elle parut sourire médiocrement
aux gendarmes, nullement au capitaine. Les soldats ne disaient
rien ; ils regardaient leurs anciens camarades ; ils lorgnaient la
blessure de Sophoclis, ils pensaient aux morts de la veille, et ils
allongeaient le nez dans la direction d'Athènes, comme pour flairer
de plus près l'odeur succulente de la caserne.

Quant à M. Périclès, il répondit avec un embarras visible :

« Je te remercie, mais j'ai besoin de réfléchir. Mes habitudes
sont à la ville, je suis d'une santé délicate ; les hivers doivent être
rudes dans la montagne ; me voici déjà enrhumé. Mon absence
serait remarquée à toutes les réunions ; on me recherche
beaucoup là-bas ; on m'a souvent proposé de beaux mariages.
D'ailleurs, le mal n'est peut-être pas si grand que nous le croyons.
Qui sait si les trois maladroits auront été reconnus ? La nouvelle
de l'événement arrivera-t-elle avant nous ? J'irai d'abord au
ministère ; je prendrai l'air du bureau. Personne ne viendra me
contredire, puisque les deux compagnies poursuivent leur marche
sur Argos.... Décidément, il faut que je sois là ; je dois payer de
ma personne. Soigne tes blessés.... Adieu ! »

Il fit un signe à son tambour.

Hadgi-Stavros se leva, vint se placer devant moi avec son filleul
qu'il dominait de toute la tête, et me dit : « Monsieur, voilà un
Grec d'aujourd'hui ; je suis un Grec d'autrefois. Et les journaux
prétendent que nous sommes en progrès ! »

Au roulement du tambour, les murs de ma prison s'écartèrent comme les remparts de Jéricho. Deux minutes après, j'étais devant la tente de Mary-Ann. La mère et la fille s'éveillèrent en sursaut. Mme Simons m'aperçut la première et me cria :

« Eh bien ! nous partons?

— Hélas! madame, nous n'en sommes pas là !

— Où en sommes-nous donc? Le capitaine nous a donné parole pour ce matin.

— Comment l'avez-vous trouvé, le capitaine?

— Galant, élégant, charmant ! Un peu trop esclave de la discipline; c'est bien son seul défaut.

— Coquin et faquin, lâche et bravache, menteur et voleur ! voilà ses vrais noms, madame, et je vous le prouverai.

— Çà, monsieur ! qu'est-ce que la gendarmerie vous a fait ?

— Ce qu'elle m'a fait, madame? Daignez venir avec moi, seulement au haut de l'escalier. »

Mme Simons arriva juste à point pour voir les soldats défilant, tambour en tête, les brigands installés à leur place, le capitaine et le Roi bouche à bouche, se donnant le baiser d'adieu. La surprise fut un peu forte. Je n'avais pas assez ménagé la bonne dame, et j'en fus puni, car elle s'évanouit tout de son long, à me casser les bras. Je la portai jusqu'à la source; Mary-Ann lui frappa dans les mains; je lui lançai une poignée d'eau par le visage. Mais je crois que c'est la fureur qui la fit revenir.

« Le misérable ! cria-t-elle.

— Il vous a dévalisées, n'est-il pas vrai? Il vous a volé vos montres, votre argent?

— Je ne regrette pas mes bijoux; qu'il les garde ! Mais je voudrais pour dix mille francs reprendre les poignées de main que je lui ai données. Je suis Anglaise, et je ne serre pas la main de tout le monde ! » Ce regret de Mme Simons m'arracha un gros soupir. Elle repartit de plus belle et fit tomber sur moi tout le poids de sa colère. « C'est votre faute, me dit-elle. Ne pouviez-vous pas m'avertir? Il fallait me dire que les brigands étaient de petits saints en comparaison !

— Mais, madame, je vous ai prévenue qu'il ne fallait pas compter sur les gendarmes.

— Vous me l'avez dit; mais vous me l'avez dit mollement, lourdement, flegmatiquement. Est-ce que je pouvais vous croire? Pouvais-je deviner que cet homme n'était que le geôlier de Stavros? qu'il nous retenait ici pour laisser le temps aux brigands de revenir? qu'il nous effrayait de dangers imaginaires? qu'il se disait assiégé pour se faire admirer de nous? Qu'il simulait des attaques nocturnes pour avoir l'air de nous défendre? Je devine tout à présent, mais dites si vous n'avez rien appris !

— Mon Dieu ! madame, j'ai dit ce que je savais, j'ai fait ce que je pouvais !

— Mais, Allemand que vous êtes ! à votre place, un Anglais se serait fait tuer pour nous, et je lui aurais donné la main de ma fille. »

.... Enfin, le mercredi matin, le moine parut sur l'horizon. C'était un digne homme, à tout prendre, que ce petit moine. Il s'était levé avant le jour pour nous apporter la liberté dans sa poche. Il remit au Roi une lettre du gouverneur de la banque[1], et à Mme Simons un billet de son frère[2]. Hadgi-Stavros dit à Mme Simons : « Vous êtes libre, madame, et vous pouvez emmener mademoiselle votre fille. Je souhaite que vous n'emportiez pas de nos rochers un trop mauvais souvenir. Nous vous avons offert tout ce que nous avions; si le lit et la table n'ont pas été dignes de vous, c'est la faute des circonstances. J'ai eu ce matin un mouvement de vivacité que je vous prie d'oublier; il faut pardonner quelque chose à un général vaincu. Si j'osais offrir un petit présent à mademoiselle, je la prierais d'accepter

---

1. Qui s'engageait à payer la rançon de Mme Simons et de sa fille.
2. Qui en donnait avis à Mme Simons.

une bague antique qu'on pourra rétrécir à la mesure de son doigt. Elle ne provient pas du brigandage : je l'ai achetée à un marchand de Nauplie. Mademoiselle montrera ce bijou en Angleterre, en racontant sa visite à la cour du Roi des montagnes. »

Je traduisis fidèlement ce petit discours, et je glissai moi-même l'anneau du Roi au doigt de Mary-Ann.

« Et moi, demandai-je au bon Hadgi-Stavros, n'emporterai-je rien en mémoire de vous?

— Vous, cher monsieur? Mais vous nous restez. Votre rançon n'est pas payée! »

Mme Simons me dit à l'oreille : « Vous paraissez bien en peine! Y a-t-il de quoi faire une grimace pareille? Montrez donc que vous êtes un homme, et quittez cette physionomie de poule mouillée. Le plus fort est fait, puisque nous sommes sauvées, ma fille et moi, sans qu'il nous en coûte rien. Quant à vous, je suis tranquille : vous saurez bien vous évader. Votre premier plan, qui ne valait rien pour deux femmes, devient admirable depuis que vous êtes seul. Voyons, quel jour attendrons-nous votre visite? »

Je la remerciai cordialement. Elle m'offrait une si belle occasion de mettre au jour mes qualités personnelles et d'entrer de vive force dans l'estime de Mary-Ann! « Oui, madame, lui dis-je; comptez sur moi. Je sortirai d'ici en homme de cœur, et tant mieux si je cours un peu de danger. Je suis bien aise que ma rançon ne soit pas payée. Vous verrez si un Allemand ne sait pas se tirer d'affaire. Oui, je vous donnerai bientôt de mes nouvelles!

— Une fois hors d'ici, ne manquez pas de vous faire présenter chez nous.

— Oh! madame!

— Et maintenant, priez ce Stavros de nous donner une escorte de cinq ou six brigands.

— Pour quoi faire, bon Dieu?

— Mais pour nous protéger contre les gendarmes! »

(*Le Roi des montagnes*, III, IV, V.)

III

LE FELLAH

I

LE CAIRE

Mes fenêtres ouvraient au nord sur un quartier que j'ai parcouru bien des fois sans arriver à m'y reconnaître. Le Caire est un dédale, toutes les rues, sauf une ou deux, semblent construites au hasard ; non seulement elles ne portent pas de nom et les maisons n'y sont pas alignées, mais elles n'ont ni commencement ni fin : on y entre par une porte, on en sort par une brèche, on y rencontre des jardins, des cimetières, des bazars et des précipices. Partout des édifices démolis que personne ne songe à relever. Il semble à première vue qu'une bonne moitié de la ville soit en ruine. Si vous prenez votre observatoire un peu haut, le regard se répand sur une immense plateforme de terrasses poudreuses, hérissées de quelques minarets çà et là. Le vice-roi bâtit des palais de noble apparence où la pierre et le marbre ne sont pas épargnés, quelques riches négociants élèvent des maisons à la mode d'Europe, la police municipale s'applique résolument à percer une longue rue en ligne droite ; mais les ruelles, les masures, les huttes de sauvage et les mœurs assorties à ce décor sont l'œuvre de plusieurs siècles. Le pittoresque est là chez lui, le progrès a l'air d'un intrus, il fait scandale; une métamorphose du Caire n'est pas probable avant cent ans. Les fellahs qui cultivent la banlieue, les petits marchands du bazar, les ouvriers des corporations, le gros du peuple en somme, a des goûts simples et des besoins élémentaires. A quoi bon des rues carrossables pour tant de braves gens qui n'useront jamais d'une voiture? La moindre ruelle paraît large au piéton et même au cavalier d'un âne. Ces voies étroites où les maisons se joignent par le haut entretiennent la fraîcheur et l'ombre. Les logis ne sont pas spacieux, pourquoi le seraient-ils? Le pauvre monde n'y rentre que pour dormir. Les boutiques de cinq ou six mètres carrés suffisent aux mouvements d'un commerce somnolent et rêveur; les habiles y font malgré tout d'assez belles fortunes, et le maladroit qui s'y ruine n'est pas rongé par les frais généraux. Souvenez-vous que la presque totalité de cette population végète au jour le jour, et dépense sa vie à gagner de quoi vivre. La naissance indigente et la mort nécessiteuse forment un cercle vicieux qui ne réclame pas beaucoup de place. C'est l'étranger riche ou cupide, mais toujours vain, bruyant et pressé, qui se démène avec fracas et fait les routes trop étroites. Les musulmans parvenus sont tranquilles par esprit de dignité, les petits se taisent et s'effacent par modestie. Les frottements de la vie publique sont doux, chacun sachant quelle est sa place et n'ayant garde d'en sortir; quant à la vie privée, elle se clôt et se calfeutre dans un mystère impénétrable. C'est l'Europe qui a tout dérangé en important ici la hâte, la montre et la fièvre; le besoin des voitures est venu d'Occident, comme les voitures elles-mêmes. Sur les trois cent mille âmes qui s'agitent au pied du Mokattan, il y en a pour le moins deux cent cinquante qui vivraient du Koran, de l'eau du Nil et du pain mou, sans autre ambition, si la colonie ne leur imposait en quelque sorte les mœurs et les idées d'une autre race. Notre commerce, en quadruplant le prix de toutes choses,

LE CAIRE.

a troublé un monde heureux ou du moins résigné; nous secouons une antique et respectable quiétude qui tirait son origine du soleil africain; nous contraignons une population tranquille à se démener comme nous, bon gré mal gré, sous peine de mourir de faim au bénéfice de l'Europe.

Le touriste, qui vient au Caire pour son argent comme il irait à l'Opéra-Comique, regarde la ville comme un décor et le peuple comme un troupeau de comparses. L'homme véritablement humain, c'est-à-dire convaincu de la solidarité qui l'unit à ses semblables blancs ou noirs, interroge avec émotion cette société brusquement transformée. Ce qui nous frappe dès l'abord, c'est le contraste des misères présentes et des splendeurs anciennes. Je ne parle pas du passé cinquante ou soixante fois séculaire qui a créé les pyramides et tant d'autres monuments prodigieux. Il paraît trop certain que les maîtres du sol et du peuple immolaient des millions d'indigènes ou d'esclaves à des œuvres de pure ostentation; mais les mosquées du Caire et ces miracles de fine architecture que l'on appelle improprement les tombeaux des khalifes représentent une somme de travail accumulé que tous les bras de l'Égypte ne sauraient reproduire aujourd'hui. Rien de plus admirable en soi qu'une vieille mosquée; le monument est beau, solide, savamment construit, décoré avec autant de goût que de richesse. Presque toujours une fontaine de marbre, annexée au lieu saint, s'offre au passant de la rue; une école, perchée au-dessus de la fontaine, appelle les enfants du quartier. Toutes ces œuvres, aussi bonnes que belles, datent d'un temps que l'histoire nous donne comme plus misérable et plus troublé que le nôtre. Comment les hommes d'alors ont-ils pu créer des merveilles que l'Égypte contemporaine ne sait pas même réparer? Tout croule, tout périt, tout s'en va misérablement en poussière sans que les vivants d'aujourd'hui tentent même un effort pour étayer ces glorieuses ruines. Ils ont la foi pourtant, leurs âmes n'ont pas molli comme les nôtres depuis la construction de nos cathédrales gothiques. D'où vient que ces croyants laissent tomber les monuments du culte, quand notre scepticisme se met en frais au moins pour les entretenir? En tout pays, les édifices publics créés par une contribution réelle ou personnelle figurent un trop-plein, un boni, l'excédent de la production nationale sur la consommation. Les Égyptiens que nous avons sous les yeux consomment aussi peu que possible, et produisent, à ce qu'il semble, le maximum du travail corporel. C'est tout au plus s'ils peuvent se suffire et payer au gouvernement une ration de strict entretien. Est-ce la terre qui a dégénéré, ou la race, ou l'État? ou faut-il croire que le despotisme idiot des mameluks a creusé un abîme impossible à combler?

Le 6 janvier, dès le matin, nous courions seuls comme des fous par la ville. Combien de fois nous nous sommes perdus, je ne saurais le dire; il paraît que l'indigène lui-même s'égare à tout propos lorsqu'il sort de son quartier. J'ai passé par des rues où deux hommes ne se rencontraient pas sans s'aplatir à la muraille; j'ai traversé des oasis où les chameaux, les moutons et les chèvres sommeillaient pêle-mêle sous un dais de palmiers; j'ai donné dans des culs-de-sac où l'on croyait toucher au bout du monde; j'ai violé sans mauvaise intention la retraite mystérieuse de mégères qui criaient comme des harengères. Un hasard nous jeta dans le quartier du Crocodile. Après avoir tourné sept ou huit fois sur nous-mêmes, rencontré des maisons sans portes et des portes sans maison, évité des montagnes de coton qui circulaient à dos de dromadaire, refusé les services de cent cinquante âniers, longé un double rang de boucheries où l'on égorgeait les moutons dans nos jambes, à la face du ciel, nous débouchons au milieu d'un bazar où l'or, les pierreries, les châles, les tapis, les étoffes de soie et les meubles précieux s'empilaient en mille boutiques plus étroites et plus basses que le moindre placard de Paris. Nous étions au Khan-Khalil. C'est un océan de richesses. J'ai su depuis comment on s'y gouverne et même comment on s'y fait voler suivant les règles de l'art; mais je n'en ai jamais si bien joui qu'à la première rencontre. Les marchands nous interpellaient en arabe, en turc, en persan; les chiens galeux nous frôlaient les genoux, les mendiants de tout âge et de tout sexe nous tiraient par le bras, les ânes nous bourraient de la tête, les eunuques ayant charge de femme nous maudissaient d'une voix aiguë. Les *pick-pockets* — ce produit de la civilisation ne manque pas au Caire — tâtaient nos poches mal garnies et s'éloignaient avec majesté. Sauf un Algérien qui vend des bronzes surmoulés et des haches d'armes de Manchester, nul marchand ne parlait une langue européenne, et j'avoue que nous éprouvions quelque plaisir à nous sentir baignés dans le pur Orient; mais les âniers comprennent toutes les langues de nos pays sans en parler aucune. Il nous suffit de dire à trois bambins : *locanda Coulomb*, pour nous voir emportés d'un joli trot, à travers l'éternel encombrement du Mousky, jusqu'à la porte de notre auberge. « Les ânes sont les fiacres du Caire », disait le général Bonaparte.

(*Le Fellah*, chapitre ix.)

II

LE NIL

Le Nil est comme un monde à part. A deux encâblures du quai de Boulaq on est à mille lieues de Damiette, de Mansourah, du Caire et de tous les pays connus; on se sent transporté dans un milieu nouveau, on vit d'une autre vie. Le voyageur, assis dans une stalle confortable, voit défiler à droite et à gauche un long panorama de choses inédites, quoique aussi vieilles que l'humanité et mille fois dépeintes par des observateurs dont la liste commence à Hérodote et ne s'arrête pas à Gérard de Nerval et Maxime Du Camp. Vous croyez que les peintres complètent le travail de l'écrivain; non, chacun d'eux n'a pu saisir qu'une parcelle de ces beautés multiples et changeantes qui se renouvellent à toute heure de jour et de nuit. Une nature exceptionnelle, un passé grandiose, pétrifié dans des monuments indestructibles, une civilisation étrange, un avenir prodigieux, s'il plaît à l'homme, voilà plus d'éléments qu'il n'en faut pour occuper et satisfaire la plus avide curiosité.

Nous nous embarquons le 12 janvier, à deux heures, avec Arakel et son fidèle Éliacin, qui a fait le café et allumé les chibouques tandis que nous traversions la passerelle. Avant de monter à bord, nous sommes entrés chez Ahmed, au vieux Caire; ses gens ont confirmé la nouvelle de son départ; il a pris le chemin de fer pour Minieh avec les Anglais, et peut-être navigue-t-il déjà sur le haut Nil.

Le *Chibine* est un joli petit aviso, renommé pour sa vitesse. Le vice-roi en possède beaucoup du même modèle; on en compte en ce moment dix ou douze qui promènent les hôtes de Son Altesse entre le Caire et Philæ, et il en est de même tous les hivers. Les aménagements sont commodes et riches; chacun de nous a sa chambre et son lit, car il n'y a plus à compter sur les auberges; une salle à manger de dix ou douze personnes occupe l'arrière; sur le pont, on a fait un salon véritable, meublé de canapés et de fauteuils de soie, et couvert d'une tente grise ou du ciel bleu, *ad libitum*. Rien ne nous manquera; la cale est bondée de provisions, nous avons une maison montée dans le style européen, la table et le service sont pris à forfait par le meilleur hôtel d'Alexandrie moyennant la bagatelle de dix livres sterling par jour. C'est ainsi qu'Ismaïl-Pacha traite ses plus modestes hôtes; il ne veut point que les tracas de la vie matérielle puissent corrompre nos plaisirs ou interrompre nos travaux.

Tout l'équipage est égyptien, depuis le capitaine jusqu'au mousse. Le mécanicien est fellah comme les autres; il nous a prouvé que sa race peut faire bon ménage avec les engins de l'industrie occidentale; un Anglais n'eût pas mieux travaillé. Comme les eaux sont basses en janvier, nous avons deux pilotes, dont l'un manie le gouvernail, tandis que l'autre, debout à l'avant, la perche en main, sonde incessamment le fleuve. Le courant est rapide, le fond mouvant, le chenal se déplace chaque jour, les bancs de sable ou de limon surgissent tantôt ici, tantôt là, sous les eaux jaunes, opaques, impénétrables au regard ; il faut une vigilance de tous les instants pour éviter cet éternel danger d'échouage qui menace sinon la vie, du moins le temps et la liberté des voyageurs. La rencontre d'un banc arrête le navire jusqu'à ce qu'un autre vapeur vienne le dégager ou que les villages voisins, requis d'urgence, le renflouent à force de bras. Un pilote expérimenté fait son profit de mille indices qui nous échappent ; l'eau moirée d'une certaine façon, les oiseaux aquatiques plantés en ligne, la berge qui descend en pente douce, autant d'avertissements salutaires. Il recherche la rive la plus escarpée, le côté où le Nil dans toute sa force mord les terrains, les cultures, souvent même les maisons et les mosquées. Pour plus ample informé, il interroge vingt fois par jour les fellahs épars dans la campagne, et chacun s'empresse de lui crier : « Pousse à droite ! » ou : « Le chenal est à gauche ! » Quand le soleil et les paysans sont couchés, il n'y a qu'un parti à prendre, c'est d'amarrer le bateau n'importe où et d'attendre au lendemain. Ces principes fort sages étaient la loi du *Chibine* : nous leur avons dû le voyage le moins accidenté et le plus agréable du monde.

Un seul point m'intriguait au départ. Lorsque le navire eut démarré, traînant son canot à la remorque, et qu'il se mit à remonter gaillardement le cours du Nil, j'aperçus un trou dans le bordage d'arrière, à la droite du gouvernail. Peu de chose, ce trou ; c'est à peine si j'aurais pu y passer la tête, un enfant de dix-huit mois jouant sur le pont ne serait point tombé par là ; le *Chibine* sortait de l'arsenal, on n'avait certes rien épargné dans les détails de l'armement, notre petit voyage allait coûter trente mille francs pour le moins à la cassette du vice-roi. Un bout de planche à clouer sur ce malheureux trou ne représentait guère que dix minutes de travail et cinquante centimes de dépense : pourquoi la brèche restait-elle ouverte?

Pourquoi? C'est une grosse question, bien moins futile qu'on ne pourrait le supposer à première vue. La prospérité de l'Égypte, sa grandeur, son avenir, sont intéressés à la solution de ce petit problème, qui en renferme beaucoup d'autres. Pourquoi tant de beaux édifices tombent-ils en ruine au bout de quelques années? pourquoi les canaux destinés à l'irrigation se comblent-ils en maint endroit? pourquoi dit-on que le barrage du Nil sera détruit avant d'être achevé? pourquoi les plantations de Mohammed-Ali sont-elles mortes presque partout? pourquoi les institutions elles-mêmes périssent-elles dans ce pays le lendemain de leur naissance, et l'œuvre du progrès est-elle à recommencer tous les jours?

Le prince Napoléon, dans un discours célèbre, sinon populaire en Égypte, a dit : « Les Turcs perdent leurs culottes par la paresse de recoudre un bouton ». La faute est-elle bien imputable à ces dominateurs? D'abord les Turcs ne sont pas maîtres en Égypte : un prince ottoman règne sur les fellahs comme une princesse de Hanovre sur les Anglais, comme un prince de Savoie sur l'Italie, comme une fille des Bourbons régnait naguère sur l'Espagne, mais le pays s'appartient à lui-même, et les fonctions publiques sont presque toutes aux mains des fellahs. Faut-il accuser l'islamisme, ou le tempérament de la race indigène, ou le climat? Non, car la même race, sous le même climat et depuis la révolution qui y fonda l'islam sur les ruines du christianisme, a prouvé qu'elle était apte non seulement à produire, mais à entretenir, à conserver, à réparer ses œuvres, et à faire acte de création continue. Les habitudes de laisser-aller, dont l'effet n'est que trop visible dans les wagons des chemins de fer comme dans la mosquée d'Hassan, me paraissent relativement modernes. Elles ont commencé sans doute à l'oligarchie militaire et anarchique des mamelucks; elles se sont continuées sous les premiers vice-rois. Un Mohammed-Ali, tourné vers l'avenir, éperdument

LES RIVES DU NIL.

épris des nouveautés européennes, pressé d'agir, de produire, de montrer sa toute-puissance et son ferme vouloir, plus soucieux de marquer le pays à son empreinte que d'éterniser par un ravaudage assidu les vestiges du passé, devait reléguer au second plan tous les travaux conservatoires. Le mode de succession usité chez les Osmanlis, la transmission du trône en ligne collatérale, cette loi féconde en intrigues, en complots, en crimes, qui condamnait le souverain à se tenir en garde contre son héritier présomptif, et le futur vice-roi à vivre en disgrâce jusqu'au jour de son avènement, cet ordre désordonné qui vient enfin d'être aboli, interdisait la tradition, le respect du passé, l'esprit de suite dans le pouvoir. Si un fils est porté naturellement à soutenir les œuvres et les institutions qui font honneur à son père, un collatéral était bien aise de voir tomber en ruine les monuments de son ancien persécuteur. Le firman impérial qui transmet la monarchie en ligne directe par ordre de primogéniture aux descendants d'Ismaïl-Pacha contient le germe d'une révolution salutaire. Il introduit l'élément conservateur en Égypte; mais en cela, comme en mainte autre chose, l'éducation du peuple est à faire, il faudra du temps et des exemples. C'est l'ouvrier européen qui peut seul, jusqu'à nouvel ordre, entretenir et réparer les édifices, les canaux, les routes ferrées, les navires et les machines, qui abondent dans le pays. Voilà bien des paroles pour une planche trouée, mais ce trou que nous avons remarqué en montant à bord représente une lacune dans les institutions et les mœurs égyptiennes; les fellahs ont perdu des millions en nombre incalculable faute d'un bout de planche cloué à propos.

Le bateau marche, et nous longeons une flottille surchargée de grains de tout genre, blés, orges, fèves, millet, lentilles rouges; Boulaq est le port de la Haute-Égypte, tout ce qui vient du Midi s'arrête là. Presque toutes les embarcations ont un trop-plein de marchandises; les indigènes élèvent d'un demi-pied le bordage de leurs navires en y maçonnant de la boue et de la paille hachée. Ce pisé baigne dans l'eau pour peu que le bateau penche à droite ou à gauche; mais il ne s'y dissout que lentement, on a le temps de le réparer. Les paysans et les marchands arrêtés devant le port sommeillent sur leurs denrées; quelques-uns se font raser la tête par des barbiers ambulants avant de mettre pied à terre. Les arrivées et les départs animent le tableau; partout des voiles blanches ou grises pendent à cette longue vergue qui n'en finit pas. On voit des familles entières installées sur des radeaux chargés de poteries diverses; hommes et cruches arrivent de Siout, de Kench et même d'Assouan; ces boutiques flottantes font des voyages de deux cents lieues en suivant le fil de l'eau. Les pêcheurs à la ligne rapportent leur butin; le poisson du Nil est médiocre, il sent la vase; on le prend à l'hameçon sans amorce, en traînant des lignes de fond qui grattent le lit du fleuve et arrachent tout ce qui s'y rencontre. Les goélands, autres pêcheurs, se croisent dans l'air avec des milliers de mouettes et des éperviers par centaines. Le vieux Caire et l'île de Rhoda nous laissent entrevoir leurs jardins et les grilles mystérieuses de quelques grands harems, tandis que sur la rive opposée les pyramides se profilent derrière un rideau de palmiers.

Nous allons devant nous jusqu'au coucher du soleil. La variété des objets n'est déjà plus aussi grande. Le fleuve rapide et bourbeux, encaissé dans ses hautes berges, coule entre deux plaines cultivées. L'horizon est fermé à droite par la chaîne Libyque, à gauche par la chaîne Arabique : deux rangs de montagnes jaunâtres, et la terre noire entre les deux. Les villages se succèdent et se ressemblent comme des ruches basses et poudreuses; on voit partout des échancrures pratiquées au bord du fleuve et des fellahs nus jusqu'à la ceinture, puisant l'eau dans une énorme coupe de cuir pour l'envoyer dans la campagne. Cette poche, suspendue comme un balancier d'horloge, descend vide, remonte pleine, et verse son contenu dans une rigole. Le mécanisme, connu sous le nom de *chadouf*, est très ingénieux dans sa simplicité, et il donne une quantité de travail utile qu'il faut avoir vue pour y croire. Cependant il est triste de penser que cent mille hommes peut-être sont occupés durant une moitié de l'année à un effort mécanique où l'intelligence n'a point de part. La terre a besoin d'eau, mais on pourrait l'arroser à meilleur compte. La *sakié* ou *noria* est un progrès sur le chadouf, la machine à vapeur un progrès sur la sakié. Il vaut mieux user du charbon que des muscles de bœuf, et les muscles du bœuf ont moins de prix que ceux de l'homme. Malheureusement le charbon coûte cher, et l'outillage manque aux fellahs. Les pauvres gens qui travaillaient sur les deux rives semblaient abrutis par la fatigue; ils n'étaient pas même curieux; la plupart ne levaient pas la tête pour voir passer notre bateau. En revanche, nous étions émerveillés de leur beauté plastique : autant d'hommes, autant de statues. Les sculpteurs européens se plaignent de ne plus trouver de modèles; que ne vont-ils en chercher sur le Nil? Antinoüs y garde les chèvres, l'Apollon du Belvédère, l'Achille et le Gladiateur y manœuvrent le chadouf à raison de quarante centimes par jour.

Aussitôt le soleil couché, notre capitaine aborda. C'est l'usage, on s'arrête où l'on se trouve. Nous étions sous un bois de palmiers, à deux pas d'un petit village. Deux matelots sautèrent sur la rive, on leur jeta des pieux, un maillet, des cordes, et le bateau fut solidement amarré de l'arrière et de l'avant. Notre arrivée avait tant soit peu dérangé quelques barques de fellahs, car la meilleure place appartient de plein droit aux navires de Son Altesse. Nos voisins se remirent bientôt, et commencèrent à souper. Il paraît que cet acte si naturel après une journée de jeûne pouvait scandaliser Nos Seigneuries; le capitaine ordonna que l'on déguerpît aussitôt, et les pauvres gens d'obéir. Nous prîmes leur défense, on leur commanda de rester; ils revinrent sans témoigner plus de contentement qu'ils n'avaient marqué de dépit. Le capitaine alors voulut tirer les rideaux de la tente pour nous épargner un spectacle qu'il croyait indigne de nous. Je maintins qu'un souper de galettes et de carottes crues n'avait rien d'offensant pour l'homme qui n'est pas forcé d'y prendre part. Quelle idée ces bonnes gens doivent-ils avoir de nous, si on les vexe souvent ainsi pour faire honneur à l'étranger qui passe? Que pensent-ils les uns des autres, pour qu'un fellah devenu petit officier prenne des libertés si étranges avec ses frères?

Lorsque nous nous arrêtions pour compléter notre approvisionnement de charbon, les autorités de la ville ou du village mettaient toute la marmaille en réquisition. Garçons et filles accouraient au dépôt par centaines; les uns prenaient des couffes, les autres ramassaient des bâtons pour stimuler le zèle de leurs camarades, et, l'ouvrage terminé, battants et battus s'en allaient, bras dessus, bras dessous, sans rancune.

A Minieh, le hasard nous jeta au milieu d'une scène tragicomique. Les paysans défilaient en foule dans la raffinerie du vice-roi avec leurs ânes ou leurs chameaux chargés de cannes; chacun déposait son fardeau et gagnait la porte de sortie. Deux grands gaillards, une corde à la main, fouillaient hommes et bêtes, et malheur au fellah qui cachait dans les plis de sa tunique ou sous le bât de son chameau dix centimètres de canne à sucre! Il était étrillé d'importance. J'en vis battre une demi-douzaine; ils se secouaient comme des chiens mouillés la chose faite, et s'éloignaient en riant.

Si, dans nos promenades à pied, nous passions tout près d'un fellah en gesticulant un peu fort, il faisait un signe d'effroi. Ces pauvres gens supposent que nous n'avons des cannes et des cravaches que pour les battre. Chaque fois que j'ai surpris ce mouvement, j'ai eu honte pour eux et pour moi. Ahmed, si courageux et si digne, n'est pourtant pas une exception unique: j'ai rencontré un certain nombre d'Égyptiens qui le valaient; mais on les compte. Combien faudra-t-il d'années pour élever le niveau moral de cette malheureuse nation?

Depuis le port de Boulaq jusqu'au rivage de Keneh, où nos amis nous attendaient, la navigation fut de huit jours, sans aucun incident mémorable. Nous cheminons sans nous presser, contrairement à l'usage; lorsque les eaux sont basses, on se hâte de monter le fleuve, ajournant au retour la visite des monuments et des curiosités en tout genre. La vie du Nil est d'une monotonie adorable. Un banc de sable peuplé d'oies et de canards sauvages, de hérons et de pélicans, parfois un crocodile réveillé en sursaut par le tapage de la machine (je dois dire pourtant que nous n'en avons pas réveillé un seul) ; un grand bois de palmiers, un village plus important que les autres, la cheminée d'une pompe à feu, qu'on prend de loin pour un obélisque, une agglomération de pigeonniers semblables à des forteresses : voilà les objets les plus rares et les plus merveilleux qui s'offrent aux voyageurs. Ahmed n'a point exagéré la folie de ses concitoyens lorsqu'il nous montrait l'Égypte dévorée par les pigeons. J'évalue à plus de trente millions le total de ces destructeurs ailés qui se trouvèrent sur notre route. Or, je me souviens qu'à Paris Albert Geoffroy Saint-Hilaire, qui dirige le Jardin d'acclimatation, compte à raison d'un centime par jour la nourriture de ces êtres sensibles et gloutons. Ils mangent donc ici quelque chose comme trois cent mille francs par jour, soit cent neuf millions et demi dans l'année. La population stable est d'environ quatre millions d'âmes ; chaque Égyptien paye donc à la dynastie des pigeons plus de vingt-sept francs d'impôt annuel. Déduisez un million d'engrais et quatre millions et demi de viande, un beau chiffre, l'entretien de ces mamelucks remplumés coûterait encore aux fellahs vingt-six francs par tête d'homme.

Les paysages se suivent et se ressemblent. Nous remarquons seulement que les palmiers grandissent, et que la peau des paysans noircit d'étape en étape ; mais le type ne varie point : plus clair ou plus foncé, c'est toujours le même fellah. Les montagnes s'approchent ou s'éloignent comme par caprice ; tantôt elles se perdent à l'horizon, tantôt elles arrivent jusqu'au Nil et surplombent en falaises. On reconnaît alors que les hommes du vieux temps les ont creusées en mille et mille sépultures, soit pour eux-mêmes, soit à l'usage des animaux sacrés. Un jour que nous sondions du regard une large cavité taillée comme à la scie dans un énorme bloc de calcaire, un corps humain se détacha de la montagne et vint plonger à pic dans le sillage du bateau. En quatre brasses, il atteignit la felouque qui nous suivait, se hissa jusqu'au gouvernail et nous tendit la main en demandant le bakchich. Cet homme, admirablement fait, n'était vêtu que de sa main gauche. Arakel nous dit : « C'est un moine copte, chrétien à sa façon. Il habite un couvent perché là-haut; ses frères, quand ils ne mendient pas à la nage, font des chaussures. »

Nous donnons le bakchich au révérend nageur, nos matelots lui font l'aumône; il empoche la monnaie dans sa bouche, saute à l'eau, et va recommencer la quête à bord d'un bateau de fellahs. Je me demande si la dahabieh[1] d'Ahmed a reçu la même visite; nos Anglaises ont dû pousser de beaux cris. Et notre ami? Quel accueil aura-t-il fait à ce mécréant sans culotte? Les membres de la société de Saint-Vincent de Paul, qui placent leurs charités avec un discernement bien connu, seront peut-être scandalisés d'apprendre que le fellah musulman fait l'aumône aux chrétiens. Les disciples de Mahomet sont aussi généreux pour le moins et plus tolérants à coup sûr que les fidèles de Jésus-Christ. Ici, toutes les portes sont ouvertes; entre qui veut dans la cour du riche ou du pauvre. La religion et les mœurs commandent qu'on nourrisse et qu'on abreuve l'étranger, quels que soient son pays et sa loi : toujours l'hospitalité antique!

Le bakchich est distinct de l'aumône, quoiqu'ils se confondent souvent. Un homme à l'aise, un fonctionnaire, un officier recevra le bakchich sans rougir, et le demandera même. Les enfants d'un petit propriétaire s'échappent de la maison sous les yeux des parents pour demander le bakchich à l'étranger qui passe. Est-ce à dire qu'ils aient besoin de quoi que ce soit? Non. Ou qu'on leur doive quelque chose? Pas davantage. Le pourboire en Europe est comme un supplément de salaire; le pauvre qui a travaillé pour un riche, après avoir touché son dû, réclame quelques sous de

---

1. Espèce de barque ou de bateau.

bonne volonté, pour boire à la santé de monsieur. Ni le pourboire des Français, ni le *trinkgeld* des Allemands ne seraient justifiables dans un pays où l'on ne boit que de l'eau, et où la loi défend de la vendre. Qu'est-ce donc que le bakchich? Un hommage intéressé rendu par celui qui demande. « Tu es un grand seigneur, tu es riche, et je ne doute pas que tu ne sois généreux : prouve-le ! » Un fellah qui s'était cassé la jambe au Caire s'en alla trouver le chirurgien qui l'avait guéri, et lui demanda le bakchich. Savez-vous rien de moins logique? Pourtant, si je ne me trompe, le trait dans sa naïveté est touchant. La générosité est de stricte obligation pour tous les hommes qui sont ou qui paraissent riches; il suit de là que la valeur des biens et des services varie incessamment selon les personnes. Le bain turc, par exemple, se donne gratis au mendiant; le paysan et l'ouvrier le payent une ou deux piastres, le bourgeois cinq francs, le *gentleman* un louis, les beys ou les pachas cinq ou six fois plus cher; c'est le rang du consommateur qui détermine le prix des choses consommées. On s'étonne chez nous que les voyages en Orient aient ruiné Chateaubriand, Lamartine et quelques autres voyageurs importants; rien n'est plus simple, puisqu'un œuf à la coque peut atteindre à des prix fabuleux dans l'assiette d'un grand seigneur. Dès qu'un homme, par orgueil ou par générosité naturelle, s'est mis sur le pied de donner à tous ceux qui lui demandent, et de payer les choses au prorata de son rang, il creuse un gouffre que tout l'or du monde ne saurait combler.

Arakel nous arrêta une demi-journée à Siout pour nous montrer la ville et pour nous régaler d'un bain dans l'étuve la plus renommée de l'Égypte. Le bain fut excellent; on nous asphyxia dans la vapeur brûlante; on nous pela de la tête aux pieds, on nous pétrit, on nous disloqua, on nous échauda, et, après une heure d'épreuves que je crois empruntées aux mystères d'Isis, on nous laissa pour morts sur des matelas de coton, entre les narghilés de rigueur et l'inévitable café. Cette fatigue nous reposa si bien que nous courûmes la ville et les environs jusqu'au soir sans souffrir ni de la chaleur ni de la poussière. Siout est une capitale, un centre de commerce et même un foyer d'industrie. On y emmagasine dans une multitude d'okels les marchandises du Soudan; plusieurs corporations d'artisans y travaillent l'ivoire, la corne du rhinocéros, les plumes d'autruche et la poudre d'or, qu'ils transforment en bijoux étranges. Nous allions du quartier des teinturiers au bazar des babouches, à la ruelle des orfèvres, aux étalages de poteries. Un riche marchand très digne, très vénérable, un peu fripon, nous fit les honneurs de son okel avec toute la bonne grâce imaginable. Il ne tenait qu'à nous de rapporter dans nos pénates cinq ou six défenses fêlées, quelques bouquets de plumes mangées aux vers, et toutes les marchandises de rebut qui gisaient dans le fond de ses nombreuses boutiques; mais pendant que nous défendions notre bourse contre la malice du beau vieillard, les mendiants entraient chez lui l'un après l'autre, et nul ne s'en allait sans emporter une galette de belle farine blanche. Il vida toute une corbeille de pain, nous servit du café de Moka, referma ses magasins, barra la porte de l'okel, prit congé de nous sans rancune, et enfourcha un magnifique âne blanc qui l'attendait dans la rue. Autant le bazar est vivant, autant la ville est silencieuse et endormie. On pourrait y faire une lieue sans rencontrer plus de dix personnes. Le seul bruit qu'on entende parfois, c'est le grondement continu d'une meule tournée par un bœuf; chacun moud son blé à domicile. Ici les hommes blancs deviennent de plus en plus rares. A peine si nous avons rencontré une quinzaine de vieux Turcs, gendarmes ou cavas, mal accoutrés et de piètre mine; par compensation, force Arabes nomades, aux dents pointues, au front fuyant, aux pommettes saillantes, moins hauts de taille que le commun des fellahs, mais plus vifs, plus fiers, et crânement drapés dans leurs burnous blancs.

Siout est probablement la seule ville égyptienne qui offre aux yeux un profil pittoresque. Assise sur une éminence, au pied de la chaîne Libyque, elle se découpe en décor et satisfait ou dépasse même les plus brillantes imaginations du touriste. Nous apportons dans la mémoire un Orient tout fait; les peintres et les poètes nous blasent à l'avance, et il est difficile que la réalité nous donne tout ce que nous en attendons. Siout ne laisse rien à désirer; lorsque vers six heures du soir, quelques minutes avant le coucher du soleil, nous reprîmes le chemin du bateau, une admiration sincère nous arrêta tous sur nos ânes, à cent pas de la ville au milieu d'un champ sec tout crevassé par la dernière inondation. Najac et Du Locle s'écrièrent en même temps : « Ah ! voici l'Orient comme on le voit en rêve! et il n'est peut-être qu'ici ! » C'était trop dire, car l'entrée de la Corne-d'Or est autrement belle et cent fois plus grande que le modeste profil de Siout; mais cette impression mérite d'être notée.

Le soleil disparut; les lumières et les ombres se fondirent; le froid nous prit par les épaules, et nous repartîmes au petit trot vers l'allée d'arbres à gomme qui réunit la ville à son port. Najac nous dit en arrivant : « Messieurs, je sais un mot d'arabe.

— Part à deux !

— Part à trois !

— Écoutez-moi bien; c'est *donkey*, qui veut dire un âne.

— Malheureux ! si tu n'y prends garde, les âniers l'apprendront l'anglais. »

N'est-il pas singulier que le petit peuple d'Égypte ait retenu un mot anglais, lorsque l'occupation de Bonaparte n'a pas laissé un mot français dans sa mémoire? Nos armées ont vécu en Égypte; les touristes anglais ne font qu'y passer. Il est vrai qu'ils y passent souvent et en grand nombre, tandis que les voyageurs de notre nation y sont rares. Sur vingt-cinq dahabiehs de plaisance que nous avons croisées ou dépassées sur le Nil, dix peut-être portaient le pavillon britannique, et les quinze autres le drapeau américain; pas un pauvre chiffon tricolore!

(*Le Fellah*, chapitre XIV.)

III

MARIETTE-BEY. — L'ÉGYPTE.

C'est un des hommes les plus complets qui soient au monde : savant comme un bénédictin, courageux comme un zouave, patient comme un graveur en taille-douce, naïf et bon comme un enfant, quoiqu'il s'emporte à tout propos, malheureux comme on ne l'est guère, et gai comme on ne l'est plus, brûlé à petit feu par le climat du tropique, et tué plus cruellement encore dans les personnes qui lui sont chères, salarié petitement, presque pauvre dans un rang qui oblige, mal vu des fonctionnaires et du peuple, qui ne comprennent pas ce qu'il fait et considèrent la science comme une superfluité d'Europe, cramponné malgré tout à cette terre mystérieuse qu'il sonde depuis bientôt vingt ans pour lui arracher tous ses secrets, honnête et délicat jusqu'à se rendre ridicule, conservateur têtu de l'admirable musée qu'il a fait et qu'on ne visite guère, éditeur de publications ruineuses que la postérité payera peut-être au poids de l'or, mais qui sollicitent en vain les encouragements des ministères, il honore la France, l'Égypte, l'humanité, et quand il sera mort de désespoir, on lui élèvera peut-être une statue!

Il était conservateur des antiques au Musée du Louvre et connu du monde savant par quelques travaux estimés, lorsque le duc de Luynes eut l'idée de l'envoyer ici pour des fouilles. Il se donna la tâche de découvrir les tombeaux des Apis, plus introuvables assurément dans le désert que la planète Neptune dans le ciel. Durant quatorze mois il vécut en plein sable, près de Memphis, sous un baraquement provisoire qui mériterait d'attirer tous les savants en pèlerinage. Les dépenses et les lenteurs de l'entreprise découragèrent le duc de Luynes, mais la France eut foi dans M. Mariette! on lui fournit quelques ressources, et un beau jour, guidé par des signes que lui seul était capable d'interpréter, il déblaya l'entrée de cette admirable caverne où l'on couchait les bœufs sacrés dans des tombeaux monolithes polis comme des miroirs et aussi vastes que les salles à manger de Paris.

Cette découverte fut suivie de cent autres, et le gouvernement égyptien, comprenant à la fin qu'il devait exploiter lui-même les trésors scientifiques du sous-sol, emprunta M. Mariette à la France. C'est aux dépens des vice-rois, c'est à leur éternel honneur qu'il a trouvé la table d'Abydos et cette liste des rois qui confirme contre toute attente la chronologie calomniée de Manéthon.

Je comprends qu'un homme de science se passionne pour les antiquités égyptiennes; au point de vue de l'art proprement dit, il y a peu de chose à en dire. Les contemporains de Sésostris, qui fut le Louis XIV égyptien, ont été des constructeurs étonnants plutôt que de grands architectes, des praticiens habiles et expéditifs plutôt que des sculpteurs hors ligne. Tous les arts du pays, depuis les temps de Moïse jusqu'à l'époque des Ptolémées, l'architecture, la sculpture, la peinture, se caractérisent à nos yeux par la solidité et la raideur, par l'esprit de tradition poussé à l'extrême, par je ne sais quoi de convenu ou d'imposé qui laisse peu de part à l'originalité du génie. Il faut remonter aux tombeaux des premières dynasties pour retrouver le talent naïf, ingénieux, réaliste, que les règlements hiératiques ont eu bientôt paralysé. Quelques morceaux d'une bonne exécution se rencontrent çà et là; mais on fondrait toute l'Égypte ancienne dans un seul moule sans en faire sortir une œuvre comparable au temple de Thésée ou à la Vénus de Milo. L'énorme n'est pas le grand, le savoir et la facilité n'ont qu'une parenté lointaine avec le génie. Si le voyageur n'était averti par ses lectures, il trouverait comme une déception dans l'étude de ces merveilles où l'art s'arrête obstinément à mi-route, et dont pas une n'atteste la supériorité d'un maître.

On pourrait objecter que l'Égypte a préparé l'art grec, et que Thèbes fut autrefois l'institutrice d'Athènes, comme le Pérugin a été le maître de Raphaël. Il y aurait assurément de l'injustice à demander pourquoi l'auteur du *Mariage de la Vierge* n'a pas fait la madone de Foligno. C'est la loi du progrès dans une de ses applications les plus connues; mais la loi du progrès, autant qu'on en peut juger d'après les documents qui nous restent, ne s'est jamais vérifiée en Égypte. Les œuvres les plus antiques y sont les plus belles de toutes; il semble qu'une colonie ait importé sur les bords du Nil une civilisation toute faite et parfaite, et que l'histoire du pays, à dater du deuxième jour, ne soit qu'une longue décadence. Dans les tombeaux de Beni-Hassan, qui datent de la septième dynastie, et qui sont plus vieux qu'Abraham, on peut voir encore aujourd'hui des tableaux pleins de mouvement, de vie, de gaieté même. Tous les monuments du premier âge expriment en traits vifs et charmants la douceur d'une vie champêtre, abondante, libre, heureuse, et l'art qui l'a traduite est facile comme elle. On dirait que les vivants se sont plu à réunir dans la demeure des morts l'image de tous les plaisirs qu'ils avaient goûtés sur la terre. Aucune allusion à la grandeur des rois, au despotisme des prêtres, à ces épreuves de l'autre vie dont le détail formaliste et minutieux remplit les monuments de l'Égypte dégénérée. L'architecture des premiers âges offre des spécimens du pur style dorique, tel ou peu s'en faut qu'il existe au Parthénon d'Athènes, et, partant, bien supérieur à cette énormité savante et prétentieuse qui fut le style de Sésostris. Il est vrai que cette grave question se juge sur un dossier fort incomplet. Beaucoup d'édifices ont disparu, force nous est de raisonner sur le peu qui subsiste. On s'imagine en France que tous les temples et les tombeaux d'Égypte étaient taillés dans le granit; il s'en faut de presque tout; le granit est une pierre rare, on ne le trouve qu'à la hauteur d'Assouan, presque sous le tropique du Cancer. Les anciens venaient le chercher jusque-là pour en faire des obélisques et des statues; mais lorsqu'il s'agissait de construire tout un temple, ils employaient le grès ou le calcaire, qui se trouvait sous leur main. Les temples de calcaire ont passé dans les fours à chaux, pièce à pièce ; le grès seul est resté debout parce qu'il ne pouvait servir à rien. Il risque fort de disparaître à son tour, ou du moins les derniers vestiges de cette précieuse antiquité sont plus exposés aujourd'hui que sous les mamelucks. Le Nil commence à miner Louqsor : quelques jours avant notre arrivée, une partie du temple s'était écroulée à grand bruit sans cause apparente ; mais le pire ennemi des choses antiques, c'est le touriste, ce désœuvré souvent inepte qui fait sauter un éclat de mur pour rapporter un souvenir, et qui martèle les hiéroglyphes ou les peintures, histoire d'y laisser son nom. Quand le voyage était coûteux et difficile, lorsque les ruines de Thèbes ne voyaient qu'une demi-douzaine d'étrangers tous les ans, les dégâts étaient véniels ; aujourd'hui Anglais et Américains s'abattent sur le Nil par centaines, comme des oiseaux de passage ; la manie des collections va croissant ; on trafique des antiquités à bureau ouvert ; les agents des consulats se livrent publiquement à ce commerce, et le gouvernement n'est pas de force à chasser les vendeurs du temple, qui finiront par vendre le temple même. Il est urgent d'arrêter cet abus et de préserver les ruines, au moins jusqu'à ce que M. Mariette ait copié toutes les inscriptions qui restent inédites. Ces murailles de la Haute-Égypte sont un livre que la science épelle avec ardeur. Elle espère y retrouver un grand chapitre de l'histoire du genre humain et la réfutation de certaines légendes trop longtemps accréditées. On n'osera peut-être plus dire que l'humanité est vieille de six mille ans en présence de documents authentiques qui en ont sept ou huit mille.

Pendant deux jours entiers M. Mariette nous promena de temple en temple, à Karnak, à Louqsor, au palais de Rhamsès, à Deïr-el-Bahari, à Gournah ; il aurait pu nous retenir un an sans lasser notre attention. L'histoire, l'archéologie, l'anecdote, coulaient de source ; il déchiffrait les hiéroglyphes au passage, saisissait comme au vol un trait des mœurs antiques, discutait un texte d'Hérodote, une affirmation de Bossuet, un article de Renan, tout cela de mémoire et sans ombre de pédanterie. Il sait l'Égypte en amoureux ; il ranime par la passion toutes ces choses caduques ; la vie s'éveille sur son passage ; les figures colossales plaquées sur les murailles le regardent du coin de l'œil. Tous les pharaons ne sont pas également ses amis ; il apprécie Séti 1er ; mais quant à Rhamsès II, si vanté sous le nom de Sésostris, il lui fait une opposition du diable.

Ah ! les bonnes journées ! Trois bambins, fort intelligents, ma foi, nous suivaient dans nos courses et buvaient les paroles de leur père ; ils mordent aux hiéroglyphes, les petits ; ce n'est pas eux qui prendraient une dynastie pour une autre. Quand nous revenions aux bateaux, tantôt à l'un, tantôt à l'autre, les jambes rompues, l'esprit bourré de mille faits confus et mal tassés, on s'attablait sous la tente et l'on devisait à loisir sur des sujets un peu plus modernes. Si jamais le vieux Nil se met en tête d'écrire ses mémoires, c'est M. Mariette qui tiendra la plume ; il a tant vu ! Un soir, à la clarté des étoiles, il nous esquissa les portraits de tous les princes qu'il a guidés à travers la Haute-Égypte. Jamais, je crois, plus curieuse galerie ne défila sous les yeux de spectateurs plus charmés. L'*humour* de M. Mariette et sa bonhomie, qui s'aiguise parfois d'une pointe un peu vive, ont laissé dans mon souvenir des images si nettes que je dessinerais les personnages à mon tour, si je l'osais. Le prince Napoléon, le comte de Chambord, le prince de Galles, le comte de Paris et le duc de Chartres, le duc de Brabant, aujourd'hui roi des Belges, ont posé tour à tour sans le savoir devant un peintre surprenant, et qui se connaît en hommes. Le seul prince dont il garde un mauvais souvenir j'hésite à le nommer, et pourtant !...

C'était quelques mois après la trouvaille du Sérapéum ; M. Mariette, rappelé brusquement à Paris, ne pouvait emporter toutes les richesses qu'il venait de conquérir pour la France. Il fit un trou dans le désert et y enterra secrètement quatorze caisses d'antiquités, dont l'une, la plus intéressante, contenait les restes du bœuf qui fut blessé et non tué par Cambyse; l'os de la cuisse prouvait que l'animal sacré fut guéri. Un auguste étranger, jeune et poète, vint visiter les tombeaux de Memphis; les Arabes employés aux fouilles, mal conseillés par l'espérance d'un fort bakchich, dénoncent la cachette, et, comme il est bien établi qu'il n'y a ni tien ni mien pour l'étranger en Égypte, les courtisans de l'archiduc lui persuadent de faire main basse sur le trésor. On enlève les quatorze caisses, on les dirige sur Alexandrie, elles traversent l'Adriatique et vont meubler un château superbe, où sans doute elles sont encore aujourd'hui. Quant au coupable, il a fini si tragiquement dans un autre hémisphère que, tout bien pesé, je renonce à publier son nom.

(Le Fellah, chapitre xv.)

IV

DE PONTOISE A STAMBOUL

I

DE PONTOISE A STAMBOUL

L'aventure que je vais vous raconter par le menu ne ressemble pas mal au rêve d'un homme éveillé. J'en suis encore ébloui et étourdi tout ensemble, et la légère trépidation du wagon-lit vibrera très probablement jusqu'à demain matin dans ma colonne vertébrale. Il y a exactement treize jours que je quittais les bords de l'Oise pour aller prendre le train rapide de l'Orient à la gare de Strasbourg ; et dans ces treize jours, c'est-à-dire en moins de temps qu'il n'en fallait à Mme de Sévigné pour aller de Paris à Grignan, je suis allé à Constantinople, je m'y suis promené, instruit et diverti, et j'en suis revenu sans fatigue, prêt à repartir demain si l'on veut, par la même voiture, pour Madrid ou Saint-Pétersbourg. Et notez que nous avons fait une halte de vingt-quatre heures dans cette France orientale qui s'appelle la Roumanie, assisté à l'inauguration d'un palais d'été dans les Carpathes, pris le thé avec un roi et une reine et banqueté somptueusement chez le Bignon de Bucharest. On dit avec raison que notre temps est fertile en miracles ; je n'ai rien vu de plus étonnant que cette odyssée dont la poussière estompe encore mon chapeau.

Par quel concours de circonstances ai-je quitté Paris le 4 octobre, à l'heure où le rideau se levait sur le beau drame de mon ami Albert Delpit? Tout simplement parce qu'un aimable homme, M. Delloye-Matthieu, m'avait dit au printemps dernier :

« Connaissez-vous Constantinople?

— Oui et non : j'y suis allé il y a trente ans, et la ville doit avoir bien changé, quoiqu'elle ait assurément moins changé que moi.

— Si l'on vous invitait à l'aller voir?

— J'accepterais avec enthousiasme. Quand partons-nous?

— Aussitôt que le choléra voudra bien nous le permettre. »

M. Delloye-Matthieu est un richissime banquier belge, un puissant industriel et un piocheur infatigable. Il ne se contente pas de faire travailler ses capitaux dans les grandes affaires de la Belgique et de l'étranger; il y prodigue sa personne, dirigeant, conseillant, surveillant, instruit de tout, présent partout, brûlé par une activité dévorante, et bon vivant avec cela, gai causeur et joyeux convive. On assure qu'il aura bientôt soixante-huit ans; tout ce que je sais de son âge, c'est qu'à Constantinople il était le dernier à se mettre au lit et le premier aux cavalcades matinales.

Cet aimable homme de finance préside le comité de la Compagnie internationale des wagons-lits, dont le directeur, presque aussi connu en Europe que M. Pullman en Amérique, est M. Nagelmackers. Et la Compagnie des wagons-lits invitait une quarantaine de fonctionnaires, d'administrateurs, d'ingénieurs et de publicistes à l'inauguration d'un matériel non seulement neuf, mais tout à fait nouveau.

Je crois superflu d'indiquer pourquoi la Compagnie des wagons-lits est internationale. Son but étant de faire circuler ses voitures sur tous les chemins de l'Europe continentale et d'emprunter successivement pour un même voyage la traction de diverses compagnies, elle ne pouvait être exclusivement ni française, ni allemande, ni espagnole, ni italienne, ni russe. Je dirai même, san crainte de sembler paradoxal, qu'elle ne pouvait être que belge, car le nom sympathique et honoré de la Belgique est synonyme de neutralité. Il faut, pour ainsi dire, le concours d'un bon vouloir universel, d'une sorte de fraternité invraisemblable, au triste temps où nous vivons, pour faire circuler, depuis Brest jusqu'à Giurgewo ou de Séville à la frontière russe, un voyageur malade ou pressé, sans qu'il ait à subir les vexations, les ennuis, les retards de la douane et de la police. L'homme, colis vivant, que les entrepreneurs de transport secouaient sans aucun scrupule, que les contrôleurs réveillaient sans pitié, que les buffets et les gargotiers embusqués aux stations principales empoisonnaient et rançonnaient sans merci, que tout un peuple de parasites et de fâcheux se repassait de mains en mains, deviendra presque, avec le temps, un animal sacré, un chat d'Égypte. Tout le monde se mettra d'accord pour lui donner non seulement de la vitesse, mais du calme, du sommeil et du confort, en échange de son argent.

J'aime fort les chemins de fer, d'autant plus que j'ai connu les diligences, et je fais chaque année une jolie consommation de kilomètres. Mais j'ai pesté souvent, comme tous les Français, contre la reclusion du voyageur dans ces compartiments de huit places où l'on n'est bien qu'à condition d'être quatre; contre l'insuffisance des temps d'arrêt, qui atteste un profond mépris pour les infirmités de la nature humaine. Que de fois, à travers la portière d'un wagon, j'ai contemplé d'un œil d'envie une de ces voitures de saltimbanques où la famille entière boit, mange et dort en paix sous la conduite du pitre mélancolique qui fouette un vieux cheval blanc! Je sais que ce mode de locomotion manque de promptitude et qu'il ne serait pas goûté des agents de change qui vont le samedi soir à Trouville. Mais le confort et la célérité ne sont pas inconciliables, témoin ces colonies mouvantes que le train de New-York transporte à San-Francisco en cinq jours et demi, et qui parcourent cinq mille trois cent cinquante kilomètres, sans souffrir ni de la faim, ni de la soif, ni même des fourmis dans les jambes, car le voyageur fatigué d'être assis peut se reposer en marchant. Ce qu'il y a de plus merveilleux et de plus enviable dans ces grands trains du Pacifique, c'est qu'on y est chez soi, qu'on peut s'y installer pour toute la durée du voyage sans craindre les transbordements, tandis qu'en France, dans le premier pays du monde (vieux style), il faut changer deux fois de voiture pour aller de Pontoise à Saint-Germain.

Mais, si j'ai jalousé souvent le bien-être du voyageur américain, du diable si je m'attendais à le trouver dans les wagons-lits! Ces longues voitures verdâtres, éclairées par de rares fenêtres qui n'ont pas l'air de s'ouvrir volontiers, attirent quelquefois notre attention dans les gares, à l'arrivée des trains de longue haleine. Elles sont noyées de poussière, et l'on distingue à peine dans la pénombre le profil d'un Anglais qui s'étire en bâillant ou la face d'un valet de chambre à casquette galonnée d'or. Telle est du moins l'impression que j'avais conservée du vieux matériel des wagons-lits, des voyageurs et du service. Je n'y voyais guère autre chose que des hôpitaux ambulants ou des cabines de bateau à vapeur en terre ferme ; je n'éprouvais qu'une sincère compassion pour leurs passagers, et je me réjouissais d'être assez bien portant pour éviter les bienfaits d'une hospitalité si bien close.

La soirée du jeudi 4 octobre fut donc pour moi comme une révélation ; elle m'ouvrit un monde que je n'avais pas entrevu même en songe. Par une malice du sort ou peut-être par une ingénieuse combinaison de M. Nagelmackers, le train où nous allions monter s'allongeait parallèlement à un vieux wagon-lit du modèle qui a fait son temps. D'un côté la voiture-hôpital, la voiture-prison, la vieille voiture verte et poudreuse ; de l'autre, trois maisons roulantes, longues de dix-sept mètres et demi, construites en bois de teck et en cristal, chauffées à la vapeur, brillamment éclairées au gaz, largement aérées et aussi confortables pour le moins qu'un riche appartement de Paris. Les quarante invités de la Compagnie, les parents, les amis, les curieux qui nous entouraient à la gare de l'Est, ne pouvaient en croire leurs yeux. Mais ce fut bien autre chose après le coup de sifflet du départ, lorsque notre menu bagage fut installé dans de jolies chambrettes à deux, à trois ou quatre lits et qu'un repas délicieux nous réunit pour la première fois dans la salle à manger commune. Il est invraisemblable, ce symposium précédé d'un petit salon pour les dames et d'un joli fumoir, et suivi d'une cuisine grande comme la main dans laquelle un superbe Bourguignon à barbe noire fait des miracles que Cleverman et même Hermann n'égaleront jamais. J'ai conservé presque tous les menus de cet artiste sans rival, et si je ne les livre pas à votre admiration, c'est que la bonne nourriture rend l'homme bon et que je craindrais de damner mon prochain par le péché de convoitise. Mais il n'est pas indifférent de noter que la Compagnie s'appliquait à nous faire connaître au jour le jour les mets nationaux et les illustres crus des pays que nous traversions. C'est ainsi par exemple que nous bûmes en Roumanie un très joli vin blanc, fabriqué et signé par M. J.-C. Bratiano, président du conseil des ministres, et vraiment digne de porter le nom d'une Excellence.

. . . .

L'expérience de notre hôtellerie roulante commence au coup de sifflet du départ, et elle intéresse vivement tous ceux d'entre nous qui ont une certaine pratique des chemins de fer. Ainsi l'on doit nous servir à dîner dans un quart d'heure, et nous trouvons le couvert mis avec une intrépidité qui nous étonne. J'ai l'habitude de déjeuner tous les mois dans le train de Paris à Boulogne-sur-Mer, et quoique la Compagnie du Nord ait des voitures admirablement suspendues, qui lui coûtent jusqu'à dix-sept et dix-huit mille francs l'une, je sais combien il est malaisé d'y verser et d'y boire un verre de vin sans trinquer avec sa propre chemise. Eh bien! les serviteurs de la Compagnie Nagelmackers n'ont pas craint de placer devant chacun de nous trois ou quatre verres à pied d'un équilibre fort instable. Il faut que ces braves garçons aient une confiance illimitée dans l'aplomb de leur restaurant, et il nous semble à première vue que les fiches, les cordes tendues, ce qu'on appelle le violon à bord des paquebots, ne seraient pas de trop en cette occurrence. L'événement nous donne tort : rien ne bouge sur ces petites tables si bien servies, tant la construction des voitures a réalisé de progrès depuis quelques années. La pesanteur du train, qui représente environ mille kilogrammes de poids mort par voyageur, la fabrication ingénieuse et savante des roues, la multiplicité des ressorts et des tampons; l'écartement des essieux qui permet de poser chaque voiture sur deux trucs indépendants l'un de l'autre, tout concourt à nous faire rouler sans secousses, sans bruit, sans fatigue, à des vitesses qui, par moments, n'ont pas été de moins de quatre-vingt-dix kilomètres à l'heure. Et dans les courbes les plus rapides, où les voitures ordinaires de sept mètres de long sont parfois rudement cahotées, non seulement nous n'avons point ressenti le moindre choc, mais nous n'avons pas même éprouvé cette trépidation qui fait dire aux voyageurs des trains express : Ça marche bien.

Ce qui n'a pas très bien marché le premier soir, c'est le service. Soit que le cuisinier n'eût pas encore ses coudées franches dans l'armoire à surprises qui lui sert d'atelier, soit que les domestiques fussent un peu déconcertés par l'abondance et l'opulence d'un matériel tout battant neuf, soit peut-être tout bonnement parce que les invités se trouvaient trop bien à table et s'amusaient plus que de raison à lier connaissance le verre en main, il n'était pas loin de minuit lorsque nous prîmes le chemin de nos chambres. Encore quelques groupes trouvèrent-ils le moyen de faire une station en plein air sur les petites plates-formes qui séparent les grands wagons : on y est admirablement pour fumer un cigare dont le vent furieux du train emporte la moitié. J'avoue que je n'étais pas fâché d'éloigner l'heure fatale du sommeil et d'entrer le plus tard possible dans la prison sans air où les passagers des bateaux ronflent les uns sur les autres lorsqu'ils ne font rien de pis. Il me semblait que nos voitures neuves devaient sentir la peinture, et je ruminais tristement le nom de ces dragées pharmaceutiques qui prétendent guérir le mal de mer. Je n'en eus pas besoin. La chambre, nette et luisante comme un sou neuf, n'a pas reçu une seule couche de peinture, par l'excellente raison qu'elle est boisée du haut en bas. Le matelas et l'oreiller sont juste à point, ni trop mous ni trop durs; les draps, qu'on change tous les jours par un raffinement inconnu dans les maisons les plus riches, exhalent une fine odeur de lessive; et mes deux compagnons, MM. Grimprel et Missak-Effendi, sont des dormeurs exemplaires. La lampe à gaz brillait discrètement à travers une épaisseur de soie verte. Lorsque j'ouvris les yeux, nous roulions vers Carlsruhe à travers les prairies badoises, et il faisait grand jour. J'ai su depuis que trois ou quatre ingénieurs de notre bande étaient descendus à Strasbourg avec M. Porgès, président de la Société Edison, pour voir l'intérieur de la nouvelle gare éclairée par la lampe électrique. On dit que c'est fort beau; mais le soleil lui-même me paraîtrait bien terne à Strasbourg. Nous traversons les bois, les vignobles et les riches cultures du Wurtemberg sans autre incident mémorable que notre toilette du matin. Mais ce détail n'est pas une petite affaire. Le confort est un peu comme le galon; dès qu'on en prend, on n'en saurait trop prendre. A force d'être bien, nous sommes déjà devenus exigeants, et les deux cabinets de toilette qui s'ouvrent à chaque bout de chaque wagon-lit ne nous suffisent plus, il nous en faudrait au moins quatre. Ils sont installés avec luxe, amplement pourvus de savon, d'eau chaude et d'eau fraîche, et maintenus dans un état d'irréprochable propreté par les valets de chambre. Mais, soit pour la toilette, soit pour les autres besoins de la vie, ils ne peuvent héberger qu'un voyageur à la fois. Nous sommes donc obligés, le matin, de nous attendre les uns les autres, et quelquefois assez longtemps. C'est notre seul *desideratum* dans les délices de cette Capoue roulante, et je crains bien qu'il ne soit matériellement impossible de faire mieux que l'on n'a fait. Considérez d'ailleurs que les voyageurs ordinaires d'un train express rendraient mille grâces aux dieux s'ils avaient un de ces cabinets de toilette pour cent personnes. Or nous en avions deux pour vingt. En Bavière, non loin de l'inutile et ruineuse forteresse d'Ulm, nous rencontrons pour la première fois le beau

Danube bleu que l'on appelle aussi, et peut-être plus justement, *die schmutzige Donau*, la sale Danube. Nous découvrons encore une autre chose qui n'est pas sans nous émouvoir. C'est que le wagon-restaurant, où l'on fait de si bonne cuisine et où l'on passe trois heures à table, a un léger défaut de construction : l'essieu chauffe; une odeur de graisse brûlée avertit nos ingénieurs, qui ont le nez fin. Il n'y a pas péril en la demeure; d'ailleurs les passagers peuvent communiquer incessamment avec le mécanicien. Mais une réparation est nécessaire, et elle ne peut s'exécuter en chemin. Le chef de la gare de Munich ne nous l'a pas envoyé dire : il a fait décrocher d'urgence notre beau restaurant neuf avec toutes ses dépendances, juste au moment où l'on nous apportait le café. Mais il faut croire que cette compagnie des sleeping-cars a tout prévu, même les accidents inévitables dans l'essai d'un nouveau matériel. En moins de cinq minutes, le cuisinier, les maîtres d'hôtel et tous les hommes de service sont embarqués à bord d'un autre restaurant moins neuf et moins brillant que le premier, mais aussi bien pourvu de tout le nécessaire et même de tout le superflu. Jusqu'à Giurgewo, où nous devons quitter le train pour pénétrer en Bulgarie, rien ne nous manquera, ni le beurre frais d'Isigny, ni les vins, ni les fruits, ni les cigares. Et quand nous reviendrons de Constantinople, nous retrouverons à Giurgewo le beau restaurant neuf qui s'est fait réparer à Munich.

Le court moment que nous avons passé dans la capitale de la Bavière nous a permis d'admirer sinon l'architecture, au moins les proportions d'une de ces gares monumentales dont l'Allemagne victorieuse s'est donné le luxe à nos frais. Non seulement nous les avons payées, mais elles pourront encore nous coûter cher, car elles sont manifestement construites contre nous. Ces halls immenses, où tout encombrement de voyageurs est impossible, sont des établissements militaires au premier chef. Il ne faut pas être grand clerc en stratégie pour supputer au pied levé le nombre de batteries et de bataillons qu'on y peut embarquer dans les vingt-quatre heures à destination de Paris. J'aime à croire que depuis douze ans notre état-major général a suivi les exemples de M. de Moltke, mais je n'en suis pas bien certain.

. . . .

II

SAINTE-SOPHIE

Les musulmans se sont approprié ce chef-d'œuvre de l'architecture byzantine en construisant des minarets, en badigeonnant quelques fresques, en cachant sous une feuille de cuivre doré quelques têtes de chérubins et en accrochant dans les angles des inscriptions turques sur des panneaux de tôle ou de bois qui ressemblent à des enseignes colossales. Les prêtres ou peut-être les sacristains exploitent la beauté et la gloire du monument, d'abord en faisant payer aux chrétiens un droit d'entrée de quatre ou cinq francs par tête, ensuite en contraignant les visiteurs d'acheter les cubes de mosaïques que ces vandales arrachent à poignée le long des murs. Malgré ces horreurs, l'édifice est splendide, moins fini, moins complet et plus fruste que Saint-Marc, mais bien plus grand et plus hardi avec sa coupole de proportions cyclopéennes qui repose exclusivement sur quatre piliers. L'art gréco-romain était vieux sous Justinien, au sixième siècle de notre ère, mais il était encore bien robuste et je ne sais si notre science, notre argent et nos prétentions pourraient rivaliser avec lui. Ni les photographies du commerce, ni les études d'ensemble et de détail que les pensionnaires de Rome ont exposées au Salon ne vous donneront une idée de la majesté de Sainte-Sophie. Pour juger la grandeur de l'édifice, il faut le mesurer à soi-même et voir le peu de place qu'on y tient. Il faut jauger, pour ainsi dire, la masse des matériaux précieux qui y sont accumulés, granit, porphyre, serpentin, brèche antique, et ce beau marbre cipolin dont on a fait non seulement des colonnes, mais le pavage entier des galeries. Si les conquérants en délire ont pillé l'or, l'argent, les pierreries, en un mot toutes les richesses accumulées par la dévotion des empereurs d'Orient, ils ont laissé debout les colonnes que l'architecte Anthémius avait empruntées à tous les peuples de la Grèce, de l'Asie et de l'Égypte. Tout ce que les sultans ont ajouté au monument primitif pour transformer la basilique en mosquée est peu de chose, à part les quatre minarets qui entourent la grande coupole; et il nous semble que le Dieu des chrétiens, s'il reprenait possession de ce temple, comme le veut une antique légende chère aux Grecs, après cinq ou six jours de balayage se retrouverait chez lui. Mais les brutalités de la conquête, la fureur des éléments et le temps, ce grand destructeur silencieux, ont cruellement altéré tout ce qui reste encore debout. Il a fallu étayer des arcades, consolider des murs, fretter de fer ou de bronze presque tous les chapiteaux, et tout cela s'est fait grossièrement, d'une main lourde. Le jour approche où Sainte-Sophie ne pourra plus être sauvée que par une restauration complète. Les Turcs entreprendront-ils ce travail? Non, jamais. C'est le peuple le moins réparateur qui soit au monde; d'ailleurs, où prendraient-ils les cent millions que cela doit coûter au bas mot? Les Russes seuls.... Mais ici notre archéologie devient un peu révolutionnaire. Démolir un empire pour réparer une basilique, ce n'est pas une solution.

(*De Pontoise à Stamboul.*)

V

MAITRE PIERRE

I

LES LANDES

Chemin faisant, maître Pierre s'arrêta au milieu d'un terrain stérile. « Venez ici, me dit-il ; il faut, avant tout autre propos, que je vous fasse faire connaissance avec la Lande. » Il prit une de ses échasses, dessina un carré sur le sol, et me dit : « Regardez là dedans, vous y verrez la Lande tout entière, car le pays n'est pas très varié. Cette plante épineuse à fleurs jaunes est un ajonc : on n'en fait rien. On pourrait la piler dans un mortier pour la faire manger aux bœufs, mais les bœufs aiment mieux autre chose, et je ne leur donne pas tort. Ces grandes tiges cassantes sont ce que nous appelons la brande. Les pâtissiers s'en servent pour chauffer leur four ; les paysans en font une litière qui ne vaut rien et qui donne un détestable fumier, parce qu'elle ne pourrit pas. Ceci est une bruyère, vous en avez vu partout. Je dors là-dessus pour des raisons à moi connues et que je vous dirai plus tard, mais un autre s'y trouverait mal couché. Tâtez un peu le bois, et vous verrez que ce n'est pas le lit de tout le monde. Et maintenant baissez-vous pour voir ces quatre brins de verdure coriace qui sortent de terre comme des épingles : vous voyez l'herbe des Landes et la nourriture de nos moutons. Eh bien, monsieur, voilà plus de six mille ans que les Landes n'ont pas produit autre chose. »

Il arracha les plantes à pleines mains, sans craindre d'y laisser la moitié de ses doigts, et quand le sol fut dépouillé, il me dit : « Voyons la terre ». Il se baissa et prit dans sa main une poignée de sable fin, noir, serré et plein de racines entortillées. J'en tâtai une pincée, et je me salis le bout des doigts. « C'est du sable pur, me dit-il. Les débris des plantes l'ont coloré en se décomposant. Le terrain est le même dans tout le pays; en quelque endroit que vous le choisissiez, vous le trouverez partout aussi maigre. Sa profondeur varie entre 60 et 70 centimètres; en moyenne, deux pieds. Voyez plutôt. » Il se mit à creuser la terre avec une dextérité surprenante. A deux pieds de profondeur, il me montra une couche de grès rougeâtre qui avait l'aspect d'un minerai de fer. « Ceci, me dit-il, est ce que nous appelons l'*alios*. C'est encore du sable, mais collé ensemble par une sorte d'enduit végétal. L'*alios* forme sous la lande une couche d'un pied d'épaisseur, assez dure pour émousser la pioche la mieux trempée. C'est ce grès maudit qui est cause de toutes nos misères. Vous comprenez qu'un champ ainsi pavé est comme un pot à fleurs auquel on n'aurait pas fait de trou. L'eau s'accumule au fond, et comme il pleut ici pendant six mois de l'année, les racines prennent un bain de pied prolongé qui les tue. La terre est saturée d'eau pendant tout l'hiver; l'eau regorge jusqu'à la surface, et comme le sol est plat, ou à peu près, les Landes sont une mare impraticable jusqu'au retour du beau temps. L'été venu, autre histoire. Vous pensez bien qu'une telle masse d'eau croupie ne s'évapore pas sans empoisonner un peu le pays. Nous récoltons ici toutes les variétés connues de la fièvre, excepté la jaune. Nous avons de plus une maladie qui ne se trouve pas ailleurs et qui semble avoir été inventée tout exprès pour nous. La fièvre et la pellagre[1], voilà le plus clair de notre revenu. Attendez; vous n'êtes pas au bout. Quand l'eau s'est évaporée, nous jouissons d'un été caniculaire, et la sécheresse brûle ce que l'humidité n'a pas pourri. Or nous n'avons ni sources ni eaux courantes. Comme il faut boire cependant et abreuver les bêtes, on va chercher de l'eau sous l'alios. On en irait chercher au diable. En brisant la croûte, on trouve une nappe d'eau jaune qui s'est glissée là pendant l'hiver, à travers quelques déchirures. Mais quelle eau, monsieur! Je vous en ferai boire. C'est moins de l'eau qu'une infusion d'alios, qui manque absolument d'air et qui contient les poisons les plus variés. Les hommes et les moutons la boivent sobrement, comme vous pouvez croire, cependant les moutons en meurent quelquefois. On a pensé aux puits artésiens, et l'on a fouillé plus bas. On n'a trouvé que du sable et toujours du sable, jusqu'à cent mètres de profondeur; si bien qu'on s'est arrêté là.

« Maintenant, monsieur, nous pouvons nous remettre en route : vous connaissez aussi bien que moi le sol de notre jardin. Un banc de sable, un banc de grès, une nappe d'eau salée, et puis du sable jusqu'en enfer. Nous n'avons pas même de la pierre pour bâtir nos maisons, car l'alios, qui est si dur lorsqu'il faut le percer, devient mou comme du coton lorsqu'on veut s'en servir. On trouve par-ci par-là, sous le sable, un peu d'argile pour faire des briques, mais on n'en a pas tant qu'on veut.

« Si les Landes n'avaient qu'une lieue de long, il n'y aurait pas d'inconvénient à les laisser telles que la nature les a faites. On cultiverait à côté, et l'on irait les voir par curiosité, comme un bel échantillon de mauvaise terre. Mais nous en avons plus de 600 000 hectares dans nos deux départements. Je ne vous demande pas si vous savez ce que c'est qu'un hectare?

— Sans doute. C'est une surface de dix mille mètres carrés.

1. Maladie de peau.

— Combien vend-on le mètre de terrain dans votre pays?

— On le vend ce qu'on peut, suivant la place. Dans les villages de la rive gauche, du côté de Sceaux, de Fontenay-aux-Roses, cela vaut trois francs. Sur la rive droite, dans les beaux quartiers de Neuilly, j'ai vu vendre des terrains à quarante francs le mètre. Dans Paris, les terrains de la rue de Vaugirard valent cent francs; ceux des boulevards vont à cinq cents, et même jusqu'à mille.

— Eh bien, monsieur, l'hectare de terre, qui vaut trente mille francs à Fontenay, quatre cent mille à Neuilly, un million rue de Vaugirard, et jusqu'à dix millions sur les boulevards de Paris, s'est vendu neuf francs dans les Landes. J'ai vu ça, moi qui vous parle. Aujourd'hui, grâce à moi, il en vaut cent. Dans cinquante ans, toujours grâce à moi, il en vaudra mille. La France possédera un demi-milliard de plus qu'à présent; et le plus beau de mon affaire, c'est que le gouvernement n'aura pas eu un centime à débourser. »

Je ne pus m'empêcher de sourire; mais le singulier homme parut charmé de mon incrédulité.

« Vous vous moquez de moi, dit-il; tant mieux! Ceux qui me croient sur parole sont des cerveaux mous; l'idée ne mord pas sur eux. J'aime les esprits qui se défendent, parce qu'une fois qu'on les a pris, on tient quelque chose. Plus j'aurai de mal à vous persuader, plus vous serez capable de persuader les autres.

« Je vous disais que, dans mon enfance, la lande rase valait neuf francs. Si elle se vend plus cher aujourd'hui, ce n'est pas qu'elle rapporte davantage; c'est tout uniment parce que j'ai prouvé aux incrédules qu'on pouvait la cultiver.

« Aujourd'hui, comme autrefois, l'hectare de lande fournit dans une année la nourriture d'un mouton. Autant d'hectares, autant de moutons. Un homme qui possède un hectare afferme son terrain à un homme qui possède un mouton. Au bout de l'année, le possesseur du mouton paye un fermage de dix sous au propriétaire de l'hectare. Sur cette somme, le propriétaire foncier coupe un centime en cinq et en dépose la cinquième partie dans la caisse du gouvernement. M'avez-vous bien compris? Voilà dix mille pauvres mètres de terrain qui vont travailler toute l'année, souffrir le froid et le chaud, le sec et l'humide, pour donner à l'État la vingt-cinquième partie d'un sou, au propriétaire une somme ronde de cinquante centimes, et au fermier le peu de laine et de graisse qu'un mouton maigre et déplumé peut faire en un an !

« C'est une mauvaise affaire pour tout le monde, pour l'État, pour le propriétaire, pour le fermier et pour le mouton! Les avez-vous vus nos moutons? Leur laine est bonne à bourrer des matelas, leur viande n'est pas riche, et l'on ne s'est jamais amusé à faire du fromage avec le lait des brebis. Pauvres créatures! avec quoi donc nourriraient-elles leurs agneaux? Quand on les mène au marché, la plus jolie bête du département vaut douze francs, pas davantage, eût-elle un ruban rose autour du cou. Ajoutez que quelquefois le mouton vient à crever avant d'avoir mangé son hectare. Quelquefois, c'est le fermier qui meurt des fièvres avant d'avoir vendu son mouton. En résumé, si l'on trouvait le moyen de nourrir le mouton sans lui faire manger un hectare, et d'employer un hectare à quelque chose de mieux que la nourriture d'un mouton, les hectares et les moutons auraient meilleure mine ; l'État, le propriétaire et le fermier ne seraient plus réduits à la nécessité de couper des centimes en cinq. »

Cette dissertation nous avait conduits jusqu'à l'entrée des Marais. Maître Pierre détacha un joli bateau bien construit, marchant à la rame et à la voile, et portant à l'arrière un nom de bon augure : *l'Avenir*. Marinette prit le gouvernail et me fit asseoir à son côté, tandis que maître Pierre, debout à l'avant, nous poussait à grands coups de gaffe entre les rives étroites du chenal. On voyait à droite et à gauche, parmi les ajoncs et les roseaux, une vingtaine de vaches blanches et rousses, plongées dans la vase jusqu'aux genoux, et ensanglantées çà et là par la piqûre des sangsues.

UNE LANDE

Au bout d'un quart d'heure, le chenal déboucha dans l'étang de la Canau, et je vis un spectacle dont je me souviendrai toute ma vie.

Nous étions bien loin des plates horreurs que maître Pierre m'avait décrites. Sous le beau soleil du matin s'étendait une vaste nappe d'eau bleue, transparente jusque dans ses profondeurs. Les rives de l'étang s'élevaient en amphithéâtre. Les vieilles forêts de pin habillaient de noir la masse énorme des dunes. Quelques montagnes de sable nu imitaient ces sommets couverts de neige qui dominent les Alpes et les Pyrénées. Nous avions changé de place; j'étais étendu à l'avant; maître Pierre et Marinette, assis côte à côte, se tenaient à l'arrière. La voile s'était déployée, et la gaffe reposait le long du bord avec les avirons et les échasses. Une petite brise nous promenait doucement au pied des bois déserts. Nul bruit de voix, nulle trace de culture, nul travail des hommes ne me rappelait que j'étais en pays civilisé, à quelques heures de Tortoni. On ne voyait que le vol effarouché des sarcelles; on n'entendait que la dent des écureuils qui croquaient les pommes de pin, ou le bec du pivert frappant à coups redoublés le tronc vermoulu des grands arbres. Le costume de mes compagnons, leur attitude et leur silence étaient en harmonie avec le paysage; maître Pierre portait sur ses épaules une peau de mouton hérissée en dehors : deux longues guêtres de même étoffe descendaient sur ses pieds nus. Il tenait l'écoute d'une main, la barre de l'autre, et il allait de l'avant, sérieux comme un sauvage, sans abaisser le regard vers Marinette qui lui souriait tristement, comme une Indienne douce et résignée. La jeune fille était vêtue de gros drap noir. Sa jupe courte laissait voir un pantalon serré sous les genoux et des guêtres de cuir lacées. Son petit pied reposait dans un gros sabot rond, comme un enfant dans un berceau.

J'hésitai quelque temps à rompre le silence, mais je rencontrai les yeux de maître Pierre, qui semblaient m'interroger, et je lui dis à brûle-pourpoint : « Que chantiez-vous donc tout à l'heure? Vous avez calomnié votre royaume. Vous me promettez des pays affreux, et vous m'en montrez de magnifiques ! »

Il m'examina d'un regard inquiet pour voir si je ne me moquais point. La défiance du paysan luisait dans ses yeux noirs. Je repris sérieusement : « Mon nouvel ami, j'ai vu de beaux pays en ma vie, et je m'en rappelle bien peu qui m'aient fait autant de plaisir. »

Lorsqu'il vit que j'étais de bonne foi, sa figure s'illumina, ses narines se dilatèrent et il huma voluptueusement les parfums sauvages de la solitude. « Oui, dit-il, c'est une belle terre et je l'ai bien aimée. Les montagnes qui marchent sur les villages, les étangs qui rampent dans la plaine, les sables mouvants où l'on se noie, le vent salé de l'Océan qu'on respire à pleine goulée, les grands pins qui tombent de vieillesse et de pourriture, la tête dans l'eau, les racines en l'air, ont été mes meilleurs compagnons et mes plus chers amis. La Lande a ses beautés aussi, mais tout le monde ne peut pas les comprendre. En hiver, quand tout nage dans l'eau, on voit les nuages blancs et gris se mirer dans les champs comme des demoiselles dans leur miroir. En été, quand tout brûle, on voit l'air onduler sur la campagne en petites vagues minces et transparentes. Les yeux sont ivres de jour; il semble que tout se mette à tourner autour de vous, et au milieu de la plaine déserte on voit croître des châteaux, des jardins et des lacs immenses. Et puis on est grand, on a quinze pieds de haut, on cueille des fleurs sur les toits des maisons, on s'arrête au milieu du chemin comme un géant, tandis que le troupeau défile entre vos jambes. Et la chasse, monsieur ! On dit que les rois ont de beaux parcs où le gibier complaisant vient se poser en ligne au bout d'un fusil. Eh bien, je les défie tous de se procurer des récréations plus royales que les miennes. Mais c'est de l'histoire ancienne; je ne suis plus cet homme-là. Il y a quinze ans, je n'étais qu'un bambin, et pourtant si j'avais vu les défricheurs venir ici pour arracher mes ajoncs et mes bruyères, je me serais mis en travers. C'est comme si l'on venait maintenant arracher un cheveu à Marinette ! » (*Maître Pierre*, chapitre III.)

II

LES DUNES

On m'avertit de plier ma serviette, car nous devions dîner et coucher au Moustique.

Nos hôtes prirent leurs chapeaux : ils étaient de la partie. Le but de notre promenade était une dune élevée, d'où l'on apercevait l'Océan.

Je remarquai que maître Pierre se mettait en route avec ses échasses sous le bras, et je pris la liberté de lui demander à quoi ces meubles incommodes lui serviraient dans la montagne.

« A me rappeler que ma tâche n'est pas finie, répondit-il en souriant. C'est un vœu que j'ai fait, ne vous en moquez pas. Jusqu'au jour où tous les Landais dormiront sur des matelas, je coucherai sur la bruyère. Je boirai de l'eau vinaigrée jusqu'à ce que mon peuple ait du vin à boire, et je ne descendrai de mes échasses que lorsqu'on pourra marcher à pied sec dans les deux départements. Je suis le capitaine de vaisseau, qui débarque le dernier, quand tous les marins ont quitté le bord. »

Il nous conduisit le long des dunes, par des chemins tracés à mi-côte, où les chariots et les bœufs avaient laissé des ornières. A droite et à gauche, de grandes forêts de pins croissaient et multipliaient dans le sable. De temps en temps, à travers une éclaircie, nous apercevions sous nos pieds quelque vallée profonde, entrecoupée de flaques d'eau, tapissée de longues herbes et parcourue par des chevaux entravés.

« Voilà, me dit maître Pierre, ce que nous appelons nos *lètes*. On y trouve des pâturages délicieux qui ont nourri pendant bien des années mes troupeaux sauvages. Mais les voyageurs font bien de ne pas s'y aventurer; c'est là qu'on tombe dans les sables mouvants. »

Après une heure de promenade qui mit un peu de sable dans nos chaussures, notre petite caravane s'arrêta au point culminant de la chaîne, sur une hauteur de cinquante mètres environ. On voyait d'un côté l'Océan déferlant sur la plage; de l'autre, une plate immensité de marais et de landes. Les dunes s'allongeaient comme une arête entre la mer et le pays.

Maître Pierre étendit le doigt vers l'Océan et nous dit :

« Voici le grand ennemi de nos contrées. Il n'y a rien de plus inhospitalier, de plus dur et de plus implacable que cet Océan-là. Non seulement il secoue les navires comme un vanneur son blé, mais il bouche tous les ports où l'on trouverait refuge. Le cap Breton avait un port, il n'en a plus; le Vieux-Boucau avait presque une rade, on n'en voit plus la marque. Les grands vaisseaux ont remonté autrefois jusqu'à Bayonne, et maintenant les petits n'y vont pas sans peine. Le bassin d'Arcachon se ferme peu à peu; il y a six cents ans que le port Saint-Vincent est fermé. Il s'appelle aujourd'hui l'étang de la Canau, vous l'avez traversé ce matin, et il est à dix kilomètres de la mer. Si la Gironde n'est pas bouchée, c'est qu'une masse d'eau comme celle-là sait toujours se faire de la place.

« Vous me direz que c'est un compte à régler entre l'Océan et les matelots : patience! voici qui nous touche de plus près. Ce même Océan qui se heurte là-bas tout le long du rivage, croyez-vous qu'il n'y jette que de l'écume? Vous le supposeriez moins généreux qu'il n'est. Chacune de ses vagues apporte une pelletée de sable qui s'accumule le long de la côte. Le total de ses libéralités se monte à un million deux cent quarante-cinq mille mètres cubes, ou, si vous aimez mieux, un milliard deux cent quarante-cinq millions de litres par an. Je ne parle que de la Gascogne. Il a ensablé vingt-cinq kilomètres en cinquante-six ans dans le Finistère; mais ceci regarde les Bretons. Notre part se compose de cent mille hectares du sable le plus pur, aligné en petites montagnes sur la frontière de mes États. C'est ce que nous appelons la chaîne des dunes. Le gravier qui est dans vos souliers est un cadeau de l'Océan.

« Je vous ai dit que le vent de mer nous apportait tous les ans six mois de grande pluie. C'est l'Océan qui nous envoie ses vagues par l'entremise du ciel. Notre pays est fort plat; cependant, comme après tout il existe une légère pente vers la mer, cette eau-là saurait bien s'écouler en partie et retourner à sa source; mais les dunes arrivent fort à propos pour lui barrer le passage. Voilà comment nous avons des marais au pied des dunes. Celui qui a pris soin de nous inonder ne pouvait pas négliger d'enfermer l'eau chez nous.

« Ce n'est pas encore tout, et si vous étiez venu ici il y a cinquante ans, j'aurais pu ajouter un beau paragraphe à mon réquisitoire. En ce temps-là, les dunes marchaient contre la terre, à la façon d'une armée, en poussant les marais devant elles. On ne s'était pas encore avisé de les fixer sur place en y plantant des arbres, si bien que le sable était libre de sa personne comme la poussière des chemins. Le vent de mer l'emportait par poignées pour le jeter plus loin, et les dunes déménageaient en détail. Elles ne couraient pas comme des lièvres, mais elles faisaient leurs vingt mètres par an, une demi-lieue par siècle. Rien ne les arrêtait : on élevait des barrières, et les barrières étaient enjambées. Elles escaladaient bien autre chose, et je sais plus d'une place où, en grattant la terre avec le doigt, on retrouve le coq d'un clocher. Nos paysans s'ingéniaient à sauver leurs villages : quelquefois, quand la brise soufflait de terre, ils se rendaient tous ensemble sur la dune avec des paniers pour jeter le sable au vent et le renvoyer d'où il était venu. Mais les pauvres diables n'avançaient pas à grand'chose, parce que chaque homme a cinquante occupations, tandis que l'Océan n'en a qu'une. Non seulement nos landes y auraient passé, mais encore le Languedoc et les plus belles plaines de France; et les marais poussés par les dunes, les dunes poussées par le vent ne se seraient arrêtés dans leur marche que lorsqu'il aurait plu à l'Océan de garder son sable pour lui.

« Mais l'Océan a trouvé son maître dans la personne de M. Brémontier (ici maître Pierre ôta pieusement son béret, comme Newton lorsqu'il prononçait le nom de Dieu). Cet homme-là est mon précurseur et mon modèle ; il a fait sur les dunes le miracle que j'ai commencé dans les landes, et je n'accepterai une statue d'argent que lorsqu'il en aura une d'or. Il a commencé sa besogne à la fin du dernier siècle, et il était ingénieur des ponts et chaussées. C'est lui qui a eu l'idée de planter ces belles forêts qui maintiennent les dunes à leur place. Il a cherché un arbre assez rustique pour résister au voisinage de l'Océan ; il a trouvé le pin maritime, que la brise la plus salée nourrit au lieu de l'incommoder. C'est un arbre qui ne s'enfonce dans la terre que pour rester en place ; ses racines ne sont pas gourmandes. Il s'alimente dans le ciel comme les hirondelles ; il se nourrit de sel comme les moutons, et de l'air du temps comme les amoureux. En attendant, ce qu'il tient entre ses griffes, il ne le lâche pas. Ses racines, larges et profondes, domptent le sable et compriment vigoureusement la mobilité du sol. Si l'on pouvait semer du pin sur les vagues de la mer, la mer serait fixée et les flots ne bougeraient plus.

« M. Brémontier n'a pas réussi sans peine, ni moi non plus. On s'est d'abord moqué de lui, ensuite on lui a fait des niches, car les Landais sont farceurs, je crois vous l'avoir dit : Plus d'une fois il a trouvé du charbon sur pied à la place où il avait laissé des arbres. Mais le gouvernement a compris qu'il était dans le vrai, et les secours ne lui ont pas manqué. L'État s'est mis à ensemencer les dunes qui étaient du domaine, en exhortant les autres propriétaires à faire comme lui. Les particuliers n'ont pas décroisé les bras : on devait s'y attendre. Mais Napoléon entendait les affaires, et comprenait qu'il est aussi flatteur de mettre une bride à l'Océan que de frotter une douzaine d'armées. Il a dit aux propriétaires : « Puisque vous ne voulez pas employer le bon moyen pour
« arrêter vos dunes, qui me mangent mon territoire, je vais mettre

« la main dessus. Je les ferai planter par mes ingénieurs, et l'on
« vous les rendra quand je serai remboursé de mes frais. » Voilà,
en trois mots, le décret de 1810. Tous nos paysans le connaissent
bien, car il n'y a pas besoin d'être Normand pour savoir la loi.

« Depuis ce temps-là, le gouvernement a enterré tous les ans
une jolie somme dans les dunes. On est parti de cent mille francs,
on est allé jusqu'à cinq cent mille. Mais cet argent-là a si bien
profité que, même après avoir arrêté les dunes, on n'a pas arrêté
les frais. On s'est aperçu qu'en prenant une mesure de salut
national on avait fait une excellente affaire, et l'on continue par
spéculation ce qu'on avait entrepris par nécessité. Lorsque
M. Brémontier s'est mis à l'ouvrage, les dunes étaient sans aucune
valeur, comme n'importe quel fléau, la grêle par exemple : on ne
porte pas la grêle au marché. Or, en 1844, le ministre des
finances disait à la Chambre des députés qu'il ne les donnerait
point pour quarante millions. Vous m'en offririez cent millions,
à moi, que vous ne les auriez pas.

« Je conviens avec vous que le pin est du bois blanc et qu'on n'a
pas mal de bois blanc pour cent millions; mais regardez-moi cet
arbre-ci. Il a vingt-cinq ans d'âge et douze mètres de haut. On a
fait dans son écorce une entaille qui descend jusqu'au pied et qui
s'arrête ici, à cette petite cavité pleine de résine. Il va saigner sans
interruption pendant une quarantaine d'années. On rafraîchira de
temps en temps la blessure, en la prolongeant dans la hauteur.
Lorsqu'on sera arrivé en haut, on recommencera de l'autre côté,
puis à droite, puis à gauche. Enfin, le jour où l'arbre aura fait
son temps, on le saignera à mort, sur les quatre côtés à la fois,
comme un homme à qui l'on ouvre les quatre veines.

« La résine, c'est de l'or en barriques. On en fait du brai, de
la colophane, des essences, des vernis, et tout ce qu'on veut.
Pour le quart d'heure, elle se vend à Bordeaux 65 francs les
220 litres; mais elle n'en restera pas là, car elle est demandée
et on lui trouve tous les jours un emploi nouveau. Un pin donne
25 ou 30 centimes de résine par an. Quand je n'en aurais que

deux cents sur un hectare, et si chacun ne me rapportait que cinq sous, j'aimerais mieux toucher 50 francs que 50 centimes, et je dirais qu'il vaut cent fois mieux élever des pins que des moutons. Mais nous avons le bois par-dessus le marché. Si on le brûle sur place, on fait du charbon à plein sac et du goudron à pleine tonne. Si on l'envoie à Bordeaux, on livre à la marine un bois parfaitement égoutté, bien sec, bien ferme, bien élastique, et dont les charpentiers se lèchent les doigts. Aussi l'hectare de pins vaut 500 francs à vingt-cinq ans, 600 à trente et 1200 à soixante.

« Lorsqu'on a vu que le pin avait bien pris, on a dit : « Si nous « essayions un peu du chêne? » On a donc semé des glands. Mais voici bien un autre miracle. Dès la première année, on s'aperçoit que le chêne ne se plaît que dans le sable, qu'il a été créé et mis au monde pour vivre là, que telle est sa vocation, et que si on l'a semé jusqu'ici dans d'autres terrains, c'était par ignorance de ses appétits. Mon vieil ami, ici présent, peut vous édifier là-dessus. L'administration ne l'a pas établi dans les dunes pour offrir à déjeuner aux aimables voyageurs, mais surtout pour semer des pins et des chênes; il vous dira si la pousse des chênes nous a tous étonnés. Tout le monde s'attendait qu'un arbre lancé si vite serait mou, creux ou léger, une mauvaise herbe enfin. Eh bien, non : le chêne des dunes a trouvé le secret de grandir comme le saule et de durcir comme le fer. C'est une chose qu'il faut voir pour y croire. Les ingénieurs de la marine sont venus ici, ils n'ont pu que vérifier les faits, ôter leur chapeau, et donner leur langue au chat. Le chêne est bon, le chêne n'est pas du bois blanc, il se vend cher sur la place de Bordeaux. Un hectare de chênes peut donner jusqu'à 150 francs de revenu; s'il rapporte 150 francs, il en vaut 3000 : voyez-vous les millions?

« Ce n'était pas l'argent qui me tracassait quand je suis venu étudier par ici; vous vous en souvenez bien. Je n'avais que la pellagre en tête; je voyageais pour la santé de Marinette, et je voulais savoir si l'on trouvait des pellegreux en pays sec et planté.

Chaque fois que je rencontrais un résinier ou un bûcheron, un charbonnier ou un garde, je lui demandais des nouvelles de la pellagre, et il me riait au nez. Ces gaillards-là, monsieur, se portent comme leurs arbres. Je compris alors que les feuilles vertes distillent la santé sur la tête des hommes, et que le vieux savant ne m'avait pas menti. Mais la vue de ces beaux millions qui poussaient sur les dunes me donna des idées nouvelles. Tous les Landais ne savent pas lire, mais vous n'en trouverez pas un qui ne sache compter. M. Brémontier avait créé des capitaux lorsqu'il ne songeait qu'à construire des remparts. Je m'avisai, moi, qu'on pourrait chasser par la même porte la pellagre et la misère, et qu'il n'en coûterait pas plus pour enrichir les Landes que pour les assainir. Depuis que je ne vivais plus comme un bohémien, et que je n'étais plus le camarade des loups, je sentais ma pauvreté et celle des autres. La belle couleur des ajoncs, qui m'avait fait tant de plaisir, commençait à me faire pitié; je boudais cette misérable terre que j'avais tant aimée; je lui reprochais de n'être bonne à rien, parce que je me sentais bon à quelque chose. Je repensais toujours à notre éternel mouton grignotant notre éternel hectare. Lorsque je sortais dans la campagne avec la petite, je lui disais : « Veux-tu manger dans l'argent, marcher sur des tapis, « te faire servir par des domestiques et porter des foulards de dix « francs sur la tête? Trouve-moi un bon moyen de dessécher ce « sable-là. Ce qui nous rapporte tous les ans dix sous de laine et « de viande rendra cinquante francs en résine ou cinquante écus en « bois de chêne. Et nous ne perdrons même pas les dix sous, car « le mouton pourra brouter ses quatre épingles au pied des grands « arbres! »

« En attendant, mon patrimoine allait bien mal, depuis que j'en avais chassé les moutons. Les cinquante hectares du Sergent avaient payé fidèlement leurs dix sous par tête jusqu'au jour où je les avais mis en culture; défrichés et semés, ils ne rendaient plus rien du tout. C'est au plus si ma peine et mon argent avaient laissé trace sur la terre. Les mauvaises herbes repoussaient avec une vigueur merveilleuse sur un sol ameubli et remis à neuf, mais les pins jaunes et rabougris disaient assez par leur mauvaise mine qu'ils avaient les pieds mouillés. J'allais les voir tous les jours et je ne riais guère, car mon idée ne me sortait pas de la tête, et j'étais buté. Comme il fallait gagner ma vie et nourrir la petite, j'essayais de tous les métiers. Je pêchais sur l'étang, et je n'avais pas la main malheureuse; je travaillais avec Randoz, qui construit des bateaux, j'allais dans les dunes avec les résiniers, je faisais quelques journées à la Canau, dans la fabrique d'essence; mais je ne tenais pas en place et je revenais toujours à mes semis. Mon ancien tuteur me rencontrait quelquefois en menant paître ses moutons, et c'était à son tour à se moquer de moi. « Qu'est-ce que tu cherches là? me disait-il; tu as l'air d'un « âne devant un pont. Eh bien, garçon, nous avons donc fait « le fils de famille? Nous avons résilié nos baux, congédié nos « fermiers, administré nos biens nous-même? Voilà bien la jeu- « nesse! on croit en savoir plus que les anciens; on veut changer « ce que le bon Dieu a fait, et l'on perd vingt-cinq bonnes livres « de rente! Je suis bien fâché que ce malheur-là soit tombé sur « toi, mais espérons que l'exemple ne sera pas perdu pour le « pays! » Je ne pouvais pas me mettre en colère contre un homme d'âge. Je lui répondais : « C'est bon! c'est bon! Attendez seulement « que j'aie retiré l'eau qui est là-dessous. — Qu'est-ce que tu en « feras? me disait-il; veux-tu la boire? » Et il s'en allait content de lui, parce que le Landais aime bien à plaisanter. Tout le village s'égayait aux dépens de mes pauvres pins malades; on venait les voir en partie de plaisir, histoire de rire un bon moment; la lande du Sergent avait changé de nom : on l'appelait la Folie-Pierre. Moi, je m'attachais à mes arbres comme un père à ses enfants, en raison du mal que j'avais à les élever.

« Il y a dans les Landes, à 15 kilomètres de Bordeaux, une propriété aussi célèbre par les soins qu'elle a coûtés que par les résultats qu'elle a fournis. J'avais passé par là plus d'une fois, du temps que je vagabondais le fusil sur l'épaule : mais alors je ne regardais la terre que pour chercher les perdreaux. Je savais que le propriétaire avait fait là des choses surprenantes, et de fait c'est un jardin miraculeux. Si vous aviez le temps d'y aller voir, on vous montrerait des pins, des cèdres et des chênes de tout pays, des magnolias de vingt mètres, des cyprès de vingt-cinq et des tulipiers de vingt-huit. Je pris le parti d'aller m'y mettre à l'école et de voir par mes yeux s'il me serait possible d'en faire autant. Le vieux jardinier, qui menait tout, me donna de l'ouvrage et ne me refusa pas ses leçons. Je lui racontai que mes pauvres arbres étaient bien malades, et il me montra que je pourrais les sauver si j'étais seulement millionnaire. C'était prescrire une potion d'or pur à l'enfant d'un pauvre homme.

« Voici comme on s'y prend là-bas pour cultiver la lande. On commence par défricher proprement un hectare, ensuite on le plie en deux. Si vous ne comprenez pas comment on peut plier un hectare, prêtez-moi votre mouchoir de poche, et je vous ferai toucher la chose du doigt. »

Je donnai mon mouchoir à ce singulier prestidigitateur qui se vantait d'escamoter, comme une muscade, la misère de deux départements; il étendit le carré de toile sur le sol, et poursuivit ainsi son discours : « Vous savez que la terre des Landes n'a pas plus de deux pieds de profondeur au-dessus de l'alios. Le mouchoir vous représente un hectare de grès. Si je plie le mouchoir en deux, vous aurez d'un côté double étoffe, et de l'autre le grès tout nu. Par ici, un demi-hectare où les arbres pourront enfoncer leurs racines dans quatre pieds de terre; par là un demi-hectare d'alios qui ne produira jamais rien. Reprenez votre mouchoir; je n'en ai plus besoin si vous m'avez compris.

« Le vieux jardinier, homme d'expérience et de savoir, m'apprit que si mes arbres étaient malades, c'était parce que le sol manquait de profondeur. Il me conseilla, puisque le Sergent m'avait laissé cinquante hectares, d'en prendre délicatement vingt-cinq et de les porter sur les vingt-cinq autres; à ce prix, mes arbres iraient bien. Que si je voulais faire profiter tout le pays du bénéfice de sa découverte, c'était un total de trois cent mille hectares à transporter à la pelle sur les trois cent mille autres, qui ne manqueraient pas de prospérer, surtout avec de l'engrais.

« Je craignis que ce mode de culture ne fût trop coûteux pour de pauvres gens comme nous, et je prévis que nous ne serions jamais assez riches pour faire fortune. Mais on me parla d'un monsieur de Paris qui était venu dans les Landes pour essayer le drainage. Je m'en allai frapper à sa porte et il ne fut pas mécontent de m'avoir pour ouvrier. Les bras sont rares dans le pays, surtout les bras comme les miens. Je passai toute une année à ouvrir des tranchées, à placer des tuyaux, et à établir sur la terre un système d'égouts plus compliqué que celui qui s'étend sous les rues de Bordeaux. L'hiver survint, il plut comme à l'ordinaire, mais il n'y paraissait pas à l'endroit où nous avions drainé. L'eau traversait le sable comme la lumière traverse une vitre; le champ s'égouttait dans les tuyaux, les tuyaux se vidaient dans les fossés, la terre était sèche comme sous un parapluie. On y sema des chênes; ils levèrent en mars et se gardèrent bien de mourir en juillet. Le propriétaire était aux anges.

« Je lui fis une visite d'adieu, et je lui dis : « Monsieur, nous
« avons fait une bien grande bêtise. D'abord nous avons dépensé
« deux cent cinquante francs par hectare dans une terre qui
« n'en valait pas cinquante : il ne faut pas que la façon coûte
« cinq fois plus cher que le drap. Ensuite nous avons planté
« des arbres au-dessus de nos tuyaux, comme si les arbres ne
« devaient jamais avoir de racines : avant deux ans, les tuyaux
« seront cassés ou déplacés, et tout notre ouvrage démoli. Vous
« en serez pour vos frais, et personne ne vous imitera dans le
« pays, d'autant plus que nous n'avons pas de terre glaise pour
« fabriquer des tuyaux. Mais je ne regrette pas l'argent que ça
« vous coûte, car j'ai trouvé ici le secret que je cherchais. Je
« vais guérir mes arbres, chasser la pellagre, enrichir le pays,
« gagner de l'argent gros comme moi; et faire une belle dot à
« Marinette. »   (*Maître Pierre*, chapitre vi.)

III

LE BASSIN D'ARCACHON

Il nous fallait une barque pour visiter le bassin d'Arcachon; le syndic des marins d'Arès, qui se trouvait là par hasard, s'empressa d'offrir la sienne. Deux matelots de bonne volonté sollicitèrent la faveur de ramer avec lui. On nous apporta des filets et des tridents pour le cas où nous voudrions égayer la promenade en pêchant quelques éperlans et quelques anguilles. Les provisions de bouche affluèrent autour de nous, comme si nous allions entreprendre un voyage au long cours, et une escorte d'honneur nous conduisit jusqu'à la grève.

La marée était assez basse et l'eau s'était retirée à plus de cinq cents mètres du bord. La plage, mise à nu, étincelait aux rayons du soleil comme un miroir de sel. Quelques bateaux à voiles couraient au large du bassin; quelques autres circulaient péniblement à la rame dans les chenaux étroits, au milieu d'énormes bancs verdâtres. Ces masses épaisses, revêtues d'herbes marines, sont plantées de hautes perches dont maître Pierre m'indiqua l'emploi. C'est à ces poteaux que chaque indigène attache ses filets, depuis le commencement de décembre jusqu'à la fin de février, pour la pêche aux canards. On y recueille tous les matins la volaille imprudente qui a donné tête baissée dans les mailles.

Le bateau du syndic était à flot si loin du rivage, que je ne compris pas à première vue comment nous pourrions nous embarquer. Notre équipage me tira d'embarras en nous offrant ses épaules. Chacun de nous grimpa sur le dos d'un matelot : je ne me souvenais pas d'avoir voyagé ainsi depuis le collège.

Maître Pierre se défendit, mais il eut beau faire; on le porta comme un monsieur.

Je m'étonnai d'abord de voir nos montures trotter dans l'eau jusqu'à la cheville au lieu de passer sur les bancs couverts de verdure. Leur choix me paraissait d'autant plus singulier que je voyais bon nombre de pêcheurs d'anguilles se promener, le trident à la main, au milieu des mousses et des varechs. Maître Pierre m'expliqua du haut du syndic que ces masses vertes étaient des bancs de vase admirablement constitués pour engloutir les gens. Les pêcheurs n'y marcheraient pas impunément s'ils n'étaient montés sur de larges patins carrés qui soutiennent l'homme en élargissant sa base. On m'en fit voir deux ou trois qui cheminaient sur leurs planchettes, piquant la vase à grands coups de trident, et traînant à la remorque, au bout d'un fil, les anguilles qu'ils avaient prises. Je demandai à quels signes ils pouvaient deviner une anguille sous la vase. On me répondit que l'instinct, l'habitude et surtout le hasard conduisaient la main des pêcheurs Mais les anguilles sont en telle abondance dans le bassin que, sur dix coups de trident, on est presque sûr d'en amener une. J'en fis moi-même l'expérience, et après quelques coups d'épée dans l'eau je sentis frétiller au bout de mon trident une créature vivante. C'est un plaisir assez désagréable, et que je ne recommande point aux délicats.

Il y avait deux heures que maître Pierre était descendu du syndic, et nous ramions à petits coups, avec l'aide du courant. Mon guide me montra du doigt le goulet du bassin encadré par les dunes.

« Entendez-vous? me dit-il. C'est lui qui gronde là-bas.

— Qui donc?

— Parbleu! l'ennemi, ou l'Océan, car c'est tout un. Vous voyez ce qu'il a fait du pauvre bassin d'Arcachon. Il l'a envasé aux trois quarts, en attendant qu'il le ferme tout à fait. Nous aurions ici de quoi loger toute la marine de France, si l'eau ne manquait pas. Il est question de faire de grands travaux, de creuser des chenaux invariables, mais j'ai peur qu'on n'arrive à rien. Il faudrait un fleuve pour lutter contre la masse de sable qui arrive incessamment par là-bas. Un fleuve! je n'en ai pas sous la main. Cependant, faute de mieux, je crée toujours une rivière. Lorsque mon canal recevra toutes les eaux des Landes, vous pouvez croire qu'il saura se créer un lit dans le bassin à travers tous ces tas d'ordures. Mes eaux arriveront jusqu'au goulet, et j'imagine qu'elles feront un peu de résistance au sable qui nous envahit de ce côté-là. L'Océan nous envoie l'eau sous forme de nuage, je la lui rends sous forme de rivière, et je le bats à l'entrée du bassin avec ses propres armes. Voyez-vous le tour? »

Les hommes pratiques qui nous avaient portés sur les épaules n'osaient pas se promettre un résultat si miraculeux, mais ils ne doutaient pas que l'écoulement régulier des eaux de la lande, par un canal unique, ne creusât une route large et profonde dans la vase du bassin, au grand profit de la pêche et de la navigation.

Ils pêchèrent une friture d'éperlans pour notre souper, en raisonnant sur l'avenir du pays et les bienfaits de maître Pierre. A la nuit tombante, la mer nous ramena sur le bord.

(*Maître Pierre*, chapitre xvi.)

RÉCITS ET NOUVELLES

I

LES JUMEAUX DE L'HOTEL CORNEILLE

A MADAME L. HACHETTE

Madame,

J'ai vu, ces jours passés, un auteur bien en peine. Il avait écrit, au coin du feu, entre sa mère et sa sœur, une demi-douzaine de contes bleus qui pouvaient former un volume. Restait à faire la préface; car un livre sans préface ressemble à un homme qui est sorti sans chapeau. L'auteur, modeste comme nous le sommes tous, voulait faire l'éloge de son œuvre. Il grillait de dire au public: « Mes contes sont honnêtes, sains et de bonne compagnie; on n'y trouvera ni un mot grossier, ni une phrase trop court vêtue, ni une de ces tirades langoureuses qui propagent dans les familles la peste du sentiment; les maris peuvent les donner à leurs femmes et les mères à leurs filles. » Voilà ce que l'auteur aurait voulu dire; mais il est si malaisé de se louer soi-même, que la préface lui aurait coûté plus de temps que l'ouvrage. Savez-vous alors ce qu'il fit? Il écrivit sur la première page le nom cher et respecté d'une femme du monde et d'une charmante mère de famille, sûr que ce nom le recommanderait mieux que tous les éloges, et que les lectrices les plus ombrageuses ouvriraient sans défiance un livre qui a l'honneur de vous être dédié.

(*Les Mariages de Paris.*)

I

Lorsque j'étais candidat à l'École Normale (c'était au mois d'octobre de l'an de grâce 1848), je me liai d'amitié avec deux de mes concurrents, les frères Debay. Ils étaient Bretons, nés à Auray, et élevés au collège de Vannes. Quoiqu'ils fussent du même âge, à quelques minutes près, ils ne se ressemblaient en rien, et je n'ai jamais vu deux jumeaux si mal assortis. Matthieu Debay était un petit homme de vingt-trois ans, passablement laid et rabougri. Il avait les bras trop longs, les épaules trop hautes et les jambes trop courtes : vous auriez dit un bossu qui a égaré sa bosse. Son frère Léonce était un type de beauté aristocratique : grand, bien pris, la taille fine, le profil grec, l'œil fier, la moustache superbe. Ses cheveux, presque bleus, frissonnaient sur sa tête comme la crinière d'un lion. Le pauvre Matthieu n'était pas roux, mais il l'avait échappé belle : sa barbe et ses cheveux offraient un échantillon de toutes les couleurs. Ce qui plaisait en lui, c'était une paire de petits yeux gris, pleins de finesse, de naïveté, de douceur, et de tout ce qu'il y a de meilleur au monde. La beauté, bannie de toute sa personne, s'était réfugiée dans ce coin-là. Lorsque les deux frères venaient aux examens, Léonce faisait siffler une petite canne à pomme d'argent qui excita bien des jalousies; Matthieu traînait philosophiquement sous son bras un gros parapluie rouge qui lui concilia la bienveillance des examinateurs. Cependant il fut refusé comme son frère : le collège de Vannes ne leur avait point appris assez de grec. On regretta Matthieu à l'école : il avait la vocation, le désir de s'instruire, la rage d'enseigner ; il était né professeur. Quant à Léonce, nous pensions unanimement que ce serait grand dommage si un garçon si bien bâti se renfermait comme nous dans le cloître universitaire. Sa prise de robe nous aurait contristés comme une prise d'habit.

Les deux frères n'étaient pas sans ressource. Nous trouvions même qu'ils étaient riches, lorsque nous comparions leur fortune à la nôtre : ils avaient l'oncle Yvon. L'oncle Yvon, ancien capitaine au cabotage, puis armateur pour la pêche aux sardines, possédait plusieurs bateaux, beaucoup de filets, quelques biens au soleil et une jolie maison sur le port d'Auray, devant le *Pavillon d'en bas*. Comme il n'avait jamais trouvé le temps de se marier, il était resté garçon. C'était un homme de grand cœur, excellent pour le pauvre monde et surtout pour sa famille, qui en avait bon besoin. Les gens d'Auray le tenaient en haute estime ; il était du conseil municipal, et les petits garçons lui disaient en ôtant leur casquette : « Bonjour, capitaine Yvon ! » Ce digne homme avait recueilli dans sa maison M. et Mme Debay, et il économisait deux cents francs par mois pour les enfants.

Grâce à cette munificence, Léonce et Matthieu purent se loger à l'hôtel Corneille, qui est l'hôtel des Princes du quartier Latin. Leur chambre coûtait cinquante francs par mois ; c'était une belle chambre. On y voyait deux lits d'acajou avec des rideaux rouges deux fauteuils, et plusieurs chaises, et une armoire vitrée pour serrer les livres, et même (Dieu me pardonne!) un tapis. Ces messieurs mangeaient à l'hôtel ; la pension n'y était pas mauvaise à soixante-quinze francs par mois. Le vivre et le couvert absorbaient les deux cents francs de l'oncle Yvon ; Matthieu pourvut aux autres dépenses. Son âge ne lui permettait pas de se présenter une seconde fois à l'École Normale. Il dit à son frère : « Je vais me préparer aux examens de la licence ès lettres. Une fois licencié, j'écrirai mes thèses pour le doctorat, et le docteur Debay obtiendra un jour ou l'autre une suppléance dans quelque faculté. Toi, tu feras ta médecine ou ton droit, tu es libre.

« Et de l'argent? demanda Léonce.

— Je battrai monnaie. Je me suis présenté à Sainte-Barbe, et j'ai demandé des leçons. On m'a accepté pour répétiteur des élèves de troisième et de seconde : deux heures de travail tous les matins, et deux cents francs tous les mois. Il faudra me lever à cinq heures; mais nous serons riches.

— Et puis, ajouta Léonce, tu appartiens à la famille des matineux, et c'est un plaisir pour toi que de réveiller le soleil. »

Léonce choisit le droit. Il parlait comme un oracle, et personne ne doutait qu'il ne fît un excellent avocat. Il suivait les cours, prenait des notes et les rédigeait avec soin; après quoi il faisait sa toilette, courait Paris, se montrait aux quatre points cardinaux, et passait la soirée au théâtre. Matthieu, vêtu d'un paletot noisette que je vois encore, écoutait tous les professeurs de la Sorbonne, et travaillait le soir à la bibliothèque Sainte-Geneviève. Tout le quartier Latin connaissait Léonce; personne au monde ne soupçonnait l'existence de Matthieu.

J'allais les voir à presque toutes mes sorties, c'est-à-dire le jeudi et le dimanche. Ils me prêtaient des livres : Matthieu avait un culte pour Mme Sand; Léonce était fanatique de Balzac. Le jeune professeur se délassait dans la compagnie de François le Champi, du Bonhomme Patience ou des Bessons de la Bessonière. Son âme simple et sérieuse cheminait en rêvant dans le sillon rougeâtre des charrues, dans les sentiers bordés de bruyères ou sous les grands châtaigniers qui ombragent la mare au Diable. L'esprit remuant de Léonce suivait des chemins tout différents. Curieux de sonder les mystères de la vie parisienne, avide de plaisir, de lumière et de bruit, il aspirait dans les romans de Balzac un air enivrant comme le parfum des serres chaudes. Il suivait d'un œil ébloui les fortunes étranges des Rubempré, des Rastignac, des Henry de Marsay. Il entrait dans leurs habits, se glissait dans leur monde, assistait à leurs duels, à leurs entreprises, à leurs victoires; il triomphait avec eux. Puis il venait se regarder dans la glace. « Étaient-ils mieux que moi? Est-ce que je ne les vaux pas? Qu'est-ce qui m'empêcherait de réussir comme eux! J'ai leur beauté, leur esprit, une instruction qu'ils n'ont jamais eue, et, ce qui vaut mieux encore, le sentiment du devoir. J'ai appris dès le collège la distinction du bien et du mal. Je serai un de Marsay moins les vices, un Rubempré sans Vautrin, un Rastignac scrupuleux : quel avenir! toutes les jouissances du plaisir et tout l'orgueil de la vertu! » Quand les deux frères, l'œil fermé à demi, interrompaient leur lecture pour écouter quelques voix intérieures, Léonce entendait le tintement des millions de Nucingen ou de Gobsek, et Matthieu le bruit frétillant de ces clochettes rustiques qui annoncent le retour des troupeaux.

Nous sortions quelquefois ensemble. Léonce nous promenait sur le boulevard des Italiens et dans les beaux quartiers de Paris. Il choisissait des hôtels, il achetait des chevaux, il enrôlait des laquais. Lorsqu'il voyait une tête désagréable dans un joli coupé, il nous prenait à partie : « Tout marche de travers, disait-il, et l'univers est un sot pays. Est-ce que cette voiture ne nous irait pas cent fois mieux? » Il disait *nous* par politesse. Sa passion pour les chevaux était si violente que Matthieu lui prit un abonnement de vingt cachets au manège. Matthieu, lorsque nous lui laissions le soin de nous conduire, s'acheminait vers les bois de Meudon et de Clamart. Il prétendait que la campagne est plus belle que la ville, même en hiver, et les corbeaux sur la neige flattaient plus agréablement sa vue que les bourgeois dans la crotte. Léonce nous suivait en murmurant et en traînant le pied. Au plus profond des bois il rêvait des associations mystérieuses comme celle des Treize, et il nous proposait de nous liguer ensemble pour la conquête de Paris.

De mon côté, je fis faire à mes amis quelques promenades curieuses. Il s'est fondé à l'École Normale un petit bureau de bienfaisance. Une cotisation de quelques sous par semaine, le produit d'une loterie annuelle et les vieux habits de l'École composent un modeste fonds où l'on prend tous les jours sans jamais l'épuiser. On distribue dans le quartier quelques cartons imprimés qui représentent du bois, du pain ou du bouillon, quelques vêtements, un peu de linge et beaucoup de bonnes paroles. La grande utilité de cette petite institution est de rappeler aux jeunes gens que la misère existe. Matthieu m'accompagnait plus souvent que Léonce dans les escaliers tortueux du XII° arrondissement. Léonce disait : « La misère est un problème dont je veux trouver la solution. Je prendrai mon courage à deux mains, je surmonterai tous mes dégoûts, je pénétrerai jusqu'au fond de ces maisons maudites où le soleil et le pain n'entrent pas tous les jours; je toucherai du doigt cet ulcère qui ronge notre société, et qui l'a mise, tout récemment encore, à deux doigts du tombeau, je saurai dans quelle proportion le vice et la fatalité travaillent à la dégradation de notre espèce. » Il disait d'excellentes choses, mais c'était Matthieu qui venait avec moi.

Il me suivit un jour rue Traversine, chez un pauvre diable dont le nom ne me revient pas. Je me rappelle seulement qu'on l'avait surnommé *le Petit-Gris*, parce qu'il était petit et que ses cheveux étaient gris. Il avait une femme et point d'enfants, et il rempaillait des chaises. Nous lui fîmes notre première visite au mois de juillet 1849. Matthieu se sentit glacé jusqu'au fond des os en entrant dans la rue Traversine.

C'est une rue dont je ne veux pas dire de mal, car elle sera démolie avant six mois. Mais, en attendant, elle ressemble un peu trop aux rues de Constantinople. Elle est située dans un quartier de Paris que les Parisiens ne connaissent guère; elle touche à la rue de Versailles, à la rue du Paon, à la rue de la Montagne-Sainte-Geneviève; elle est parallèle à la rue Saint-Victor. Peut-être est-elle pavée ou macadamisée, mais je ne réponds de rien : le sol est couvert de paille hachée, de débris de toute espèce, et de marmots bien vivants qui se roulent dans la boue. A droite et à gauche s'élèvent deux rangs de maisons hautes, nues, sales, percées de petites fenêtres sans rideaux. Des haillons assez pittoresques émaillent chaque façade, en attendant que le vent prenne la peine de les sécher. La rue de Rivoli est beaucoup mieux, mais le Petit-Gris n'avait pas trouvé à louer rue de Rivoli. Il nous raconta sa misère : il gagnait un franc par jour. Sa femme tressait des paillassons et gagnait de cinquante à soixante centimes. Leur logement était une chambre au cinquième; leur parquet, une couche de terre battue; leur fenêtre, une collection de papiers huilés. Je tirai de ma poche quelques bons de pain et de bouillon. Le Petit-Gris les reçut avec un sourire légèrement ironique.

« Monsieur, me dit-il, vous me pardonnerez si je me mêle de ce qui ne me regarde point, mais j'ai dans l'idée que ce n'est pas avec ces petits cartons-là qu'on guérira la misère. Autant mettre de la charpie sur une jambe de bois. Vous avez pris la peine de monter mes cinq étages avec monsieur votre ami, pour m'apporter six livres de pain et deux litres de bouillon. Nous en voilà pour deux jours. Mais reviendrez-vous après-demain? C'est impossible : vous avez autre chose à faire. Dans deux jours je serai donc au même cran que si vous n'étiez pas venu. J'aurai même plus grand'-faim, car l'estomac est féroce au lendemain d'un bon dîner. Si j'étais riche comme vous autres, — ici Matthieu m'enfonça son coude dans le flanc, — je m'arrangerais de façon à tirer les gens d'affaire pour le reste de leurs jours.

— Et comment? Si la recette est bonne, nous en profiterons.

— Il y a deux manières : on leur achète un fonds de commerce, ou on leur procure une place du gouvernement.

— Tais-toi donc, lui dit sa femme, je t'ai toujours dit que tu te ferais du tort avec ton ambition.

— Où est le mal, si je suis capable? J'avoue que j'ai toujours eu l'idée de demander une place. On m'offrirait dix francs pour m'établir marchand des quatre saisons ou pour acheter un fonds d'allumettes, je ne refuserais certainement pas, mais je regretterais toujours un peu la place que j'ai en vue.

— Et quelle place, s'il vous plaît? demanda Matthieu.

— Balayeur de la ville de Paris. On gagne ses vingt sous par jour, et l'on est libre à dix heures du matin, au plus tard. Si vous pouviez m'obtenir cela, mes bons messieurs, je doublerais mon gain, j'aurais de quoi vivre, vous seriez dispensés de monter ici avec des petits cartons dans vos poches, et c'est moi qui irais vous remercier chez vous. »

Nous ne connaissions personne à la préfecture, mais Léonce avait rencontré le fils d'un commissaire de police : il usa de son influence pour obtenir la nomination du Petit-Gris. Lorsque nous vînmes le féliciter, le premier meuble qui frappa nos yeux fut un balai gigantesque dont le manche était enrichi d'un cercle de fer. Le titulaire de ce balai nous remercia chaudement.

« Grâce à vous, nous dit-il, je suis au-dessus du besoin ; mes chefs m'apprécient déjà, et je ne désespère pas de faire enrôler ma femme dans ma brigade; ce serait la richesse. Mais il y a sur notre palier deux dames qui auraient bon besoin de votre assistance; malheureusement elles n'ont pas les mains faites pour balayer.

— Allons les voir, dit Matthieu.

— Laissez-moi d'abord vous parler. Ce n'est pas des personnes comme ma femme et moi : elles ont eu des malheurs. La dame est veuve. Son mari était bijoutier en gros, rue d'Orléans, au Marais. Il est parti l'année dernière pour la Californie, avec une machine qu'il a inventée, une machine à trouver l'or; mais le bateau a fait naufrage en chemin, avec l'homme, la machine et le reste. Ces dames ont lu dans les journaux qu'on n'avait pas sauvé une allumette. Alors elles ont vendu le peu qui leur restait, et elles ont été demeurer rue d'Enfer; et puis là dame a fait une maladie qui leur a mangé tout. Elles sont donc venues ici. Elles brodent du matin au soir jusqu'à la mort de leurs yeux; mais elles ne gagnent pas lourd. Ma femme les aide à faire leur ménage quand elle a le temps : on n'est pas riche, mais on fait l'aumône d'un coup de main à ceux qui ont trop de peine. Je vous dis ça pour vous faire comprendre que ces dames ne demandent rien à personne, et qu'il faudra y mettre des formes pour leur faire accepter quelque chose. D'ailleurs la demoiselle est jolie comme un cœur, et cela rend sauvage, comme vous comprenez. »

Matthieu devint tout rouge à l'idée qu'il aurait pu être indiscret.

« Nous chercherons un moyen, dit-il. Comment s'appelle cette dame?

— Madame Bourgade.

— Merci. »

Deux jours après, Matthieu, qui n'avait jamais voulu de leçons particulières, entreprit de préparer un jeune homme au baccalauréat. Il s'y donna de si bon cœur, que son élève, qui avait été refusé quatre ou cinq fois, fut reçu le 18 août, au commencement des vacances. C'est alors seulement que les deux frères se mirent en route pour la Bretagne. Avant de partir, Matthieu me remit cinquante francs.

« Je serai absent cinq semaines, me dit-il ; il faut que je revienne en octobre, pour la rentrée des classes et pour les examens de la licence. Tu iras à la poste tous les lundis et tu prendras un mandat de dix francs au nom de Mme Bourgade : tu connais l'adresse. Elle croit que c'est un débiteur de son mari qui s'acquitte en détail. Ne te montre pas dans la maison : il ne faut point éveiller les soupçons de ces dames. Si l'une d'elles tombait malade, le Petit-Gris viendrait t'avertir, et tu m'écrirais. »

Je vous l'avais bien dit, qu'on ne lisait que de bons sentiments dans les petits yeux gris de Matthieu. Pourquoi n'ai-je pas conservé la lettre qu'il m'écrivit pendant les vacances? Elle vous ferait plaisir. Il me dépeignait avec un enthousiasme naïf la campagne dorée par les ajoncs, les pierres druidiques de Carnac, les dunes de Quiberon, la pêche aux sardines dans le golfe, et la flottille de voiles rouges qui récolte les huîtres dans la rivière d'Auray. Tout cela lui semblait nouveau, après une année d'absence. Son frère s'ennuyait un peu en songeant à Paris. Pour lui, il n'avait trouvé que des plaisirs. Ses parents se portaient si bien! L'oncle Yvon était si gros et si gras! La maison était si belle, les lits si moelleux, la table si plantureuse! — J'ai peut-être oublié de vous dire que Matthieu mangeait pour deux. — « Sais-tu la seule chose qui m'ait attristé? m'écrivait-il en *post-scriptum*. Je te l'avouerai, quand tu devrais te moquer de moi. Il y a dans la maison deux grandes paresseuses de chambres, bien parquetées, bien aérées, bien meublées, et qui ne servent à personne. Je suis sûr que mon oncle les louerait pour rien à une honnête famille qui voudrait les prendre. Et l'on paye cent francs par an pour habiter la rue Traversine. »

Matthieu revint au mois d'octobre, et enleva, haut la main, son diplôme de licencié ès lettres. Les notes des examinateurs lui furent si favorables qu'on lui offrit la chaire de quatrième au lycée de Chaumont; mais il ne put se décider à quitter son frère et Paris. Il me donnait de temps en temps des nouvelles de la rue Traversine : Mme Bourgade était souffrante.

C'est un accident imprévu qui le mit en présence de Mlle Bourgade. Il était chez le Petit-Gris à demander des nouvelles, lorsque Aimée entra en criant au secours. Sa mère était évanouie. Matthieu courut avec les autres. Il amena le lendemain un interne de la Pitié. Mme Bourgade n'était malade que d'épuisement; on la guérit. La femme de Petit-Gris fut installée chez elle en qualité d'infirmière. Elle allait chercher les médicaments et les aliments; et elle savait si bien marchander qu'elle les avait pour rien. Mme Bourgade but un bon vin de Médoc qui lui coûtait soixante centimes la bouteille : elle mangea du chocolat ferrugineux à deux francs le kilogramme. C'est Matthieu qui faisait ces miracles et qui ne s'en vantait pas. On ne voyait en lui qu'un voisin obligeant; on le croyait logé rue Saint-Victor. La malade s'accoutuma doucement à la présence de ce jeune professeur, qui montrait les attentions délicates d'une jeune fille. Sa prudence maternelle ne se mit jamais en garde contre lui : tout au plus si elle le regardait comme un homme. A la simplicité de sa mise, elle jugea qu'il était pauvre; elle s'intéressait à lui comme il s'intéressait à elle. Un certain lundi du mois de décembre, elle le vit venir en paletot noisette, sans manteau, par un froid très vif. Elle lui dit, après de longues circonlocutions, qu'elle venait de toucher une somme de dix francs, et elle offrit de lui en prêter la moitié. Matthieu ne sut s'il devait rire ou pleurer : il avait engagé son manteau, le matin même, pour ces malheureux dix francs. Voilà où ils en étaient au bout d'un mois de connaissance. Aimée s'abandonnait moins aux douceurs de l'intimité. Pour elle, Matthieu était un homme. En le comparant au Petit-Gris et aux habitants de la rue Traversine, elle le trouvait distingué. D'ailleurs, à l'âge de seize ans, elle n'avait guère eu le temps d'observer le genre humain. Elle ignorait non seulement la laideur de Matthieu, mais encore sa propre beauté; il n'y avait pas de miroir dans la maison.

Mme Bourgade raconta à Matthieu ce qu'il savait en partie, grâce aux indiscrétions du Petit-Gris. Son mari faisait médiocrement ses affaires et gagnait à peine de quoi vivre, lorsqu'il apprit la découverte de la Californie. En homme de sens, il devina que les premiers explorateurs de cette terre fortunée poursuivraient les lingots d'or et les pépites enfouies dans le roc, sans prendre le temps d'exploiter les sables aurifères. Il se dit que la spéculation la plus sûre et la plus lucrative consisterait à laver la poussière des mines et le sable des ravins. Dans cette idée, il construisit une machine fort ingénieuse, qu'il appela, de son nom, le *séparateur Bourgade*. Pour en faire l'épreuve, il mélangea 30 grammes de poudre d'or avec 100 kilogrammes de terre et de sable. Le séparateur reproduisit tout l'or, à deux décigrammes près. Fort de cette expérience, M. Bourgade rassembla le peu qu'il possédait, laissa à sa famille de quoi vivre pendant six mois, et s'embarqua sur la *Belle Antoinette*, de Bordeaux, à la grâce de Dieu. Deux mois plus tard, la *Belle Antoinette* se perdit corps et biens, en sortant de la passe de Rio de Janeiro.

Matthieu s'avisa que, sans faire un voyage en Californie, on pourrait exploiter l'invention de feu Bourgade, au profit de la veuve et de sa fille. Il pria Mme Bourgade de lui confier les plans qu'elle avait conservés, et je fus chargé de les montrer à un élève de l'École Centrale. La consultation ne fut pas longue. Le jeune ingénieur me dit, après un examen d'une seconde : « Connu! c'est le séparateur Bourgade. Il est dans le domaine public, et les Brésiliens en fabriquent dix mille par an à Rio de Janeiro. Tu connais l'inventeur?

— Il est mort dans un naufrage.

— La machine aura surnagé; cela se voit tous les jours. »

Je m'en revins piteusement à l'hôtel Corneille, pour rendre compte de mon ambassade. Je trouvai les deux frères en larmes. L'oncle Yvon était mort d'apoplexie en leur léguant tous ses biens.

II

Le partage ne fut pas long à faire, et l'on n'eut pas besoin de consulter le sort. Léonce choisit l'argent, et Matthieu prit le reste. Léonce disait : « Que voulez-vous que je fasse des bateaux du pauvre oncle? J'aurais bonne grâce à draguer des huîtres ou à pêcher des sardines! Il me faudrait vivre à Auray, et rien que d'y penser, je bâille. Vous apprendriez bientôt que je suis mort et que la nostalgie du boulevard m'a tué. Si, par bonheur ou par malheur, j'échappais à la destruction, toute cette petite fortune périrait bientôt entre mes mains. Est-ce que je sais louer une terre, affermer une pêcherie ou régler des comptes d'association avec une demi-douzaine de marins? Je me laisserais voler jusqu'aux cendres de mon feu. Que Matthieu m'abandonne l'argent, je le placerai sur une valeur solide qui me rapportera vingt pour un. Voilà comme j'entends les affaires.

— A ton aise, répondit Matthieu. Je crois que tu n'aurais pas été forcé de vivre à Auray. Nos parents se portent bien, Dieu merci! et ils suffisent peut-être à la besogne. Mais dis-moi donc quelle est la valeur miraculeuse sur laquelle tu comptes placer ton argent?

— Ma tête. Écoute-moi posément. De tous les chemins qui mènent un jeune homme à la fortune, le plus court n'est ni le commerce, ni l'industrie, ni l'art, ni la médecine, ni la plaidoirie, ni même la spéculation; c'est... devine!

— Dame! je ne vois plus que le vol sur les grands chemins, et il devient de jour en jour plus difficile; car on n'arrête pas les locomotives.

— Tu oublies le mariage! C'est le mariage qui a fait les meilleures maisons de l'Europe. Veux-tu que je te raconte l'histoire des comtes de Habsbourg? Il y a sept cents ans, ils étaient un peu plus riches que moi, pas beaucoup. A force de se marier et d'épouser des héritières, ils ont fondé une des plus grandes monarchies du monde, l'empire d'Autriche. J'épouse une héritière.

— Laquelle?

— Je n'en sais rien, mais je la trouverai.

— Avec tes cinquante mille francs?

— Halte-là! Tu comprends que si je me mettais en quête d'une femme avec mon petit portefeuille contenant cinquante billets de banque, tous les millions me riraient au nez; tout au plus si je trouverais la fille d'un mercier ou l'héritière présomptive d'un fonds de quincaillerie. Dans le monde où l'on tiendrait compte d'une si petite somme, on ne me saurait gré ni de ma tournure, ni de mon esprit, ni de mon éducation. Car enfin nous ne sommes pas ici pour faire de la modestie.

— A la bonne heure!

— Dans le monde où je veux me marier, on m'épousera pour moi, sans s'informer de ce que j'ai. Quand un habit est bien fait et bien porté, mon cher, aucune fille de condition ne s'informe de ce qu'il y a dans les poches. »

Là-dessus, Léonce expliqua à son frère qu'il emploierait les écus de l'oncle Yvon à s'ouvrir les portes du grand monde. Une longue expérience, acquise dans les romans, lui avait appris qu'avec rien on ne fait rien, mais qu'avec de la toilette, un joli cheval et de belles manières on trouve toujours à faire un mariage.

« Voici mon plan, dit-il : Je vais manger mon capital. Pendant un an, j'aurai cinquante mille francs de rente en effigie, et le diable sera bien malin si je ne me fais pas aimer d'une fille qui les possède en réalité.

— Mais, malheureux, tu te ruines!

— Non, je place mon argent à vingt pour un. »

Matthieu ne prit pas la peine de discuter contre son frère. Au demeurant, les fonds placés ne devaient être disponibles qu'au mois de juin; il n'y avait pas péril en la demeure.

Les héritiers de l'oncle Yvon ne changèrent rien à leur genre de vie; ils n'étaient pas plus riches qu'autrefois. Les bateaux et les filets faisaient marcher la maison d'Auray. M⁰ Aubryet donnait deux cents francs par mois, ainsi que par le passé; les répétitions de Sainte-Barbe et les visites à la rue Traversine allaient leur train. La vérité m'oblige à dire que Léonce était moins assidu aux cours de l'École de droit qu'aux leçons de danse et d'escrime. Le Petit-Gris, toujours ambitieux, et, je le crains, un peu intrigant, obtint la nomination de sa femme, et introduisa un deuxième balai dans son appartement. Ce fut le seul événement de l'hiver.

Au mois de mai, Mme Debay écrivit à ses fils qu'elle était fort en peine. Son mari avait beaucoup à faire et ne suffisait point; un homme de plus dans la maison n'eût pas été de trop. Matthieu craignit que son père ne se fatiguât outre mesure; il le savait dur à la peine et courageux malgré son âge; mais on n'est plus jeune à soixante ans, même en Bretagne.

« Si je m'écoutais, me dit-il un jour, j'irais passer six mois là-bas. Mon père se tue.

— Qu'est-ce qui te retient?

— D'abord, mes répétitions.

— Passe-les à un de nos camarades. Je t'en indiquerai six qui en ont plus besoin que toi.

— Et Léonce qui fera des folies!

— Sois tranquille, s'il doit en faire, ce n'est pas ta présence qui le retiendra.

— Et puis...

— Et puis quoi?

— Ces dames!

— Tu les as bien quittées aux vacances. Donne-les-moi encore à garder, j'aurai soin qu'elles ne manquent de rien.

— Mais elles me manqueront, à moi, reprit-il en rougissant jusqu'aux yeux.

— Eh! parle donc! Tu ne m'avais pas dit qu'il y eût de l'amour sous roche. »

Le pauvre garçon resta atterré. Il devina pour la première fois qu'il aimait Mlle Bourgade. Je l'aidai à faire son examen de conscience; je lui arrachai un à un tous les petits secrets de son cœur, et il demeura atteint et convaincu d'amour passionné. De ma vie je n'ai vu un homme plus confus. On lui eût appris que son père avait fait banqueroute, je crois qu'il aurait montré moins de honte. Il fallut bien le rassurer un peu et le réconcilier avec lui-même. « Voyons, lui dis-je, comment est-elle avec toi?

— Elle n'est jamais avec moi. Je suis dans la chambre, elle aussi; et cependant nous ne sommes pas ensemble. Je lui parle, elle me répond, mais je ne peux pas dire que j'aie jamais causé avec elle. Elle ne m'évite pas, elle ne me cherche pas.... Je crois cependant qu'elle m'évite, ou du moins que je lui suis désagréable. Quand on est bâti comme cela! »

Il s'emportait contre sa pauvre personne avec une naïveté charmante.

« Mlle Bourgade sait-elle que tu as hérité?

— Non.

— Elle te croit pauvre comme elle?

— Sans cela, il y a longtemps qu'on m'aurait mis à la porte.

— Si cependant.... Ne rougis pas. Si, par impossible, elle t'aimait comme tu l'aimes, que ferais-tu?

— Je... lui dirais....

— Allons, pas de fausse honte! Elle n'est pas là : tu l'épouserais?

— Oh! si je pouvais! Mais je n'oserai jamais me marier. »

Ceci se passait un dimanche. Le jeudi suivant, quoique j'eusse bien promis d'éviter la rue Traversine, je fis une visite au Petit-Gris. J'avais mis mon plus bel habit d'uniforme, avec des palmes toutes neuves à la boutonnière. Le Petit-Gris alla prévenir Mme Bourgade qu'un monsieur lui demandait la faveur de causer quelques instants avec elle seule. Elle vint comme elle était, et notre hôte sortit sous prétexte d'acheter du charbon.

Mme Bourgade était une grande et belle femme, maigre jusqu'aux os; elle avait de longs yeux tristes, de beaux sourcils et des cheveux magnifiques, mais presque plus de dents, ce qui la vieillissait. Elle s'arrêta devant moi un peu interdite; la misère est timide.

« Madame, lui dis-je, je suis un ami de Matthieu Debay, il aime Mlle votre fille, et il a l'honneur de vous demander sa main. »

Voilà comme nous étions diplomates à l'École Normale.

« Asseyez-vous, monsieur », me dit-elle doucement. Elle n'était pas surprise de ma démarche, elle s'y attendait; elle savait que Matthieu aimait sa fille, et elle m'avoua avec une sorte de pudeur maternelle que depuis longtemps sa fille aimait Matthieu. J'en étais bien sûr! Elle avait mûrement réfléchi sur la possibilité de ce mariage. D'un côté elle était heureuse de confier l'avenir de sa fille à un honnête homme, avant de mourir. Elle se croyait dangereusement malade, et attribuait à des causes organiques un affaiblissement produit par les privations. Ce qui l'effrayait, c'était l'idée que Matthieu lui-même n'était pas très robuste, qu'il pouvait un jour prendre le lit, perdre ses leçons et rester sans ressource avec une femme, peut-être avec des enfants, car il fallait tout prévoir. J'aurais pu la rassurer d'un seul mot, mais je n'eus garde. J'étais trop heureux de voir un mariage se conclure avec cette sublime imprudence des pauvres qui disent : « Aimons-nous d'abord, chaque jour amène son pain! » Mme Bourgade ne discuta contre moi que pour la forme. Elle portait Matthieu dans son cœur. Elle avait pour lui l'amour de la belle-mère pour son gendre, cet amour à deux degrés, qui est la dernière passion de la femme. Mme de Sévigné n'a jamais aimé son mari comme M. de Grignan.

Mme Bourgade me conduisit chez elle et me présenta à sa fille. La belle Aimée était vêtue de cotonnade mauvais teint dont la couleur avait passé. Elle n'avait ni bonnet, ni col, ni manchettes : le blanchissage est si cher! Je pus admirer une grosse natte de magnifiques cheveux blonds, un cou un peu maigre, mais d'une rare élégance, et des mains qu'une grande dame eût payées cher. Sa figure était celle de sa mère, avec vingt années de moins. En les voyant l'une à côté de l'autre, je songeai involontairement à ces dessins d'architecture où l'on voit dans le même cadre un temple en ruine et sa restauration. La taille d'Aimée, avec une brassière au lieu de corset et un simple jupon sans crinoline, montrait une élégance de bon aloi. Le prix élevé des engins de la coquetterie fait que les pauvres sont moins souvent dupés que les riches. Ce qui m'étonna le plus dans la future Mme Debay, c'est la blancheur limpide de son teint. On aurait dit du lait, mais du lait transparent : je ne puis mieux comparer son visage qu'à une perle fine.

Elle fut bien franchement heureuse, la petite perle de la rue Traversine, lorsqu'elle apprit les nouvelles que j'apportais. Au beau milieu de sa joie tomba Matthieu, qui ne s'attendait pas à me trouver là. Il ne voulut croire qu'il était aimé que lorsqu'on le lui eut répété trois fois. Nous parlions tous ensemble, et les quatuors de Beethoven sont une pauvre musique au prix de celle que nous chantions. Puis, comme la porte était restée entr'ouverte, je me dérobai sans rien dire. Matthieu me savait un peu moqueur, et il n'aurait pas osé pleurer devant moi.

Il se maria le premier jeudi de juin, et j'eus soin de ne pas me faire consigner à l'École, car je tenais à lui servir de témoin.

Je partageai cet honneur avec un jeune écrivain qui débutait alors dans *l'Artiste*. Les témoins d'Aimée furent deux amis de Matthieu, un peintre et un professeur : Mme Bourgade avait perdu de vue ses anciennes connaissances. La mairie du XI° arrondissement est en face de l'église Saint-Sulpice : on n'eut que la place à traverser. Toute la noce, y compris Léonce, était contenue dans deux grands fiacres qui nous menèrent dîner auprès de Meudon, chez le garde de Fleury. Notre salle à manger était un chalet entouré de lilas, et nous découvrîmes un petit oiseau qui avait fait son nid dans la mousse au-dessus de nos têtes. On but à la prospérité de cette famille ailée : nous sommes tous égaux devant le bonheur. Me croira qui voudra, mais Matthieu n'était plus laid. J'avais remarqué que l'air des forêts avait le privilège de l'embellir. Il y a des figures qui ne plaisent que dans un salon ; vous en trouverez d'autres qui ne charment que dans les champs. Les poupées enfarinées qu'on admire à Paris seraient horribles à rencontrer au fond d'un bois : je frémis quand j'y pense. Matthieu était, au contraire, un sylvain très présentable. Il nous annonça, au dessert, qu'il allait partir pour Auray, avec sa femme et sa belle-mère. L'excellente maman Debay ouvrait déjà les bras pour recevoir sa bru. Matthieu écrirait ses thèses à loisir ; il serait docteur et professeur quand les sardines le permettraient.

« Pour moi, dit Léonce, je vous ajourne tous à l'année prochaine. Vous assisterez au mariage de Léonce Debay avec Mlle X., une des plus riches héritières de Paris.

— Vive *Mlle X.*, la glorieuse inconnue !

— En attendant que je la connaisse, reprit l'orateur, on vous contera que j'ai gaspillé une fortune, éparpillé des trésors et dispersé mon héritage à tous les vents de l'horizon. Souvenez-vous de ce que je vous promets : je jetterai l'or, mais comme un semeur jette la graine. Laissez dire et attendez la récolte ! »

Pourquoi n'avouerais-je pas qu'on buvait du vin de Champagne ? Matthieu dit à son frère : « Tu feras ce que tu voudras, je ne doute plus de rien, je crois tout possible. »

JE ME DÉRODAI SANS RIEN DIRE

Mais le dimanche suivant, à la gare du chemin de fer, Matthieu semblait moins rassuré sur l'avenir de son frère.

« Tu vas jouer gros jeu, lui dit-il en lui serrant la main. Si Boileau n'était point passé de mode, comme les coiffures de son temps, je te dirais :

Cette mer où tu cours est féconde en naufrages !

— Bah ! il ne s'agit pas de Boileau, mais de Balzac. Cette mer où je cours est féconde en héritières. Compte sur moi, mon frère : s'il en reste une au monde, elle sera pour nous.

— Enfin, souviens-toi, quoi qu'il arrive, que ton lit est fait dans la maison d'Auray.

— Fais-y ajouter un oreiller. Nous irons vous voir dans notre carrosse ! » Le Petit-Gris toisa Léonce d'un coup d'œil approbateur qui voulait dire : « Jeune homme, votre ambition me plaît. » Mais Léonce n'abaissa point ses regards sur le Petit-Gris. Il me prit par le bras après le départ du train, et il me mena dîner avec lui ; il était gai et plein de belles espérances.

« Le sort en est jeté, me dit-il ; je brûle mes vaisseaux. J'ai retenu hier un délicieux entresol rue de Provence. Les peintres y sont ; dans huit jours, j'y mettrai les tapissiers. C'est là, mon pauvre bon, que tu viendras, le dimanche, manger la côtelette de l'amitié.

— Quelle idée as-tu de commencer ta campagne au milieu de l'été ? Il n'y a pas un chat à Paris.

— Laisse-moi faire ! Dès que mon nid sera installé, je partirai pour les eaux de Vichy. Les connaissances se font vite aux eaux : on se lie, on s'invite pour l'hiver prochain. J'ai pensé à tout, et mon siège est fait. Dans quinze jours, j'en aurai fini avec cet affreux quartier Latin ! — Regarde-moi un peu mes nouvelles cartes de visite.

— Léonce de Baÿ et une couronne de marquis ! Je te passe le marquisat, cela ne fait de tort à personne ; mais je crois que tu aurais mieux fait de respecter le nom de ton vieux père. Je ne suis pas rigoriste, mais il me fâche toujours un peu de voir un galant homme se déguiser en marquis, hors le temps du carnaval. C'est une façon délicate de renier sa famille. Pour que tu sois marquis, il faut que ton père soit duc, ou mort : choisis.

— Pourquoi prendre les choses au tragique? Mon excellent homme de père rirait de tout son cœur à voir son nom ainsi fagoté. Ne trouves-tu pas que ce tréma sur l'y est une invention admirable? Voilà qui donne aux noms une couleur aristocratique! il ne me manque plus que des armoiries. Connais-tu le blason?

— Mal.

— Tu en sais toujours assez pour me dessiner un écusson.

— Garçon, du papier! Tiens, voilà les armes que je te donne. Tu portes écartelé d'or et de gueules. Ceci représente des lions de gueules sur champ d'or, et cela des merlettes d'or sur champ de gueules. Es-tu content?

— Enchanté! Qu'est-ce qu'une merlette?

— Un canard.

— De mieux en mieux. Maintenant, une devise un peu effrontée.

— Baÿ de rien ne s'ébayt.

— Magnifique! Dès ce moment je te dois hommage comme à mon suzerain.

— Hé bien! féal marquis, allumons un cigare et ramène-moi à l'École. »

III

Léonce passa l'été à Vichy et revint au mois d'octobre. Il ramena un grand domestique blond et un magnifique cheval noir. C'était l'héritage d'un Anglais mort du spleen entre deux verres d'eau. Il me fit annoncer son retour par le superbe Jack, dont la livrée gris de souris excita mon admiration.

Le plus beau de mes amis me reçut dans un appartement

empreint d'une coquetterie mâle. On n'y voyait aucun de ces brimborions qui trahissent l'intervention d'une femme : pas même une chaise de tapisserie! Le meuble de la salle à manger était en chêne ; le salon, de brocatelle ponceau, avait un air décent, riche et confortable. Le cabinet de travail était plein de dignité : vous auriez dit le sanctuaire d'un auteur qui écrit l'histoire des croisades. Dans la chambre à coucher, on voyait une énorme tapisserie représentant la Clémence d'Alexandre, une table de toilette en marbre blanc, un magnifique nécessaire étalé dans l'ordre le plus parfait, quatre fauteuils de moquette, et un lit à colonnes, lit monastique, large de trois pieds tout au plus.

La décoration ne donnait aucun démenti aux assurances de l'ameublement. Dans le salon, des paysages. Dans la salle à manger, un tableau de chasse, des volatiles, des natures mortes. Dans le cabinet, un trophée d'armes, de cannes et de cravaches, et quatre grands passe-partout remplis de gravures à l'eau-forte qui auraient pu figurer chez le farouche Hippolyte. Dans la chambre à coucher, cinq ou six portraits de famille achetés d'occasion chez les brocanteurs de la rue Jacob. Les meubles, les tableaux, les gravures et les livres de la bibliothèque, triés avec un soin scrupuleux, chantaient à l'unisson les louanges de Léonce. Les belles-mères pouvaient venir!

Malgré de si louables efforts, il dépensa trois mois d'hiver et 35 000 francs d'argent sans trouver ce qu'il cherchait.

Quand je lui fis ma visite de nouvel an, il passa en revue les trois mois qui venaient de s'écouler. Il n'avait encore trouvé que des partis inaccessibles : une veuve légère et légèrement ruinée ; une princesse russe plus riche, mais suivie de trois enfants d'un premier lit, et la fille d'un spéculateur taré.

« Je n'y puis rien comprendre, me dit-il avec une certaine amertume. J'ai des amis et point d'ennemis ; je connais tout Paris et je suis connu ; je vais partout, je plais partout ; je suis lancé, je suis même posé, et je n'arrive à rien ! Je marche droit à mon but, sans m'arrêter en route : on dirait que le but recule devant moi. Si je cherchais l'impossible, on s'expliquerait cela; mais qu'est-ce que je demande? Une femme de mon milieu, qui m'aime pour moi. Ce n'est pas chose surnaturelle! Matthieu a trouvé dans son monde ce que je poursuis vainement dans le mien. Cependant je vaux bien Matthieu.

— Au physique, du moins. — As-tu de leurs nouvelles?

— Pas souvent : les heureux sont égoïstes. Le licencié améliore ses terres; il marne, il sème du sarrasin, il plante des arbres : cent niaiseries! Sa femme va aussi bien que le comporte son état. On espère l'arrivée de Matthieu II pour le mois d'avril : il n'y a pas de temps perdu.

— Je ne te demande pas si l'on s'aime toujours?

— Comme dans l'arche de Noé. Papa et maman sont à genoux devant leur belle-fille. Mme Bourgade a bien pris : il paraît que c'est décidément une femme distinguée : tout ce monde s'occupe, s'amuse et s'adore : ils ont du bonheur.

— Tu n'as jamais eu la velléité de courir les rejoindre avec le restant de tes écus?

— Ma foi, non! J'aime mieux mes ennuis que leurs plaisirs. Et puis, il n'est pas encore temps d'aller me cacher. »

En effet, huit jours après, il arriva tout radieux au parloir de l'École.

« Brr! fit-il, on n'a pas chaud ici.

— Quinze degrés, mon cher, c'est le règlement.

— Le règlement n'est pas si frileux que moi, et j'ai bien fait de me laisser refuser, d'autant plus que je touche à mon but.

— Tu es sur la voie?

— J'ai trouvé! »

Léonce avait remarqué la gentillesse et l'élégance d'une toute petite femme, si frêle et si mignonne que ses perfections devaient être admirées au microscope. Il avait valsé avec elle, et il avait failli la perdre plusieurs fois, tant elle était légère et tant on la sentait peu dans la main; il avait causé, et il était resté sous le charme : elle babillait d'une petite voix de fauvette assez mélodieuse pour faire croire à quelqu'une de ces métamorphoses qu'Ovide a racontées dans ses vers. Cet esprit féminin courait d'un sujet à l'autre avec une volubilité charmante. Ses idées semblaient onduler au caprice de l'air, comme les marabouts qui garnissaient le devant de sa robe. Léonce demanda le nom de cette jeune dame qui ressemblait si bien à un oiseau-mouche : il apprit qu'elle n'était ni femme ni veuve, malgré les apparences, et qu'elle s'appelait Mlle de Stock. Le monde lui donnait vingt-cinq ans et une grande fortune. Sur ces renseignements, Léonce se fit montrer le baron de Stock, qui jouait à l'écarté et perdait avec l'indifférence d'un millionnaire. En ce moment, Mlle de Stock lui parut encore plus jolie. Le baron portait une assez belle brochette de décorations étrangères. Sa fille est adorable! pensa Léonce. Il se fit présenter à la baronne, une noble poupée d'Allemagne, couverte de vieux diamants enfumés. Cette digne femme lui plut au premier coup d'œil. Peut-être l'eût-il trouvée un peu ridicule si elle n'avait pas eu une fille aussi spirituelle. Peut-être aussi aurait-il jugé que Mlle de Stock manquait un peu de distinction, s'il ne lui eût pas connu une mère aussi majestueuse.

Il dansa tout un soir avec la jolie Dorothée, et murmura à son oreille des paroles de galanterie. Elle répondit avec une coquetterie qui ne ressemblait pas à de la haine. La baronne, après s'être renseignée, invita Léonce à ses mercredis : il y fut assidu. M. de Stock habitait, rue de La Rochefoucauld, un petit hôtel entre cour et jardin dont il était propriétaire. Léonce se connaissait en mobilier, depuis qu'il avait acheté des meubles. Sans être expert, il avait le sentiment de l'élégance. Il pouvait se tromper, comme tout le monde, car il faut être commissaire-priseur pour distinguer un bronze artistique d'un surmoulage à bon marché, pour deviner si un meuble est bourré de crin ou nourri économiquement d'étoupes, et pour reconnaître à première vue si un rideau est en lampas ou en damas de laine et soie. Cependant il n'était pas du bois dont on fait les dupes, et l'intérieur du baron le ravit. Les domestiques, en livrée amarante, avaient de bonnes têtes carrées et un accent allemand qui écorchait délicieusement l'oreille. On reconnaissait en eux de vieux serviteurs de la famille, peut-être des vassaux nés à l'ombre du château de Stock. Le train de maison représentait une dépense de soixante mille francs par an. Le jour où Léonce fut accueilli par le baron, fêté par la baronne et regardé tendrement par leur fille, il put dire sans présomption : « J'ai trouvé ! »

Vers le milieu de janvier, il sut que Dorothée devait quêter pour les pauvres à Notre-Dame de Lorette. Lui qui manquait souvent la messe, il fut d'une ponctualité exemplaire. Il me fit déjeuner au galop et m'entraîna avec lui sur le coup d'une heure. J'ai oublié les détails de sa toilette, mais je me rappelle bien qu'elle éblouissait. Je reconnus Mlle de Stock au portrait qu'il m'en avait fait, quoiqu'il eût oublié de me dire qu'elle était brune comme une Maltaise. Une Allemande brune est un phénomène assez rare pour qu'on en fasse mention. A la fin de la messe, les fidèles défilèrent un à un devant les quêteuses, qui se tenaient à genoux à chaque porte de l'église. Dorothée sollicitait la charité des passants par un coup d'œil interrogatif d'une grâce toute mondaine. Je mis deux sous dans sa bourse de velours, l'obole du pauvre écolier. Léonce salua la quêteuse comme dans un salon, en donnant un billet de mille francs plié en quatre.

« Combien te reste-t-il? lui demandai-je sous le vestibule.

— Treize mille francs et quelques centimes.

— C'est peu.

— C'est assez. L'aumône que je viens de faire me sera rendue au centuple. *Centuplum accipies.* »

Je ne répondis rien : je songeais aux pauvres dix francs de Matthieu.

En retournant à la rue de Provence, mon charitable ami me donna quelques notions sur la vie de château dans les seigneuries d'Allemagne. Il me dépeignit ces grands repas arrosés des vins de Tokay et de Johannisberg, ces réunions chamarrées d'uniformes et de rubans, ces salons où l'habit de cour du duc de Richelieu est encore à la mode, et ces chasses miraculeuses, ces grandes battues après lesquelles les lièvres se comptent par milliers, et la venaison se vend dans les boucheries à trente lieues à la ronde.

Quelques jours après, le baron lui tomba du ciel à dix heures du matin. Une telle démarche était de bon augure. M. de Stock visita l'appartement en amateur, et fit à part soi l'inventaire du mobilier. Tout homme de bon sens se serait cru chez un fils de famille : le baron fut enchanté. C'était un aimable homme que cet Allemand. Tout le monde savait qu'il avait été banquier à Francfort-sur-le-Mein, et cependant il ne parlait jamais de ses titres. Ses châteaux, ses terres, ses forêts étaient les choses dont il semblait le moins se soucier. Jamais il n'en dit mot à Léonce, et Léonce reconnut à cette marque qu'il était un vrai riche et un vrai gentilhomme.

De son côté, Léonce était trop délicat pour s'attribuer une fortune mensongère. Il laissait courir l'imagination des gens, et ne disputait pas contre ceux qui lui disaient : « Vous qui êtes riche ». Mais il ne se vantait de rien. Lorsqu'il parlait de sa famille, il disait sans emphase : « Mes parents habitent leurs terres de Bretagne ». En quoi il ne mentait nullement. Je lui fis observer que tout se découvrirait à la fin, et qu'il serait forcé de confesser l'origine de sa noblesse et la modicité de sa fortune. « Laisse-moi faire, répondit-il ; le baron est assez riche pour permettre à sa fille un mariage d'amour. Dorothée m'aime, j'en suis sûr ; elle me l'a dit. Quand les parents verront que je suis nécessaire au bonheur de leur fille, ils passeront sur bien des choses. Du reste, je ne tromperai personne, et ils sauront tout avant le mariage. »

Dans les derniers jours de février, Léonce prit son courage à deux mains : il fit sa demande. M. et Mme de Stock, avertis par Dorothée, le reçurent en audience solennelle.

« Monsieur le baron, madame la baronne, dit-il, j'ai l'honneur de vous demander la main de mademoiselle votre fille. Pour ne vous rien laisser ignorer sur ma situation.... »

Le baron l'interrompit par un geste seigneurial : « Arrêtez-vous ici, monsieur le marquis, je vous en supplie. Tout Paris vous connaît, et ma fille vous aime : je ne veux rien savoir de plus. Votre nom fût-il obscur, votre père eût-il mangé sa fortune, je vous dirais encore : « Dorothée est à vous. »

Il embrassa Léonce, et la baronne lui donna sa main à baiser.

« Vous ne connaissez pas, dit la baronne, notre romanesque Allemagne. Voilà comme nous sommes tous.... du moins dans la haute classe. »

Au milieu de la joie la plus folle, Léonce sentit au fond de lui comme une révolte d'honnêteté. « Je ne peux pas tromper ces braves gens, se dit-il, et je serais un fripon si j'abusais de leur bonne foi. » Il reprit tout haut :

« Monsieur le baron, la noble confiance que vous me témoignez m'oblige à vous donner quelques détails sur....

— Monsieur le marquis, vous m'affligeriez sérieusement en insistant davantage. Je croirais que vous ne vous obstinez à me donner ces renseignements que pour m'obliger à fournir les preuves de mon rang et de ma fortune. »

La baronne appuya ces mots d'un geste amical qui voulait dire : « N'insistez pas, il est susceptible ».

« Allons, pensa Léon, c'est partie remise. Nous nous expliquerons, bon gré, mal gré, le jour du contrat. »

Mais le baron ne voulut pas entendre parler de contrat.

« Entre gentilshommes, dit-il, ces engagements, ces signatures, ces garanties sont des précautions humiliantes. Aimez-vous Dorothée? Oui. Vous aime-t-elle? J'en suis certain. Alors à quoi bon mettre un notaire entre vous? Je m'imagine que votre amour se passera bien de papier timbré.

— Cependant, monsieur, si l'on vous avait trompé sur mon état....

— Mais, terrible enfant, on ne m'a pas trompé, on ne m'a rien dit. Je ne sais rien de vous, sinon que vous plaisez à ma fille, à ma femme, à moi et à tout l'univers. Je ne veux rien connaître de plus. Est-ce que j'ai besoin de votre argent? Si vous êtes riche, tant mieux. Si vous êtes pauvre, tant pis. Dites-en autant de moi, nous serons quittes. Tenez, voici qui va mettre votre conscience en repos : vous n'avez rien, ma fille n'a rien ; vous vous appelez Léonce, elle s'appelle Dorothée, et je vous donne ma bénédiction paternelle. Êtes-vous content? »

Léonce pleurait de joie. On fit entrer Dorothée.

« Venez, ma fille, dit la baronne, venez dire au marquis que vous n'épousez ni son nom ni sa fortune, mais sa personne.

— Cher Léonce, dit Dorothée, je vous aime follement! »

Elle ne mentait pas d'une syllabe.

Léonce se maria au mois de mars. Il était temps : la corbeille dévora le dernier billet de mille francs. Je ne servis pas de témoin pour cette fois : les témoins étaient des personnages. Matthieu ne put venir à Paris; il attendait les couches de sa femme. Il m'avait chargé de lui rendre compte de la fête, et je remplis avec bonheur ma tâche d'historiographe. Dorothée, dans sa robe blanche de velours épinglé, eut un succès d'adoration. On l'appelait le petit ange brun. Après la cérémonie, un dîner de quarante couverts fut servi chez le baron, et Léonce me fit l'amitié de m'y inviter. Il me présenta à sa femme au sortir de table :

« Ma chère Dorothée, lui dit-il, c'est un de mes vieux camarades, qui sera un jour ou l'autre le professeur de nos enfants. J'espère que vous lui ferez toujours bon accueil; les meilleurs amis ne sont pas les plus brillants, mais les plus solides.

— Monsieur le professeur, dit la belle Dorothée, vous serez toujours le bienvenu chez nous. Je souhaite que Léonce m'apporte en mariage tous ses amis. Savez-vous l'allemand?

— Non, madame, à ma grande honte. Je regretterai toujours de ne pouvoir lire dans le texte *Hermann et Dorothée*.

— La perte n'est pas grande, croyez-moi. Une pastorale emphatique; un air de flageolet joué sur l'ophicléide. Vous avez mieux que cela en France. Aimez-vous Balzac? C'est mon homme. »

IV

La conversation de la jolie marquise et le plaisir de danser avec mes gros souliers me firent oublier le règlement de l'École. Je rentrai une heure trop tard, et je fus consigné pour quinze jours. Aussitôt libre, ma première visite fut pour Léonce. Je le trouvai tout seul, occupé à s'arracher les cheveux, qu'il avait fort beaux, comme vous savez.

« Mon ami, me dit-il d'une voix pitoyable, on m'a cruellement trompé !

— Déjà !

— Mon beau-père est riche comme moi, noble comme moi : il s'appelle Stock en une syllabe, et il possède pour tout bien une vingtaine de mille francs de dettes.

— Impossible !

— La chose est hors de doute ; ma femme m'a tout avoué le soir du mariage. Il n'y avait pas cinq cents francs dans la maison.

— Mais la maison seule en vaut cent mille !

— Elle n'est pas payée. M. Stock était riche il y a cinq ou six ans : il a tenu un certain rang à Francfort, et sa liquidation lui avait laissé plus de trente mille livres de rente. Mais il est joueur comme le valet de carreau en personne. Il a tout perdu à la roulette, au trente et quarante, et à ces jeux innocents dont l'Allemagne se sert si bien pour nous dépouiller. Au commencement de l'hiver, il lui restait de sa splendeur une brochette achetée à bon marché dans les petites cours du Nord, quelques relations honorables, l'habitude de la dépense, la fureur du jeu, et une cinquantaine de mille francs. Il a trouvé ingénieux de placer ce capital sur Dorothée et de venir à Paris jouer son va-tout. Il comptait pêcher en eau trouble, dans ce monde infernal de la Chaussée d'Antin, un gendre assez riche pour le débarrasser de sa fille, pour le nourrir lui-même et sa femme, et lui donner chaque été quelques rouleaux de louis à perdre au bord du Rhin. N'est-ce pas infâme?

— Prends garde, lui dis-je. Sais-tu comment il parle de toi en ce moment?

— Quelle différence! Je ne l'ai pas trompé, moi. Je voulais lui exposer franchement l'état de mes affaires. C'est lui qui m'a arrêté, qui m'a fermé la bouche. Je sais pourquoi maintenant, et sa confiance ne m'étonne plus! C'est lui qui m'a entraîné dans le gouffre où nous roulons ensemble.

— Vous êtes-vous expliqués?

— J'ai couru chez lui pour le confondre, et je te prie de croire que je n'ai pas ménagé mon éloquence. Sais-tu ce qu'il m'a répondu? Au lieu de récriminer, comme je m'y attendais, il m'a pris la main et m'a dit d'une voix émue : « Nous avons du « malheur. Nous pouvions chacun de notre côté trouver une for- « tune : il est bien fâcheux que nous nous soyons rencontrés. »

— C'est sagement parlé.

— Que vais-je devenir?

— Est-ce un conseil que tu me demandes?

— Sans doute, puisque tu ne peux me donner autre chose!

— Mon cher Léonce, je ne connais qu'un moyen honorable de te tirer d'affaire. Liquide héroïquement; va te cacher dans un quartier laborieux, rue des Ursulines ou boulevard Montparnasse; achève ton droit, passe ta licence, sois avocat. Tu as du talent; tu ne peux pas avoir entièrement perdu l'habitude du travail; les relations que tu t'es créées dans ces six mois te serviront plus tard; tu regagneras le temps perdu, et l'argent aussi.

— Oui, si j'étais garçon! Mon pauvre ami, on voit bien que tu vis dans une boîte : tu ne sais rien de la vie. Balzac a prouvé depuis longtemps qu'un garçon peut arriver à tout, mais qu'une fois marié on use ses forces à lutter obscurément contre les additions de la cuisinière et le livre du ménage. Tu veux que je travaille entre une femme, un beau-père, une belle-mère et les enfants qui pourront survenir, obsédé de famille, et parqué avec tout ce monde dans un appartement de quatre cents francs! J'y succomberais.

— Alors fais autre chose : emmène ta nouvelle famille en Bretagne. La maison de l'oncle Yvon est assez grande pour vous loger tous; on mettra une rallonge à la table et l'on ajoutera un plat au dîner.

— Nous les ruinerons!

— Point du tout. Aimée s'achètera une robe de moins tous les ans, et Matthieu prolongera l'existence du fameux paletot noisette.

— Oh! je connais leur cœur. Mais tu ne connais pas mon beau-père et ma belle-mère. Si ma femme a l'amour du monde, ses parents en ont la rage. Mme Stock passe des heures devant sa glace à faire des révérences! M. Stock ne sera jamais un Breton supportable. Il bouderait contre l'hospitalité, il humilierait notre chère maison : il nous reprocherait le pain que nous lui donnerions!

— Eh bien! laisse les parents se débrouiller à Paris. Enlève ta femme : elle est jeune, et tu la formeras.

— Mais songe donc que ce vieillard est criblé de dettes! C'est mon beau-père, après tout; je ne peux pas l'abandonner sur la route royale de Clichy.

— Qu'il vende ses meubles! il en a pour plus de vingt mille francs.

— Et de quoi vivront-ils, les malheureux?

— Je vois avec plaisir que tu les plains. Mais je dirai à mon tour : « Que vas-tu faire? Je ne sais plus quel parti te conseiller, « et je suis au bout de mon chapelet. »

— Je vais demander une place. On croit que je n'en ai pas besoin, on me la donnera. »

Il sollicita longtemps, et perdit plus d'un mois en démarches inutiles. Au plus fort de ses ennuis, il apprit qu'Aimée était mère d'un gros garçon. « Tu seras son parrain, écrivait Matthieu, et la jolie tante Dorothée ne refusera pas d'être marraine. Nous vous attendons; votre lit est prêt; hâte-toi de faire atteler le carrosse. »

Léonce n'avait pas encore raconté sa mésaventure à ses parents. A quoi bon jeter une mauvaise nouvelle au travers de leur bonheur? Le pauvre garçon fut plus courageux que je ne l'aurais espéré. Tandis qu'il vendait ses tableaux pour vivre, il était tendre et empressé auprès de sa femme. La gêne présente, l'incertitude de l'avenir, et le regret d'avoir mal spéculé n'altérèrent pas longtemps sa bonne humeur naturelle : au moins eut-il le bon goût de cacher son chagrin. Il est juste de dire que Dorothée le consolait de son mieux. Si elle pleurait quelquefois, c'était à la dérobée. Elle rendit aux marchands une partie de sa corbeille de mariage. Je crois bien que la lune de miel eût été plus brillante si le jeune ménage n'avait manqué de rien et si M. Stock n'avait pas eu de dettes; mais, en dépit des embarras de toute sorte et de l'importunité des créanciers, on s'aimait. Léonce et Dorothée se serraient l'un contre l'autre comme des enfants surpris par l'orage. Ils étaient aussi heureux qu'on peut l'être sur une barque qui fait eau de toutes parts. Je les voyais régulièrement à toutes mes sorties, chaque visite me les montrait meilleurs et me les rendait plus chers.

Un jeudi, vers une heure et demie, je partais de l'École pour aller chez eux, lorsque je rencontrai au milieu de la rue d'Ulm un petit homme en veste de velours. C'était une vieille connaissance que j'avais un peu négligée depuis le mariage de Matthieu.

« Bonjour, Petit-Gris, lui dis-je. Remettez votre casquette. Est-ce que vous veniez me voir?

— Oui, monsieur, et je suis bien aise de vous avoir rencontré pour vous demander conseil.

— Il n'est rien arrivé chez vous? Votre femme va bien? Vous travaillez toujours pour la ville de Paris?

— Toujours, monsieur, et j'ose dire que ma femme et moi nous avons un coup de balai qui vous fait honneur. On ne vous reprochera pas de nous avoir placés.

— Ce n'est pas moi, Petit-Gris; c'est un jeune homme de mes amis, à qui je voudrais bien pouvoir rendre le même service.

— M. Matthieu est toujours content? ces dames ne sont pas malades?

— Merci. Matthieu a un garçon, et toute la famille se porte le mieux du monde.

— Pour lors, monsieur, voici ce qui est arrivé : Ce matin, comme nous revenions de l'ouvrage et que ma femme allait prendre la soupe, qu'elle avait mise au chaud dans notre lit, il est entré un monsieur pas très grand, plutôt petit, un homme de ma taille, enfin, et à peu près de mon âge. Il m'a demandé si j'étais dans la maison du temps de Mme Bourgade. Je lui ai dit ce qui en était, attendu que je n'ai rien à cacher, que je ne fais rien de mal, et que je ne dois rien à personne. Mais quand il a su que je connaissais ces dames, il s'est mis à me questionner sur ceci et sur cela, et avec qui mademoiselle était mariée, et ce que faisait son mari, et ce qu'elle mangeait à dîner, et combien de temps elle était restée dans le quartier, et, finalement, où elle demeurait. Quand j'ai vu qu'il avait l'idée de me confesser, je n'ai rien voulu répondre. Il ne me revenait pas, cet homme-là! Il regardait la maison avec des yeux de riche: on aurait dit que notre chambre lui faisait mal au cœur. J'ai bien compris qu'il était curieux d'avoir l'adresse de M. Matthieu; mais je ne savais pas ce qu'il en voulait faire. J'ai dit que je ne la connaissais point, cependant qu'on pourrait peut-être se la procurer. Là-dessus, il a promis de me bien payer si je la lui apportais. « Monsieur, ai-je répondu, je n'ai pas besoin qu'on me paye : j'ai « deux places du gouvernement. » Il m'a laissé son adresse, que je n'ai pas lue, vous comprenez bien pourquoi, et je suis venu vous la montrer, pour savoir ce qu'il faut faire. »

Le Petit-Gris tira de sa poche une belle carte glacée, où je lus :

LOUIS BOURGADE

Hôtel des Princes

« Louis Bourgade! dit le Petit-Gris, c'est un parent.

— Hôtel des Princes ! c'est un parent riche.

— Il aurait bien pu venir plus tôt, quand ces pauvres dames mouraient de faim ! Maintenant on n'a plus besoin de lui.

— C'est probablement pour cela qu'il se montre, mon cher Petit-Gris : il aura appris le mariage de Mlle Aimée. Mais à tout péché miséricorde : il faudra lui donner l'adresse.

— Allons, j'y vais. Est-ce loin, l'hôtel des Princes ?

— Ne vous dérangez pas : c'est sur mon chemin, j'y entrerai en passant, et je causerai avec ce monsieur. A bientôt ; s'il avait quelque chose, j'irais vous le dire. »

Chemin faisant, je pensais : « Un parent riche ! Ce n'est pas à Léonce qu'il arrivera pareille aubaine ! »

Je demandai M. Bourgade, et aussitôt un valet de l'hôtel partit devant moi pour me conduire. M. Bourgade occupait un magnifique appartement au premier, sur la rue. Je compris son dédain pour les taudis de la rue Traversine. Ce seigneur me fit attendre pendant dix minutes, que j'employai consciencieusement à pester contre lui. Je sentais bouillonner en moi une vigoureuse indignation, dans le style de Jean-Jacques Rousseau. « Ah ! faquin, disais-je à demi-voix, tu es leur parent, et tu loges à l'hôtel des Princes ! Tu t'appelles Bourgade et tu me fais faire antichambre ! »

Quand la porte s'ouvrit, je lâchai les écluses à ma rhétorique. J'étais jeune. C'est tout au plus si je pris la peine de regarder mon interlocuteur : mes yeux ne me servaient qu'à lancer des foudres. Je me présentai fièrement comme un vieil ami de Mme et de Mlle Bourgade. Je racontai comment je m'étais introduit dans leur intimité, sans avoir l'honneur d'être de la famille ; je fis un tableau pathétique de leur misère, de leur courage, de leur travail, de leur vertu. Croyez que je ne ménageais pas les couleurs et que je ne procédais point par demi-teintes ! J'affectais de répéter souvent le nom de Bourgade, et à chaque fois je le soulignais.

Mon réquisitoire produisit son effet. M. Bourgade ne me regardait pas en face : il cachait sa tête dans ses mains, il semblait accablé. Pour l'achever, je lui appris la conduite de Matthieu ; je lui contai l'histoire du manteau engagé pour dix francs, et toutes les privations que ce digne jeune homme s'était imposées, quoiqu'il ne fût pas de la famille et qu'il ne s'appelât pas Bourgade. Excellent Matthieu ! Il prenait sur son nécessaire, lorsque tant d'autres sont chiches de leur superflu ! Enfin, il avait épousé cette orpheline abandonnée ; il l'avait conduite à Auray, dans la maison de ses ancêtres ; il lui avait donné un nom, une fortune, une famille ! Aujourd'hui, Aimée Bourgade, heureuse femme, heureuse mère, n'avait plus besoin de personne, et pouvait dédaigner, à son tour, le monde égoïste qui l'avait dédaignée !

M. Bourgade écarta les mains et je vis sa figure inondée de larmes : « C'est ma fille, dit-il ; je vous remercie bien de l'aimer ainsi. Mon cher enfant ! laissez-moi vous embrasser ! »

Je ne me le fis pas dire deux fois. Je ne lui demandai ni comment ni pourquoi il était vivant ; je ne lui adressai ni questions ni objections, je le pris par le cou et je l'embrassai quatre ou cinq fois sur les deux joues. J'étais bien sûr de ne pas me tromper : des larmes de père, cela se reconnaît toujours !

Cependant lorsque la première émotion fut passée, je le regardai d'un air de profond étonnement, et il s'en aperçut. « Je vous expliquerai tout, me dit-il, lorsque j'aurai vu ma femme et ma fille. Je cours à Auray. Merci ; adieu ; à bientôt !

— Halte-là ! s'il vous plaît. Je ne vous lâche pas encore. D'abord, on ne peut partir que ce soir par le train de sept heures ; ensuite il y a des précautions à prendre, et vous n'irez pas de but en blanc, débarquer sur la place d'Auray. Vous tueriez votre femme et votre fille, et les paysans bretons vous tueraient vous-même à coups de fourche : un revenant ! Asseyez-vous ici, et contez-moi votre histoire. Je vous dirai ensuite les précautions que vous avez à prendre. Mais comment se fait-il que vous ayez échappé à ce naufrage ? Sur quel tronçon de mât ? Sur quelle cage à poulets ?

— Mon Dieu ! rien n'est plus simple. Quand le bâtiment s'est perdu, je n'étais plus à bord. Vous savez ce que j'allais faire en Amérique. Nous nous sommes arrêtés huit jours à Rio de Janeiro

pour prendre des passagers et des marchandises. Je descends à terre comme tout le monde. J'avais des lettres pour quelques Français établis là-bas, et entre autres pour un marchand de bois de teinture appelé Charlier. Nous causons; je lui explique mon système; il en est frappé : tous les esprits étaient tournés vers la Californie. Charlier m'assure que mon invention est excellente, mais que je ne suis pas assez fort pour manœuvrer à moi seul, et que je ne trouverai pas d'ouvriers. « Faites mieux, me dit-il : dé-
« barquez avec armes et bagages; établissez-vous constructeur de
« machines, et exploitez ici le *séparateur Bourgade*. L'appareil
« complet vous reviendra à cinq cents francs, vous le vendrez
« mille; tous les mineurs qui vont à San Francisco se fourniront
« chez vous en passant. Croyez-moi, c'est la vraie Californie. Vous
« n'avez pas d'argent pour commencer l'entreprise, on vous en
« procurera; une bonne affaire trouve toujours des capitaux, sur-
« tout en Amérique. S'il vous faut un associé, me voici. » C'est ainsi que nous avons fondé la maison Charlier, Bourgade et Cie, dont les actions sont cotées à la Bourse de Paris. Nous les avons émises au capital de cinq cents francs, et j'en ai mille pour ma part. Elles ont décuplé de valeur, et elles ne s'arrêteront pas là. On parle de nouvelles mines en Australie.

— Comment? lui dis-je, vous avez gagné cinq millions!

— Mieux que cela, mais qu'importe! Dites-moi donc par quel miracle du malheur toutes mes lettres sont restées sans réponse?

— Vous les retrouverez à la poste. On a su rapidement à Paris le naufrage de la *Belle Antoinette*. Votre première lettre sera arrivée quelques jours plus tard, quand ces dames avaient quitté la rue d'Orléans. Je crois me rappeler qu'elles ont déménagé sans donner leur adresse : elles voulaient cacher leur misère, et d'ailleurs elles n'attendaient plus de nouvelles de personne. Comment la poste aurait-elle pu les découvrir? Le facteur n'entre pas une fois en huit jours dans la rue Traversine.

— Vous n'avez pas une idée de ce que j'ai souffert : écrire

pendant plus de deux ans sans recevoir un mot de réponse !

— Allez ! allez ! j'ai vu deux femmes qui souffraient autant que vous.

— Non ; elles pleuraient sur un malheur positif ; moi, j'en voyais mille imaginaires. Je les savais sans ressource, exposées à toutes les privations et à tous les conseils de la misère ; j'étais riche, et je ne pouvais rien pour elles ! Ce maudit choléra de 1849 m'a fait passer bien des nuits blanches. J'aurais voulu venir à Paris, interroger la police, fouiller la ville entière ; mais j'étais cloué à la maison ! J'ai fait insérer une note à la *Presse* et au *Constitutionnel*, personne n'a répondu. Vous ne lisez donc pas les journaux ?

— Pas souvent ; et ces dames, jamais.

— Je les lisais tous, et bien m'en a pris. C'est le *Siècle* qui m'a annoncé le mariage d'Aimée.

— Il s'agit maintenant de lui annoncer votre retour. Mais bellement, s'il vous plaît ; elle est nourrice. Si vous m'en croyez, vous vous ferez précéder d'un ambassadeur. Je connais justement un jeune homme qui cherche une place : c'est le frère de Matthieu, le beau-frère d'Aimée ; du reste homme d'esprit et digne de représenter une grande puissance. Si vous êtes content de ses services, je vous indiquerai le moyen de vous acquitter. Voulez-vous que nous passions chez lui ? »

Quelques heures après, M. Bourgade, Léonce et Dorothée montèrent dans une belle chaise de poste que le chemin de fer conduisit à Angers. A Vannes, M. Bourgade descendit à l'hôtel. Les nouveaux mariés poursuivirent leur route et arrivèrent en carrosse, comme Léonce l'avait prédit. Lorsque Dorothée énonça, en termes vagues, l'idée que M. Bourgade n'était peut-être pas mort, la bonne veuve répondit : « Peut-être ! » Elle s'était si bien accoutumée au bonheur, que rien ne lui semblait impossible. Léonce rappela ce que l'élève de l'École Centrale m'avait dit autrefois à propos du *séparateur*. Si l'invention avait survécu, l'inventeur pouvait avoir échappé au naufrage. L'espoir rentra par douces ondées dans ces braves cœurs, et le jour où M. Bourgade apparut à Auray, sa femme et sa fille s'écrièrent naïvement : « Nous le savions bien que tu n'étais pas mort! »

M. Bourgade n'a pas la tournure d'un grand seigneur, tant s'en faut! mais il n'a pas non plus les manières d'un parvenu. Si vous le rencontriez à pied, vous croiriez voir un bon bijoutier de la rue d'Orléans. Cet excellent petit homme méritait d'avoir un gendre comme Matthieu. Il a donné à sa fille une dot de deux millions, à la grande confusion de Matthieu, qui dit : « Je suis un intrigant ; j'ai abusé de mes avantages personnels pour faire un mariage riche ». Les Debay se sont construit une habitation princière ; ce qui ajoute à la beauté de leur château, c'est qu'il n'y a pas de pauvres aux environs. Matthieu a terminé ses thèses et obtenu son diplôme de docteur ; nous n'avons pas en France deux docteurs aussi riches que lui, nous n'en avons pas quatre aussi laborieux. Aimée donne à son mari un enfant tous les ans. Léonce ne songe plus à imiter M. de Marsay ; il a deux filles et un peu de ventre. Par ces raisons, il vit en Bretagne, au milieu de la famille. Il a cent mille francs de rente, puisque Matthieu les a. M. et Mme Stock ont passé l'Océan ; M. Bourgade leur a donné une place dans sa fabrique. Le père de Dorothée est toujours intelligent et toujours joueur ; il gagne gros et perd tout ce qu'il gagne. Le Petit-Gris et sa femme n'habitent plus la rue Traversine ; si vous voulez faire leur connaissance, il faudra prendre le chemin d'Auray. Ils n'ont pas perdu cet admirable coup de balai dont ils étaient si glorieux, ils tiennent le château propre et font une rude chasse à la poussière. Je reçois cinq ou six fois par an des nouvelles de mes amis. Hier encore ils m'ont envoyé une bourriche d'huîtres et une caisse de sardines. Les sardines étaient bonnes, mais les huîtres s'étaient ouvertes en chemin.

(Les Mariages de Paris.)

II

LA MORT DU TURCO

. . . .

Nous étions dans les premiers jours du ramadan, ce carême mi-parti de jeûnes et de ripailles ; mais je réponds que ce soir-là les cheiks les plus magnifiques ne s'en donnèrent pas autant que nous. De cinq heures à neuf on but et l'on mangea comme si dans chaque estomac l'absinthe avait creusé un gouffre. Enfin le punch fit son entrée, on alluma le bol, on éteignit les lampes et les bougies, la mère Méného remplit les douze verres et me dit en son patois :

« *Señor, las niñas estan aqui.*

— Attends! lui dis-je, j'ai d'abord un toast à porter. Messieurs, le Turco vient d'achever une grande œuvre. Laquelle? Vous le saurez plus tard ; mais vous pouvez me croire sur parole quand je vous jure que la gloire est au bout. A la santé du Turco, notre excellent camarade ! A sa gloire ! à l'immortalité qui l'attend ! »

Mes convives étaient tellement échauffés que ce discours ne parut emphatique à personne. Un généreux hourra me répondit, on rapprocha les verres, et si vigoureusement que l'un des douze se rompit ; c'était le verre du Turco. Je vois encore le pied de coupe entre ses longs doigts maigres, et sa pauvre figure éclairée par la flamme livide du punch.

Au même instant, la porte s'ouvrit, et Roland, des zéphyrs, montra sa tête.

« Allons, messieurs, dit-il, le rassemblement va sonner ; on monte à cheval. »

Un tumulte de questions lui répondit.

« Quoi? comment? où va-t-on? à quel propos? C'est une farce. »

Il nous apprit que les Beni-Yala s'étaient révoltés dans l'Aurès, qu'on avait refusé l'impôt, que trois spahis avaient été tués par trahison, et un convoi pillé. Peut-être était-ce un accident sans suite, une simple ébullition de fanatisme au début du rhamadan ; mais on voulait couper le mal à sa source et punir les révoltés sans leur laisser le temps de s'organiser. L'ordre du général était formel : on partait dans une heure.

C'était donc vrai! Nous allions faire un bout de campagne! La surprise et la joie nous dégrisèrent tous à moitié. On se félicitait, on se serrait les mains ; les bougies se rallumèrent, chacun se rajusta, Roland vida un verre au hasard, et chacun tira de son côté.

« Viens donc », criai-je au Turco, qui restait cloué sur sa chaise et toujours pâle.

Dès ce moment je courus à mes affaires et je n'eus pas une minute pour m'occuper de lui.

Toute la ville était en mouvement, et sans bruit, ce qui doublait l'originalité du tableau. Les soldats couraient, les Arabes traînaient leurs chameaux ou leurs ânes, les ordonnances passaient avec les mulets de réquisition. Je ne fis qu'un bond jusqu'à mon gîte, où mon soldat, le fidèle Baudin, tirait déjà les malles au milieu de la chambre. Les paquets faits, les cantines bourrées, les bagages liés sur le dos du mulet, le tranchant de mon sabre vérifié, mon revolver amorcé, ma ceinture serrée et mes guêtres bouclées, j'avais vieilli d'une heure sans remarquer la fuite du temps. Avez-vous remarqué que l'horloge double le pas quand nous sortons d'un bon dîner? Ce n'est pourtant pas elle qui a bu.

Nous étions huit cents hommes sur pied dans la cour du fort.

Dix coups de langue indiquèrent discrètement dix heures ; le silence n'était troublé de temps à autre que par le piétinement d'un mulet ou le hennissement d'un cheval. L'appel se fit à voix basse, à la lumière d'un falot. Que de précautions pour surprendre les Arabes, qu'on ne surprend jamais, car ils ont toujours des espions chez nous !

Je me rends à mon poste, auprès du général. Il était à cheval au milieu de la cour, la cravache en main, le cigare à la bouche, aussi calme d'ailleurs que s'il allait au Bois de Boulogne faire le tour du lac. Il reçoit le billet constatant l'effectif de sa troupe ; il dicte un ordre que les adjudants écrivent sous sa dictée et que les capitaines vont lire à leurs compagnies, groupées en cercle. Vous connaissez ce refrain patriotique : « Soldats, des rebelles sur pied, vos camarades égorgés et trahis, la domination française menacée, l'honneur du drapeau à défendre ! Votre général est fier de vous commander, et la patrie compte sur vous ! »

C'est toujours le même air et les mêmes paroles ; mais, comme l'air est juste et le discours fondé, l'effet n'a pas raté une fois depuis que la France est France.

Les soldats ont empoché l'allocution en plein cœur : s'ils ne répondent point par des cris, c'est que la discipline s'y oppose ; mais le murmure qui circule dans les rangs prouve assez qu'on n'a pas parlé à des sourds. On ajuste définitivement les courroies, on serre les sangles, le fantassin jette son fusil sur l'épaule, et l'on fait un à-droite.

Je vous ai dit que notre colonne se composait d'environ huit cents hommes ; on en laissait au plus quatre cents à Biskra. Nous avions deux compagnies du centre, une de tirailleurs et une de zéphyrs ; cent hommes de cavalerie, tant chasseurs que spahis, quarante d'artillerie et du train, et cent cinquante des goums. Le général marchait avec l'avant-garde ; il avait jeté son cigare pour le bon exemple, car dans les marches de nuit on défend également le bruit et le feu. Je me tenais à la disposition du chef, et le Turco n'était pas loin; c'était justement sa compagnie qui avait fourni l'avant-garde.

Chemin faisant, je m'approchai de lui. « Eh bien! lui dis-je, nous y voilà. Tu es content, j'espère?

— Oui, c'est un dénoûment comme un autre. J'aime mieux en finir d'un coup.

— En finir! es-tu fou? C'est ta carrière de soldat qui commence, en attendant les autres succès.

— Je veux bien; tu me connais : je ne suis pas un homme à pressentiments; mais cet ordre de départ est arrivé dans des circonstances stupides. Tu parlais d'immortalité, et moi je pensais à la mort.

— C'est bien spirituel! Et moi, je te prédis que tu seras superbe au feu et que tu reviendras couvert de gloire. Qui sait d'ailleurs si nous aurons affaire à l'ennemi? Ces révoltes du ramadan sont des feux de paille; on se dérange pour les éteindre, et l'on n'en trouve plus que la cendre.

— Comme tu voudras.

— Mais secoue-toi donc, sacrebleu! Qui est-ce qui m'a bâti un soldat de ton espèce?

— Cela va mieux, merci. J'étais encore un peu sous l'influence des lettres que j'ai écrites.

— Moi, je n'en écris qu'une dans ces occasions-là. Je dis : « Maman Brunner, nous partons en campagne. On ne sait pas « combien ça va durer, tu seras peut-être trois mois sans nou-« velles; mais ne t'inquiète pas, je te donne ma parole d'hon-« neur qu'il ne m'arrivera rien. »

— Moi, dit-il, j'ai laissé un testament en quatre lignes et deux lettres que tu porteras toi-même, entends-tu bien? l'une à ma mère, l'autre à notre petite Hélène. »

Vous savez tous, ou presque tous, ce que c'est qu'une marche de nuit en pays inconnu. Ce n'est ni gai ni pittoresque. La colonne se déroule comme un ruban noirâtre sur fond noir. Les belles couleurs des uniformes sont éteintes; tous les joyeux bruits de la guerre ont fait place à une espèce de silence murmurant à travers lequel on distingue le pas des hommes et la vibration discrète du fer. Un caillou qui dégringole, un pied qui butte, un juron étouffé, voilà les incidents de la route. On ressemble à des moines en procession plutôt qu'à des héros en campagne. Et si la pensée de la mort vient vous traverser la cervelle, vous êtes tout porté à l'envisager en moine. J'ai lu, je ne sais où, que si les batailles se donnaient à minuit, les braves seraient plus rares. C'est un peu vrai, non pas que le courage ait sa source dans la vanité, mais l'homme n'est tout lui que s'il est en possession de tous ses sens. Le moral le mieux trempé ne suffit point. Pour aller galamment au danger, il faut pas mal de choses. C'est dans la plénitude de la vie que l'homme est le mieux disposé à sacrifier sa vie, c'est au grand jour que nous fonçons gaiement sur les canons, les baïonnettes et tous les aimables engins qui servent à nous ôter le jour.

Or il était onze heures du soir, la lune s'était couchée avec les poules, et les étoiles ne servaient qu'à souligner l'épaisseur affreuse de la nuit. Je me laissai donc envahir par les idées du bon Turco, et je me mis à casser une croûte de mélancolie sur le pouce, tout en marchant auprès de lui. Dans ces montagnes invisibles dont chaque pas nous rapprochait, il y avait des fusils chargés à balle; on pouvait parier à coup sûr que notre colonne ne reviendrait pas au complet. Pour qui les mauvais numéros de cette loterie? Pour Léopold? pour moi? pour tous les deux? Les gaillards qui ont la foi sont plus heureux que les autres : ils se figurent qu'une prière fait dévier le projectile! Mais le collège nous ôte un peu cet élément de consolation.

Je ne vous dirai pas que la peur me prit; c'était ma neuvième campagne. Cependant je me mis à songer à mille choses anciennes et chères que je n'étais pas sûr de revoir ici-bas. Je vis maman Brunner avec ses lunettes d'argent, le tricot dans les mains, le coude sur la fenêtre; et la vieille maison peinte en rouge, et le chiffre 1640 écrit sur la clef de voûte, et l'auberge des Trois-Rois qui fait face, et l'église, et la belle salle de l'hôtel de ville, et le puits du seizième siècle, et le pharmacien de la place, celui qui a une si jolie fille et des bahuts si merveilleux. Je revis la gloriette de notre vigne, et les vendanges de 58, les dernières que j'aie faites avec Gretchen, c'est-à-dire Marguerite Moser, ma cousine de Barr, qui était encore une vraie gamine. Bref, ma coquine de mémoire m'en rappela tant et tant que je me sentis devenir tout bête; j'avais le cœur comme affadi. J'aurais donné cent sous pour entendre le premier coup de fusil des sentinelles arabes, parce qu'alors on sait ce qui vous reste à faire, et l'on n'a plus le temps de se tracasser pour des riens.

A minuit, le général commanda une demi-heure de halte pour attendre les traînards et rajuster sur les hommes et les bêtes ce que la marche avait dérangé. J'expédiai mon service en deux temps, et je me mis à la recherche de Léopold. Il était un peu à l'écart, seul avec son soldat qui lui vidait un bidon sur la tête.

« Ah! petit maître! lui dis-je, tu fais toilette pour l'ennemi! »

Il répondit en s'ébrouant comme un canard :

« Tu n'y es pas! La coquetterie est étrangère à l'événement; c'est ma santé que je soigne. Tous tes satanés vins m'ont donné une migraine qui me fend le crâne, et comme il faudra bientôt ouvrir l'œil.... Du reste il me semble que ça va mieux. »

Ce malheureux festin, je l'avais non seulement cuvé, mais oublié : je le croyais à six mois de nous, et nous n'en étions qu'à trois heures. Il me vint un remords d'avoir presque grisé un innocent qui n'était pas de notre force. Si la tête ou les jambes allaient lui manquer par ma faute! Mais cette ablution lui fit du bien, et à moi aussi.

Vers deux heures, nous arrivions aux pentes de l'Aurès. Une gorge s'ouvrit devant nous; c'est la première porte de l'ennemi : elle n'était gardée que par cinq ou six blocs de construction romaine. Le général se pique un peu d'archéologie, comme tant d'autres : il avait visité ces grandes ruines; mais il ne savait plus si du pied de la montagne on pouvait voir les villages des Beni-Yala. Vous comprenez? La question était de connaître au plus tôt si l'ennemi nous attendait, s'il avait eu soin de se garder, s'il y avait des feux allumés dans la tribu. Un guide arabe montrait du doigt une cime parfaitement invisible et disait : « Les villages sont là, ils dorment ». Un spahi des Beni-Yacoub jurait son grand juron que les villages étaient cachés derrière deux collines, et qu'on ne verrait pas avant une heure si leurs feux étaient allumés ou éteints.

Pour plus de sûreté, le général fit faire un deuxième repos. Ah! nous ne sommes plus dans cette belle Europe, où les armées voyagent en chemin de fer et viennent se piocher à la gare! Les lenteurs sont inévitables : excusez celles de mon récit. Les hommes chargent leurs fusils, on serre les jambières, et à deux heures et demie en route! On pique une tête dans l'inconnu.

Un torrent coule au fond du ravin : nous prenons le torrent, c'est-à-dire que nous le remontons au petit pas, dans un sentier tracé par les mulets arabes. A chaque instant, il faut passer d'une rive sur l'autre : le chemin est dessiné en lacet. On se mouille les pieds, on glisse, on se ramasse, mais personne ne s'arrête : le fouet pousse les bêtes, le devoir fouette les hommes, et nous allons devant nous pendant une bonne heure, bouche cousue, l'œil au guet, le nez au vent. Paf! un éclair brille sur notre droite, la détonation suit, et un cri formidable répond. C'est un turco de l'avant-garde, le grand nègre qui tout à l'heure bassinait la tête de Léopold. Il a l'épaule fracassée, et il hurle comme un million de chacals. Le général pousse au blessé, je le suis, tandis que vingt hommes, la baïonnette en avant, battent tous les buissons du voisinage. Pas plus d'Arabes que sur la main, c'est l'ordinaire; mais en revanche le premier qui met le pied sur le plateau nous montre à l'horizon trois villages éclairés comme pour un bal. L'ennemi se gardait à merveille, et c'était nous qui étions surpris.

« Halte! dit le général. Mes enfants, nous n'avons plus besoin de mettre des mitaines. Puisque nous sommes attendus là-bas, il n'y a plus qu'une précaution à prendre : c'est d'y arriver tous, et aussi frais que possible. » Il fait cerner la masse de rochers où nous étions, développe une compagnie en tirailleurs, trois par trois, pour éviter les surprises, et dit au reste de la troupe : « Reposez-vous, séchez-vous, réchauffez-vous, faites le café, fumez vos pipes ou vos cigares, débâtez vos mulets, donnez-leur à manger, dormez si bon vous semble, mais que tout le monde soit prêt à sept heures du matin ! » Un vrai brave homme, ce général, et magnifique au feu ! mais on lui a fendu l'oreille en 65. Il faut bien que les vieux laissent passer les jeunes, qui ne les valent pas toujours.

Lorsque j'eus surveillé l'exécution des ordres, rendu mes comptes au vieux chef et trempé la moitié d'un biscuit dans le café, il était plus de six heures, et il faisait grand jour. Je revins au blessé, qui continuait à geindre, quoique Marcou, notre aide-major, l'eût pansé dans la perfection. Je le fis mettre sur un cacolet, et je le renvoyai à Biskra, en compagnie de trois fiévreux et d'un mulet qui avait laissé un demi-quart de sa peau dans le ravin. Bon voyage !

J'en étais là quand je vois Léopold accourir à toutes jambes. Il voulait dire adieu à son pauvre Bel-Hadj et lui glisser quelques louis dans une poignée de main. Il me parut fièrement ragaillardi, le jeune homme. Était-ce le sommeil, était-ce le café qui l'avait rendu à lui-même ? Jamais vous n'avez vu soldat plus fier et plus dispos au danger. Il marchait d'un pas relevé, ses yeux brillaient, ses narines palpitaient.

« Eh bien ! lui dis-je, la migraine ?

— A tous les diables ! De ma vie je ne me suis porté comme aujourd'hui.

— Tu me rappelles un vieux soldat qui traitait toutes les maladies par... devine !

— Par la poudre ?

— Bravo !

— Oui, c'est un beau remède, et je veux l'ordonner à tous les cœurs malades. La poésie ne vous guérit pas, elle vous acoquine tout doucement à vos maux; c'est un pacte avec la douleur, un lit de roses où le blessé se couche en disant au public : Viens me plaindre! La prière a, dit-on, des effets infaillibles; mais pour prier il faut croire, et ne pas croire à demi, comme notre génération hésitante et troublée. Non, je n'ai pas la foi assez robuste pour me consoler avec Dieu. Il faudrait imposer silence aux objections de mon esprit, supprimer le meilleur de mon être, immoler la moitié qui pense à la moitié qui pleure. Ami, vive la guerre et ses consolations vaillantes! Le danger souffle dans la vie comme le vent du nord dans le ciel : âpre et pur, et balayant tous les nuages! »

Il y avait un peu d'emphase dans tout cela; je crois pourtant que vous auriez trouvé du plaisir à l'entendre. Il sautait brusquement d'une idée à une autre, comme un poulain qui a cassé sa longe.

« Sais-tu bien, me dit-il, que sans la guerre notre métier serait idiot?

— Parbleu! fis-je à mon tour; mais tu oublies que sans la guerre on n'aurait jamais eu l'idée d'inventer les soldats. »

Il comprit qu'il avait lâché une bêtise, mais il n'était pas homme à se laisser démonter.

« Quoi! dit-il, tu ne sens donc pas que nous serions les plus malheureux et les plus ridicules des hommes sans ce quart d'heure divin? Se promener sans rien faire au milieu des peuples qui travaillent, porter des armes, c'est-à-dire des instruments de destruction, dans une société où chacun s'ingénie à produire! Entendre dire tous les ans, dans toutes les discussions de la Chambre, que nous sommes un objet de luxe et qu'on pourrait gratter quelques millions sur notre pain! Obéir passivement à nos chefs, lorsque les baïonnettes de la garde nationale ont la fatuité de se croire intelligentes! La dernière fois que j'ai dîné avec mon pauvre père, il s'est encore un peu moqué de nous en disant que la vie militaire est résumée en deux mots, se brosser et attendre : attendre les galons, attendre l'épaulette, attendre le ruban, attendre l'ancienneté, attendre le choix des supérieurs et les bontés de monsieur et madame la maréchale, attendre les boulets et les balles cylindro-coniques, et lorsqu'on n'en peut plus, après trente ans de ce métier, attendre la retraite pour aller planter ses choux et finir par où l'on aurait dû commencer !

« Oui, répondis-je ; mais il y a un jour qui rachète les ennuis, les misères et les petitesses de cette vie, c'est lorsqu'au lieu de se brosser soi-même, on brosse l'ennemi, lorsqu'au lieu d'attendre la gloire, on y court à travers mille morts. Ce jour-là, mon cher père, le soldat que vous raillez devient l'égal des dieux ! »

« J'avais raison, Brunner, je devinais l'heure qui va sonner ! »

Pauvre petit Turco ! Il était de si bonne foi dans son enthousiasme, ces bouffées partaient d'un cœur si chaud que je ne savais point le contredire. Il désarmait la critique ; je le trouvais terriblement jeune, et pourtant j'étais ému. Il y a des moments où un mauvais calembour usé jusqu'à la corde devient quelque chose de respectable. Cependant je ne pus m'empêcher de lui dire qu'un soldat courant au pas de charge n'est pas encore tout à fait l'égal des dieux. On ne trouverait pas un olympe assez grand pour y loger tant de monde. Nous sommes les égaux de neuf ou dix millions de braves gens qui sont allés au feu pour leur pays depuis que la France est France, rien de plus.

Vous croyez que Léopold accepta la rectification ? Lui ? jamais. Il soutint ferme comme fer que nous étions des dieux de la première volée.

« Car enfin, disait-il, être dieu, c'est servir les hommes sans qu'ils le sachent, sans se montrer à eux, sans en attendre aucune récompense, et voilà justement ce que nous allons faire ce matin. La France nous voit-elle ? sait-elle seulement que Charles Brunner et Léopold de Gardelux se promènent en son honneur dans les gorges de l'Aurès ? A supposer qu'elle l'apprenne un jour, peut-elle nous donner l'équivalent de ce que nous risquons pour elle ?

Je l'en défie! Eh bien! nous allons nous battre pour ses beaux yeux comme les paladins ne l'ont pas fait souvent pour leurs maîtresses. Il est sept heures moins dix; la patrie se réveille en s'étirant les bras. Les paysans vont à leur charrue et les maçons se dirigent vers le chantier; mais ma mère, ma sœur et toutes les jolies femmes de Paris ont encore le nez dans la plume; tous les messieurs du club et pas mal de boutiquiers reposent entre leurs draps. Sur trente-six ou trente-sept millions d'individus qui peuplent cette bonne France, il n'y en a peut-être pas deux qui penseront à nous dans la journée, et nous, mon vieux Brunner, nous allons nous faire casser les os pour prouver que ce peuple est grand, puissant et invincible, pour que le territoire et le nom des Français soient un objet de crainte et de respect universel, pour qu'aucun homme d'aucun pays ne passe auprès de ce chiffon tricolore sans mettre chapeau bas! Dis maintenant que nous ne sommes pas des dieux, grosse bête! »

Je sentais que les nerfs étaient pour quelque chose dans ce débordement de gaîté, mais je n'eus garde de le lui dire. La gaîté, même exagérée, est une bonne entrée de jeu dans ces sortes d'affaires. Chez un vieux soldat, le courage a le droit d'être calme et même triste; j'aime mieux qu'il soit un peu fou chez les bambins de vingt ans.

« Allons! lui dis-je, j'ai affaire auprès du général, tu es encore d'avant-garde; va retrouver tes hommes; je te donne rendez-vous là-haut, au premier village des Arabes. A ce soir, enfant!

— Là-haut, répondit-il en montrant les villages, l'enfant se taillera une robe virile à coups de sabre dans les burnous de l'ennemi. »

Toujours un peu de rhétorique : que voulez-vous? Les héros d'Aboukir et de Marengo étaient presque aussi ridicules que lui.

La colonne se mit en marche à sept heures avec toutes les précautions d'usage. Le général nous ordonna d'éviter le torrent et de suivre les bas-côtés de la vallée, qui allait s'élargissant devant nous. D'heure en heure, on faisait halte pour relever les tirailleurs et les flanqueurs. Cet exercice monotone et fatigant se prolongea jusqu'à midi. Vous avouerai-je que mes yeux se fermaient par moments? Il y avait quarante-huit heures que je n'avais dormi, et cette nuit de marche était tombée mal à propos sur une nuit de poésie. Le soleil me tapait lourdement sur la tête : il est arabe au fond du cœur, ce vieux scélérat de soleil. Nos hommes s'épongeaient la figure avec leurs manches, sans ralentir le pas : ils allaient au feu de bon appétit, comme toujours, mais ils auraient préféré y être tout portés. Pas le moindre bout de chanson dans les rangs ; un silence à couper au couteau. Les Arabes, de leur côté, se recueillaient. Leurs trois villages qui disparaissaient et reparaissaient tour à tour, selon les mouvements du terrain, ne donnaient pas signe de vie. Le général usait sa lorgnette sans découvrir un burnous. Tout à coup il s'arrête et me dit :

« Brunner, je crois que nous y sommes. Que personne ne bouge : je vais voir. »

Là-dessus il nous brûle la politesse et se jette, sans autre escorte que son clairon, dans un petit bois de chênes-lièges. Ce boqueteau couronnait la pente que nous étions en train de gravir. Nous restons à mi-côte, ne voyant rien du tout, mais parfaitement cachés nous-mêmes. Dix minutes après, quelques coups de fusil détachés, puis une assez jolie pétarade nous prouvent que le bonhomme a bien pronostiqué. Nos goums et nos spahis étaient aux prises avec l'ennemi.

Le général ne tarda guère à redescendre. Il avait l'œil brillant et les pommettes rouges ; je me dis : tout va bien. Il ordonne de former les faisceaux et de faire la soupe. On se repose, on cuisine et l'on mange au bruit d'une fusillade bien fournie. Nos grand'gardes n'eurent pas le temps de s'ennuyer pendant que nous déjeunions à leur santé. Je vide une gamelle empruntée à l'ordinaire des fantassins, et la soupe me réveille un peu. Vous savez que le sommeil remplace les aliments ; j'ai constaté souvent que la réciproque est vraie. Tandis que le général fait rassembler les bagages, les sacs et les bêtes, qui resteront sous la garde d'une compagnie, je grimpe sur la hauteur et je me paye un aperçu de notre champ de bataille. Les trois villages sont en face, échelonnés l'un derrière l'autre. Le premier seul est défendu par une espèce de fortification passagère : un simple abatis d'oliviers. Quand nous aurons pris celui-là, les deux autres seront à nous. Nous avons à descendre une rampe d'un kilomètre, déboisée par un vieil incendie, mais qui commence à se couvrir de myrtes, de caroubiers et de lentisques. Aucun obstacle sérieux jusqu'au fond de la vallée; nos hommes ont balayé la route : je vois une centaine de cavaliers français et alliés se débattre dans le fond contre les tirailleurs ennemis. Le terrain représente une longue bande de pré semée de bouquets d'arbres dont le moindre cache un ou deux hommes. Nos spahis, nos chasseurs et nos goums traquent ce maudit gibier et piquent tout ce qu'ils rencontrent. Nos turcos sont déjà sur le versant opposé et montent la côte. Figurez-vous un escalier dont chaque marche serait un mur en pierres sèches : autant d'étages, autant de vergers, et des Arabes derrière tous les arbres. La discipline n'est pas leur fort : ils sont groupés par ci, disséminés par là. On voit grouiller des masses blanches partout où nos soldats semblent gagner du terrain ; l'effort des assiégés se déplace à chaque minute. Ils reculent, ils avancent, chaque étage est pris et repris tour à tour. Je ne distingue pas les femmes, mais elles sont de la fête. *You! You!* j'entends les cris d'encouragement qu'elles jettent à leurs hommes.

« Qu'est-ce que vous faites là? me dit le général de sa voix rude. Au premier coup de fusil, ces mauvais gars d'Alsace ne sont plus bons à rien....

— Qu'à se battre, mon général.

— C'est bien ainsi que je l'entends. Patience, Brunner! il y en aura pour tout le monde! »

Cela dit, il partage la troupe en deux colonnes, il met ses obusiers en batterie, et nous voilà dégringolant dans le sentier de la gloire.

Vous pensez bien, mes chers amis, que je ne suis pas homme à vous conter l'affaire en détail. Pour ceux d'entre vous qui ont vu la Crimée, Magenta et Solférino, la prise du Djebel-Yala ressemblerait à une distribution des prix dans un pensionnat de demoiselles. Cependant les sabres coupaient comme ailleurs, les balles faisaient leur trou, et l'on n'avait pas mis de bouchons à la pointe des baïonnettes. Un Arabe moins bête que les autres devina que mon cheval me gênerait pour la montée; il me fit la faveur de le tuer sous moi. Me voilà donc grimpant comme un singe avec le commun des martyrs. Si le sommeil m'avait repris durant cette escalade, je crois qu'il m'aurait fait un tort irréparable; mais le moyen de dormir au milieu d'une musique qui dépassait de cent coudées toutes les cacophonies de Wagner! Les obus volaient en grondant sur nos têtes pour éclater au milieu des groupes de burnous; les fusils pétillaient, les balles sifflaient en passant et crépitaient en ricochant sur les pierres; les fusées traversaient l'espace avec un froufrou solennel; les clairons, de leur voix mordante, sonnaient le ralliement ou la charge, et les Arabes des deux sexes poussaient des cris à faire peur, si quelque chose faisait peur au soldat français.

Je me souviens d'avoir traversé un premier village, puis un autre, et de les avoir vus flamber derrière moi comme deux fagots de bois sec. Au troisième, les soldats allaient mettre le feu lorsque le général survint le cigare à la bouche, sur son petit cheval noir. Où la bête avait-elle trouvé des chemins? C'est ce qu'on n'a jamais su.

« Tas d'imbéciles, dit le grand chef, si vous brûlez ces *gourbis*, nous coucherons à la belle étoile! »

Le fait est que nos tentes étaient restées à deux bonnes lieues de là, pour le moins.

Nous voilà donc campés, à cinq heures du soir, sur la cime du Djebel. La position était bonne, on la fortifie en deux temps; j'organise les postes, je place les grand'gardes, et ma besogne n'est pas plus tôt faite que je me laisse tomber sur la première natte venue, dans un coin. J'avais les yeux fermés depuis quatre minutes, quand une idée me réveilla en sursaut : «Et Léopold?»

Que pensez-vous d'un égoïste qui se couche sans savoir si son ami est mort ou vivant? Je me lève, furieux contre moi-même, et je sors de la cabane en me disant de gros mots. Le village était plein de soldats qui mangeaient, fumaient, dormaient ou pillaient, suivant les goûts particuliers de chacun. Je rencontre un Turco qui portait une outre d'huile, une botte d'oignons et un chevreau nouveau-né.

« Eh! lascar! tu connais ton lieutenant, M. de Gardelux?
— *Sidi Turco? besef!*
— Est-il blessé?
— *Makasch.*
— Est-il mort?
— *Makasch morto.*
— Où est-il?
— *A casa.*
— Qu'est-ce qu'il fait?
— Dormir.
— Puisqu'il n'est ni mort ni blessé, dis-je en moi-même, et qu'il dort paisiblement sous un toit, l'amitié m'autorise à faire comme lui. »

Sur ce, je regagnai mon gîte et je recommençai un nouveau somme. J'en fis plus d'un cette nuit-là, car les propriétaires que nous avions délogés manifestèrent cinq ou six fois l'intention de résilier notre bail.

Vers quatre heures du matin, je donnai ma démission de ronfleur : je n'étais reposé qu'à demi, mais la maison n'était plus tenable. Mon pauvre corps semblait littéralement émaillé de puces. Avez-vous remarqué que ces animaux-là ont une préférence pour les blonds? Je vais donc secouer mon bétail au grand air, et je me fais montrer la case de Léopold. Il écrivait sur ses genoux, devant la porte.

« Eh bien! lui dis-je, tu vois qu'on n'en meurt pas. »

Il me tendit la main, ferma son écritoire et jeta son buvard dans la maison, sur le parquet de terre battue.

« Allons nous promener, dit-il; le paysage est superbe, vu d'ici.

— Il s'agit bien, ma foi, de paysage! Parlons d'hier, de toi, de nous, du combat, de la victoire! Tu as reçu le baptême du feu, mon bonhomme, et tu peux regarder dans ta glace, si tu en as apporté une, le visage glorieux d'un vainqueur!

— Bah! pour une promenade militaire!

— Trop modeste, mon bon! C'est un joli fait d'armes; le *Moniteur de l'Armée* le contera. Es-tu content de toi? As-tu été un des heureux? car il y a de la loterie jusque dans les batailles. Qu'as-tu fait? Qu'as-tu vu? Qu'as-tu éprouvé?

— D'abord une peur horrible d'avoir peur.

— Connu, jeune homme, et puis?

— Et puis fort peu de chose.

— Tu as senti qu'en doutant de toi, tu avais indignement calomnié le fils de monsieur ton père. La colère t'est montée à la tête, et, comme il faut taper dans ces occasions-là, tu t'es vengé sur l'ennemi. Est-ce bien ça?

— A peu près.

— Et encore?

— Rien de saillant.

— C'est déjà très joli pour un garçon qui était d'avant-garde, et qui, en fait de prunes, avait droit au dessus du panier. Viens au rassemblement des compagnies.

— Pourquoi faire?

— Parbleu! pour écouter l'ordre du jour. »

Il rougit comme un enfant pris la main dans les confitures, et prétexta cette lettre à sa mère qu'il voulait, disait-il, expédier par le premier départ. Je m'en fus tout pensif, et je me demandai, en voyant sa résistance, s'il n'avait pas quelque faiblesse ou quelque hésitation à se reprocher. Ah bien oui! Le premier nom qui m'arrive aux oreilles, c'est justement le sien. Le général remerciait les troupes de leur belle conduite; il signalait quelques traits de courage, et particulièrement l'héroïsme du sous-lieutenant de Gardelux, qui, seul, était allé reprendre au milieu des Arabes douze hommes de sa compagnie imprudemment engagés. Un autre fait de guerre avait été accompli par le même officier dans la même journée : il était le premier dans le village fortifié des Beni-Yala.

Vous me voyez d'ici; je n'écoute pas un mot de plus, je cours à sa cabane. Il écrivait encore! je fais sauter ses paperasses en l'air et je l'accable de sottises.

« Ah! c'est ainsi que tu traites tes amis! Tu t'es moqué de moi comme un gueux, comme un tartufe! Voilà donc pourquoi tu refuses de venir au rassemblement! Tu savais qu'il n'y aurait d'éloges que pour toi, mauvais drôle! Ah! tu t'es battu comme un lion, et tu as peur de l'entendre dire! Et tu m'as presque fait douter de ton courage, polisson de héros que tu es! »

Je parlais, je criais, je pleurais, je l'embrassais et je le bourrais de coups de poing, à la bonne franquette d'Alsace.

Quant à lui, il était tout pâle, et il me regardait faire avec des yeux hagards.

« Pardonne-moi, me dit-il; je n'étais pas bien sûr... Je ne savais pas si les choses qui me sont arrivées répondaient à ce qu'on entend par un acte de courage. Voilà pourquoi je n'ai pas osé te suivre là-bas, car enfin, si le général n'avait rien dit de moi, je n'aurais pas osé crier à l'injustice; mais j'aurais éprouvé quelque chose comme une déception.

— Il n'y avait pas de danger : le général est juste, il se connaît en hommes.

— Allons! dit-il, il faut que j'aille le remercier.

— Tu as le temps; il doit être au lit : nous avons fait hier un rude métier pour un homme de son âge.

— Alors promenons-nous; j'ai des fourmis dans les jambes.

— Tu es fièrement heureux, si tu n'y as que des fourmis. »

Je lui ramasse ses papiers, c'était bien le moins, et nous allons vaguer ensemble. Tous les camarades que nous rencontrons viennent à lui, lui serrent les mains et le félicitent de ses débuts ; il rougit, et moi-même je perds contenance, comme si toute sa gloire m'éclaboussait de la tête aux pieds. Les soldats le saluent de cet air qui veut dire : ce n'est pas à ton épaulette, c'est à ton cœur que je rends hommage. Marcou, l'aide-major, qui revenait de l'ambulance, nous donne le relevé de nos pertes : onze morts, trente-cinq blessés, dont dix grièvement, et pas un seul manquant, chose admirable !

« Sans vous, dit-il au Turco, les Arabes nous pinçaient une douzaine de prisonniers. »

Plus nous allions, plus ces compliments à brûle-pourpoint le suffoquaient. Il m'entraîne au-devant de la compagnie qui rapportait les sacs et les bagages. Le capitaine, un pauvre vieux qui n'avait plus qu'un an à faire, et pas la croix, nous reconnaît de loin et nous crie : « Eh ! jeunes gens ! on n'a pas eu besoin de nous pour cueillir les lauriers. M. de Gardelux a tout pris. »

Il rougit de plus belle et va s'excuser comme il peut. Nous rentrons chez lui, et il parle d'achever sa lettre : un convoi de blessés devait partir à deux heures pour Biskra.

« J'espère bien, lui dis-je, que tu vas prendre une copie de ta citation pour l'adresser à ta mère ?

— Non.

— Pourquoi ?

— Parce que j'aurais l'air de rédiger ma propre histoire, et je me trouve assez ridicule sans cela.

— On a raison de dire que le ridicule est voisin du sublime, puisqu'un gaillard de ton numéro prend l'un pour l'autre. Eh bien ! moi, je vais faire copier le paragraphe par ton sergent-major, et je l'enverrai à Mme de Gardelux.... Ah !

— Si cela t'amuse ! Mais j'écris des lettres si longues et ma mère a si peu de temps qu'elle jette peut-être au panier tout ce qui porte le timbre de Biskra.

— Mais Mlle Hélène n'est sans doute pas si occupée, elle! Si je lui expédiais la pièce en question, m'en voudrais-tu?
— Fais ce qui te plaira.
— Pris au mot. Attends-moi. »

Une heure après, je mettais sous enveloppe un extrait de l'ordre du jour, copié de cette belle écriture qui fait la gloire des sergents-majors et les empêche quelquefois de passer officiers. J'y ajoutais de ma main ces simples lignes :

« Le capitaine d'état-major Charles Brunner présente ses humbles devoirs à mademoiselle Hélène de Gardelux et se fait une joie de lui transmettre le texte suivant que la modestie d'un jeune héros eût peut-être tenu caché. »

Je lui portai la lettre ouverte et je lui dis :

« Veux-tu la lire?

— Non; si je la lisais, autant l'écrire moi-même.

— Comment! j'entre en correspondance avec ta sœur, et tu n'es pas curieux de savoir ce que je lui dis?

— Imbécile! je ne te connais donc pas? »

Le mot m'entra au fond de l'âme, et l'imbécile sauta au cou de son ami.

Le général nous tint clos et cois toute la journée; mais, les alertes s'étant succédé d'heure en heure pendant la nuit, on procéda le lendemain à une forte reconnaissance. L'ennemi s'éloigna ou devint sage; pendant une semaine, la colonne expéditionnaire garda ses positions sans être inquiétée. Nos soldats employaient leur temps à nettoyer les trois villages, c'est-à-dire à raser les maisons et à couper les arbres par le pied. Nous appelions cela faire un exemple. Le village d'en haut se transforma bien vite en un joli petit camp fortifié, et tout le monde avoua que la tente était décidément plus confortable que le gourbi.

Mais tandis que nous vivions tranquilles et sans songer à mal, le mouvement gagnait autour de nous. Les chenapans que nous avions chassés de leurs foyers s'étaient répandus dans les tribus voisines. Un vieux marabout borgne, qui avait pour maîtresse une femme des Beni-Yala, se mit à prêcher la croisade et trouva des échos partout. C'est étonnant comme l'écho se propage dans les montagnes! Des tribus grosses comme le poing se donnèrent de l'importance en refusant de nous payer l'*aman*. Les rumeurs les plus idiotes vinrent en aide à la rébellion. Les nouvellistes de l'Aurès sont aussi inventifs et aussi effrontés que les nôtres. On alla jusqu'à dire que les grands cheiks d'Afrique étaient venus assiéger le sultan des Français dans un de ses châteaux, et qu'il s'était tiré d'affaire en leur restituant l'Algérie. Bref, quinze jours après notre victoire, nous étions cernés bel et bien, et nos communications, même avec Biskra, coupées. Les renforts ne pouvaient tarder longtemps, mais ils n'étaient pas venus, et, pour des triomphateurs, nous ne nous trouvions pas précisément à notre aise.

Le général avait toute sorte de qualités, mais la patience n'était point sa vertu dominante. Il résolut de frapper un coup. La tribu du vieux marabout désagréable, les Beni-Schafar, très belliqueux et pas mal riches, étaient à cinq lieues de marche. Par une belle nuit, on nous réveille tous en douceur; la colonne se faufile entre les montagnes, et à huit heures du matin nous étions engagés.

La journée ne fut pas mauvaise : on tua cinquante hommes, on brûla un village superbe, et l'on repoussa une demi-douzaine de retours offensifs; mais impossible de camper sur le champ de bataille. Nous avions des blessés à rapporter et des bagages à reprendre en chemin : le général décide que nous irons dormir chez nous.

Tout le monde croyait la question vidée, et tout le monde était de belle humeur, excepté le Turco, qui, relégué à l'arrière-garde, n'avait pas eu l'occasion de se montrer. Je me moquais un peu de son ambition, et je lui débitais tous les proverbes appropriés à la circonstance : l'appétit vient en mangeant, mais ce n'est pas tous les jours fête; ne te désole pas : tout vient point à qui sait attendre, *et cætera*.

Pour revenir au Djebel-Yala, nous avions un vrai chemin de l'Aurès : beaucoup à monter, beaucoup à descendre, pas un kilomètre de plain-pied, du reste un beau pays. Je chevauchais avec l'avant-garde, à la gauche du général, dans un torrent qui coule sur des galets de marbre blanc. Nous avions devant nous toute une échelle de sommets couronnés par le Djebel-Derradj, ce burgrave poudré de neige. On ne se pressait pas, et l'on explorait le terrain avec un soin d'autant plus minutieux que le jour commençait à baisser.

« Allons ! me dit le général, je crois que nous en sommes quittes. Bonne besogne, Brunner ! Dans une heure, nous serons sous nos tentes ; avant trois jours, les Beni-Schafar.... »

Un feu de file bien nourri l'arrêta net au milieu de sa phrase. Les Arabes tombaient sur notre arrière-garde ; on entendait non seulement leur fusillade, mais leurs cris.

Le bonhomme jura un gros juron et tourna bride en nous criant : « Allez toujours ! »

Quand un grand chef vous dit d'aller, il n'y a qu'une chose à faire ; mais le soldat français n'abat pas le quart de lieue en dix minutes lorsqu'il entend fusiller ses camarades derrière lui. Nous avancions lentement, chaque officier poussant ses hommes, et furieux de ne pouvoir les planter là. Quelquefois le feu s'arrêtait, et l'affaire semblait finie ; mais les détonations reprenaient par saccades. Sur ces entrefaites, la nuit tomba, la difficulté du chemin vint compliquer le doute qui nous paralysait. La colonne n'avait pas fait un temps d'arrêt depuis son départ, et il y avait bientôt cinq heures qu'elle marchait. Les fantassins ne se plaignaient pas, mais on les entendait souffler. Nous ne savions que faire ; aucun de nous n'osait prendre sur lui de crier halte !

Enfin le général nous rejoignit, et sa première parole fut pour nous inviter au repos. Tandis que les soldats rompaient les rangs et s'asseyaient au bord de la route, les officiers accouraient chercher des nouvelles.

« Tout va bien, dit le général : depuis que j'ai quitté l'arrière-garde, je n'ai plus entendu qu'une petite fusillade, et il y a bien une demi-heure de ça; mais nous avons eu chaud. Décidément, Brunner, votre ami le Turco est un rude homme; je vous en fais mon compliment. Peu d'apparence, mais un fond d'enfer. Il ira loin, ce garçon-là : il est instruit, il est brave et il est heureux. Les balles le respectent; il fait peur à la mort. Je l'ai vu travailler du sabre et de la baïonnette : oh! c'était de l'ouvrage proprement fait; il a tué deux Arabes de sa main. Ma foi! mon cher, on dira que je flatte la noblesse, comme tant d'autres vieux croûtons; mais tant pis! s'il reste un bout de ruban rouge à Paris, je le demanderai à l'Empereur lui-même pour ce petit camarade-là. En route, mes enfants! nous ne serons pas au camp avant dix heures. »

Le reste du voyage me parut long : vous devinez pourquoi. Aussitôt arrivé, il fallut vaquer au service, et je le donnai cent fois au diable, car il me retint jusqu'à minuit. Enfin je m'appartiens et je cours à la tente de Léopold pour lui conter la grande nouvelle. A quatre pas de chez lui, je m'entends appeler par un homme qui courait aussi, mais en sens inverse. Je m'arrête et je demande ce qu'on me veut.

« Je vous cherche partout, mon capitaine, de la part de M. de Gardelux.

— Et moi aussi je le cherche sur terre et sur mer : où est-il?

— A l'ambulance, et bien malade.

— Comment! lui? c'est impossible!

— Une balle dans le ventre, mon capitaine! C'est moi qui l'ai ramassé; mais dépêchons-nous, s'il vous plaît : je crois qu'il n'y a pas de temps à perdre. »

Nous courons donc à l'ambulance, et mon cœur se serre à la vue de ces tentes surmontées d'un drapeau rouge, qui dans la nuit paraissait noir.

« Il est ici », dit mon guide en désignant la première.

J'entre et je vois à la lueur d'une lanterne mon pauvre Léopold étendu sur un matelas, et si pâle qu'au premier moment je le crus mort. Il venait de s'évanouir à la suite d'un sondage. Le docteur était à genoux et s'essuyait les mains à son tablier sanglant.

« Ah c'est toi? dit Marcou. Mon pauvre Brunner, tu perds un fameux ami, et l'armée un fier soldat.

— C'est donc fini?

— Pas tout à fait, mais il n'y a pas de ressource. La balle est venue de bas en haut; le diaphragme est traversé. L'hémorragie et la suffocation l'enlèveront. Il en a pour deux ou trois heures : attends; il reviendra peut-être à lui. Du reste, une mort douce; il s'éteindra sans souffrir. Moi, je vais voir les autres : ces gueux d'Arabes m'ont taillé de la besogne aujourd'hui. »

J'essayais de le retenir, je le suppliais de chercher, d'inventer quelque chose, de faire un miracle pour le salut de mon ami. Il me regarda d'un air triste, me serra les deux mains et sortit en levant les épaules. Alors je me rabattis sur le brave garçon qui m'avait amené là, et je remarquai seulement qu'il portait le bras droit en écharpe. C'était un caporal de la ligne; le général l'avait ramené en passant, avec vingt hommes de sa compagnie, pour renforcer l'arrière-garde, et il avait pris part à la dernière moitié du combat. Il me conta comment on avait dû faire plus de vingt retours offensifs pour reprendre les camarades qui tombaient; encore en avait-on laissé trois ou quatre aux mains de l'ennemi. Lui-même avait été sauvé par mon pauvre petit Turco; c'était avec son fusil que Léopold avait chargé les Arabes.

« Mon capitaine, disait-il, je vous jure que M. de Gardelux a fait des choses impossibles. Sa tunique est hachée et la baïonnette de mon fusil tordue. Malheureusement le pied lui a manqué dans un ravin, il a roulé en arrière, et un Arabe caché derrière un lentisque l'a tiré presque à bout portant. Tout le monde l'a cru fini; nous sommes revenus tous les deux sur le même cacolet, et il n'a donné signe de vie qu'à l'ambulance. Il a demandé après vous; mon bras était bandé, je me suis lancé à vos trousses. Avouez que je lui devais bien ça! »

Je renvoyai ce pauvre diable à son lit, et je m'assis par terre au chevet de Léopold. Vous ne souhaitez pas que je vous dévide la série de mes méditations, hein? Ce serait un peu long, mes amis, et pas drôle du tout. Vers trois heures, j'étais dans une espèce d'abrutissement fait de douleur et de fatigue, quand j'entendis appeler : « Charles! »

La voix semblait sortir de terre : il s'en fallait bien peu; on se trompe à moins.

Je pris sa main humide et molle, et je lui dis : « Je suis là ». Il ouvrit de grands yeux et me regarda un instant sans me voir.

« C'est moi, lui dis-je, ton ami, Brunner! »

Il fit un nouvel effort et demanda de l'eau. J'écartai péniblement ses dents serrées, et je lui fis couler quelques gouttes dans la bouche. Son regard s'éclaircit, sa figure s'anima; il me reconnut.

« Merci! » dit-il. Il s'arrêta plusieurs minutes comme si ce simple mot l'avait fatigué. J'attendais en retenant mes larmes et je tâchais de prendre un air riant. Les forces lui revinrent; sa main, que je serrais toujours, pressa un peu la mienne; il respira longuement et me dit à demi-voix :

« C'est fini... je m'y attendais... tu sais!... Un peu plus tôt, un peu plus tard!... N'importe! c'est beau, la guerre... je n'ai vécu qu'ici, avec vous.... On aurait bien pu m'y laisser quelque temps, mais... il faut croire que je n'en étais pas digne.... Ah! je n'ai pas été gâté sur la terre. Il n'y a que vous autres... toi surtout. »

Je pris mon courage à deux mains pour lui dire qu'il avait tort de se croire perdu, qu'on revenait de plus loin, que Marcou m'avait rassuré sur son état, qu'avant deux mois il serait encore des bons. Oui, je lui débitai tout ce qui me passa par la tête; mais, s'il faut vous dire vrai, je n'étais pas fameux dans ce rôle-là. Il m'arrêta d'un petit sourire pâle qui fit geler la moelle au fin fond de mes os.

« Pauvre Charles! Laisse-moi dire, ça presse un peu, vois-tu....

Tu sais ma vie... je pardonne tout ce qu'on m'a fait, je demande pardon de toutes mes maladresses. Ma montre est là, sous ma tête. Tu l'arrêteras après m'avoir fermé les yeux, et tu la porteras à ma mère. Elle verra que ma dernière pensée, à ma dernière minute... comprends-tu? Le médaillon, il faut que tu le rendes à ma sœur... toi-même! Mon testament est dans ma chambre, à Biskra. Envoie-le tout de suite quand nous serons dépêtrés d'ici. Pas les lettres! je t'ai dit... toi-même!... Embrasse-les. Ma bague est pour Hélène. Elle ne la portera pas, mais elle peut bien la garder dans ses petits bijoux. Je t'ai légué mes armes et mes livres, mon bon vieux. J'aurais dû... Non, j'espère qu'elles ne brûleront pas mes pauvres vers. Tu les apercevras un jour ou l'autre imprimés à l'étalage de la Librairie Nouvelle.... Tu t'en iras jusqu'au Helder, les deux volumes sous le bras, et tu y passeras peut-être un bon quart d'heure à reparler de moi avec un de ceux qui m'ont connu. Est-ce donc bête de mourir quand on avait peut-être sous le képi des pensées immortelles! J'étouffe! Encore un peu d'eau! »

J'essayai de le faire boire, mais il fut pris d'un hoquet si violent qu'il rejeta la gorgée entière et m'éclaboussa de la tête aux pieds. « N'essaye pas, dit-il, rien n'entre plus.... Ah! j'oubliais... il y a quelques milliers de francs dans ma poche... c'est pour les hommes de ma compagnie. Adieu au général, aux camarades, à mes turcos, au drapeau, à la France, à la vie, à toi, frère!... J'étouffe.... Ah! ça va mieux! »

En effet, ça allait même tout à fait bien, car le pauvre garçon avait fini de souffrir. . . . .

(*Le Turco.*)

III

L'INONDATION

Le 1ᵉʳ mars était venu; déjà même le soleil, un vrai soleil de printemps, se couchait entre deux sommets des Vosges, et Mme Honnoré ne savait pas encore quelle robe elle aurait à son bal. La cuisinière jurait ses grands dieux qu'elle ne serait jamais prête et que les invités souperaient par cœur. Les plus robustes garçons du moulin, unis à trois ouvriers tapissiers de Strasbourg, déblayaient à grand bruit les appartements du rez-de-chaussée, tout en disant qu'on leur demandait l'impossible, et qu'ils n'auraient pas fini avant deux jours.

Cependant tout fut prêt à neuf heures précises, les bougies allumées, le buffet bien garni de liquides et de solides, et Mme Honnoré trônait déjà, majestueuse comme une reine avec sa robe de velours grenat, ses épaules encore belles et ses honnêtes vieux diamants de famille, montés à la mode d'autrefois. Le capitaine avait bon air aussi, je vous assure, avec son habit neuf, sa brochette de croix et le ruban bleu de Charles III autour du cou.

Les invités vinrent tous; il y eut une foule immense. Tous les notables de la ville et des environs, tous les principaux actionnaires de la Société agricole, vingt officiers de la garnison de Strasbourg en uniforme, une multitude de fonctionnaires en habit de ville, et beaucoup, mais beaucoup de jolies femmes mises avec un goût parfait, s'entassèrent sans se fouler, dans trois grandes salles bien décorées. Seuls le préfet et l'ingénieur des travaux du Rhin s'excusèrent au dernier moment : ils étaient retenus à leur poste par un devoir urgent, disaient-ils, et de sécurité publique.

Grâce au bon sens des provinciaux, qui n'aiment pas à perdre une heure de plaisir, tout le monde se trouva réuni avant le premier coup d'archet, et une grosse pluie d'orage, qui vint tomber entre dix et onze, ne mouilla que les toits. Les chevaux étaient à l'écurie; on avait remisé les voitures sous de vastes abris, les valets et les cochers banquetaient de compagnie à la cuisine; bref, chacun s'arrangeait prudemment pour vivre en joie jusqu'au petit jour.

Il y avait bien des années que Frauenbourg n'avait vu une fête si complète. J'avoue que le Krottenweyer, dans sa splendeur, faisait de plus grands frais; mais la bonhomie et la cordialité ne s'achètent pas chez le même marchand que les truffes et les bougies. A part Mmes de Guernay qui étouffaient un soupir de temps à autre, et les époux Honnoré qui maudissaient intérieurement leur gendre [1], tout le monde se livra sans arrière-pensée à la plus franche gaieté.

On danse un peu partout, mais on ne s'amuse au bal que chez les bonnes gens de province. Les occasions de plaisir sont si rares dans une petite ville, que chacun veut s'en donner tout son soûl. Les femmes n'ont point à ménager leurs forces pour les autres bals de la semaine. Les jeunes filles ne jouent pas la comédie; à quoi bon? Elles sont en pays de connaissance. Personne ne s'est endetté chez la modiste et la couturière; avec une robe de mousseline, un ruban et une fleur, on s'habille et l'on se coiffe dans la perfection. Les jeunes gens ne font pas les hommes sérieux; ils ne vont pas dans les coins discuter sur

---

1. M. de Guernay qui était absent.

la Bourse ou la politique : ils dansent à toutes jambes et ils ont joliment raison! Croyez que les jeunes officiers qu'on avait invités à Strasbourg ne perdirent pas leur temps à parler de l'Annuaire. Mais aussi quels valseurs! Et quels cœurs! Comme ils s'enflammèrent en un rien de temps pour quinze petites demoiselles qu'ils ne devaient revoir de leur vie! Comme les quinze jeunes personnes furent heureuses et fières d'un tel succès! Comme elles riaient de bon cœur à l'aspect de leurs rubans froissés, de leur bouquet écrasé, de leurs volants en lambeaux, qu'elles amputaient héroïquement elles-mêmes! Que le plaisir est bon! que la jeunesse est heureuse! que les ambitions, les jalousies, les calculs et toutes les noirceurs de la vie sont sottes en comparaison de tout cela!

Notre ami Charles Kiss ne trouva rien à concilier, mais ce qui s'appelle rien! pas un nuage, un soupçon, une apparence de querelle! Cependant on aurait pu craindre une rivalité entre les jeunes gens de la ville et les beaux danseurs de l'armée. Mais le plaisir est un ciment plus fort que tout. La jeunesse du cru se mit en quatre pour lier connaissance avec les officiers, qui, d'ailleurs, ne demandaient pas mieux. Et lorsqu'on eut vidé fraternellement quelques bouteilles de champagne dans les intermèdes de la danse, il y eut quarante petits Frauenbourgeois, sinon plus, qui brûlaient d'aller cueillir tous les lauriers de l'Europe avec leurs vieux camarades d'un soir!

Vers minuit, une détonation formidable ébranla le moulin sur sa base. L'orchestre étonné se tut; le quadrille s'arrêta. Tous les regards se portèrent sur le maître de maison : plusieurs personnes furent persuadées que, pour annoncer plus magnifiquement le souper, il avait fait tirer le canon dans sa cour. Le capitaine, qui avait servi dans l'artillerie, reconnut que ce bruit étrange n'était pas celui du canon; mais il cherchait en vain à se l'expliquer par une cause rassurante. Les secousses, moins bruyantes, mais de plus en plus fortes, se succédaient rapidement. Il pâlit, courut à la porte du perron et étendit la main pour l'ouvrir : la porte s'ouvrit d'elle-même, et l'eau entra. C'était elle qui avait frappé.

En moins d'une minute, les deux salons et la salle à manger ne furent qu'un seul fleuve; la foule des danseurs, plongée jusqu'à mi-jambes dans une eau bourbeuse et glacée, n'eut que le temps de courir à l'escalier du premier étage. Les musiciens jetèrent leurs instruments pour se mêler à la cohue, et quatre cents personnes de tout sexe et de toute condition se trouvèrent transportées par un sinistre miracle dans un couloir sans lumière et sans feu, le long de sept ou huit chambres en désordre où l'on avait accumulé tous les meubles de la maison.

Quelques femmes s'étaient évanouies; quelques vieillards avaient glissé dans leur fuite. Les officiers de Strasbourg et les jeunes gens de la ville montrèrent à cette occasion qu'ils n'avaient pas seulement des jambes. Ils se servirent de leurs bras. Charles Kiss emporta la vieille Mme de Guernay, à demi morte.

On se compta dans une horrible confusion. Les familles étaient dispersées; les cris d'appel se croisaient avec les cris d'épouvante et de douleur; et la nuit, une nuit noire, épaisse, lugubre, centuplait l'horreur du tableau.

Cependant la Reiss et la Frau [1], conviées à cette fête par la prévoyance de M. Jeffs, dansaient et tourbillonnaient au rez-de-chaussée, sous les feux des lustres et des candélabres. Et l'on entendait retentir, contre les murs de la vieille maison, les coups sourds et patients d'un marteau invisible, dont le manche était à Stephansfeld [2], dans la main d'un fou.

Pour la première fois depuis la fondation de la ville, la Reiss et la Frau débordaient en même temps. Refoulées par une crue subite des eaux du Rhin, les deux rivières s'étaient d'abord étendues comme un grand lac sur les tourbières de Lichtendorf;

---

1. Deux rivières (cause du désastre) détournées de leur cours par M. Jeffs, voisin et ennemi mortel de la famille Honnoré.
2. Château de la famille Jeffs dont le chef était atteint d'aliénation mentale.

puis le lac, poussé en avant par la fonte des neiges, descendit sur Frauenbourg. Il prit en passant les madriers et les planches que M. Jeffs dans sa sagesse n'avait voulu vendre à aucun prix ; il ramassa la scierie elle-même avec le ségare, ses ouvriers et son petit tonneau de kirsch. Il jeta cette masse contre le pont de la Reiss, et l'énorme tablier de sapin, arraché de ses pilotis, suivit le courant. Les deux ponts de la Frau, poussés par une force irrésistible, partirent en avant, et cette catapulte de débris vint battre en brèche le moulin.

Voilà ce que M. Honnoré devina, plutôt qu'il ne le comprit, dans la première confusion de ce désastre. Il avait l'air d'un homme brisé. Sa fille se laissait aller dans un coin, comme un corps inerte. Sa femme courait partout en répétant des mots sans suite : on crut un instant, mais à tort, qu'elle allait perdre la raison. L'amour maternel la sauva. Elle attendit à peine que Charles Kiss eût allumé quelques bougies pour envahir les deux chambres de ses petits-enfants. Ce fut elle qui les éveilla sans les effrayer, et les vêtit l'un après l'autre ; personne ne pouvait dire où les domestiques s'étaient enfuis. Cette pauvre femme décolletée, jouant le rôle d'une bonne avec ses diamants sur la tête, aurait attendri des ours ou des Jeffs.

L'aspect de la foule entassée au premier étage n'était ni moins bizarre ni moins touchant. Figurez-vous deux cents femmes (les hommes ne comptent pas), mais deux cents femmes de tout âge, en toilette de bal, mouillées jusqu'aux genoux, et persuadées que leur dernière heure avait sonné.

On pleurait, on criait, on s'embrassait et surtout l'on toussait à faire peine. Un commandant du 26° de ligne, homme de grand cœur, et jeune, et amoureux de sa femme, ce qui n'a jamais rien gâté, se lança comme un fou à la recherche d'un manteau d'hermine. Il parcourut le rez-de-chaussée à la nage, au risque d'y rester, car l'eau frisait déjà le chambranle des portes. Son imprudence ne servit à rien : les sorties de bal, les manteaux, les pelisses de fourrure, les paletots et les chapeaux des hommes s'agitaient en tas, ou plutôt en pâte, dans un coin. Pas un fil n'était resté sec dans tout le vestiaire.

Faute de mieux, le public partageait, disputait, déchirait les couvertures des chambres à coucher. Tous les vêtements qu'on trouva dans les armoires furent mis au pillage. Les plus belles robes de Mme Honnoré et de Mmes de Guernay servirent à envelopper les pieds des danseuses ; tous les souliers de satin blanc étaient mouillés comme des éponges, et l'on se réchauffe comme on peut ! Partout où l'on trouva soit un poêle, soit une cheminée, on fit du feu, coûte que coûte. Plus d'un meuble y passa, et même un joli secrétaire florentin dans le bureau de M. de Guernay. C'était la campagne de Moscou, sur une petite échelle. De quart d'heure en quart d'heure, quelqu'un ouvrait une fenêtre pour chercher une lueur de secours à l'horizon ; mais on n'apercevait que la pluie tombante et la Frau, large de deux cents mètres en réalité, plus infinie que tous les océans en apparence.

Les madriers de M. Jeffs et les ponts arrachés de leurs piles battaient les murs sans relâche ; on entendait de temps à autre le bruit lugubre d'un écroulement nouveau. Le flot montait toujours ; on pouvait déjà prévoir l'instant où il n'y aurait plus de sécurité que sur les toits, et encore !

Il fallut donc pourvoir au sauvetage de quatre cents personnes. On avait peu d'espoir d'être secouru. Les domestiques et les cochers, surpris comme leurs maîtres, avaient dû se disperser dans la campagne : en supposant que l'un d'eux voulût porter la nouvelle à Frauenbourg, comment croire qu'il pourrait traverser cette épouvantable rivière ? Et du reste, à quoi bon ? Il n'y avait pas un bateau dans toute la ville. Comme la Frau n'était guère navigable au-dessus du moulin, M. de Guernay seul possédait quelques embarcations de pêche, fort délaissées depuis son départ et en mauvais état probablement.

Charles Kiss se rappela qu'il y en avait au moins deux bonnes. Il les avait vues de ses yeux, sous un hangar, au bout du jardin, la dernière fois qu'il était venu pêcher dans la Frau en compagnie de sa mère. Mais comment les atteindre? A la nage? L'eau n'était pas seulement froide et rapide; elle charriait des glaçons et des pièces de bois : remonter jusqu'au bout du jardin, c'était courir mille dangers. Il s'y résolut pourtant, et Mme Kiss ne fit rien pour le retenir. « Va, lui dit-elle en le bénissant, et que Dieu te protège! » Il embrassa la digne femme, fit un signe de croix, sans fausse honte (il n'était pas de la religion de M. Honnoré), et il ôta son habit noir et son gilet de piqué blanc. Deux officiers, puis quatre, puis douze, offrirent de tenter l'aventure avec lui. Il n'accepta qu'un seul compagnon, disant qu'on serait assez de deux pour ramener les bateaux s'ils étaient encore à leur place.

On les attendit une demi-heure, dans une anxiété farouche. Les fenêtres étaient encombrées de spectateurs avides, haletants, l'oreille tendue, l'œil aiguisé; mais on n'entendait d'autre bruit que les grondements de la tempête; on ne voyait que des ombres informes, courant sur cette eau noire qui montait toujours. Plusieurs fois on cria qu'ils arrivaient; on distingua leur bateau; on les appela par leurs noms : fausse joie! Ce n'était qu'une meule de fourrage à demi écroulée, ou une charrette, suivie d'un cheval mort.

Chacun pensait à soi; la fièvre du danger est égoïste. A peine remarqua-t-on un drame obscur qui s'agitait sur un large divan, dans le cabinet du baron. La vieille Mme de Guernay, déjà fort ébranlée par une série d'émotions pénibles, avait mal soutenu le dernier coup. Le docteur Gross avoua, les larmes aux yeux, qu'il ne pouvait rien contre la congestion cérébrale qui avait paralysé son corps à moitié. Et si la foule réunie au premier étage du moulin avait eu des yeux pour le malheur d'autrui, Dieu sait ce qu'elle aurait éprouvé devant cette figure horriblement convulsée sur la gauche, tandis que le côté droit présentait déjà la sérénité impassible de la mort. Les fils aînés du baron pleuraient avec leur mère et leurs grands parents autour de ce demi-cadavre; les autres, et surtout les deux petites filles, pensaient que cela ne serait rien et couraient dans les jambes des invités : tout est récréation aux bambins de cet âge.

Enfin, vers deux heures et demie une clameur générale annonça l'arrivée des sauveurs. C'était bien Charles Kiss et son brave compagnon, le sous-lieutenant Cauvin, qui attachaient leur barque à l'appui d'une fenêtre! La Frau, toujours croissante, s'était élevée jusque-là. On entoura les deux intrépides; pendant cinq minutes et plus, ils furent en proie aux embrassements de la foule. Ils racontèrent, au milieu du bruit, qu'après une demi-heure d'efforts ils avaient atteint le hangar submergé jusqu'à un mètre de la toiture. Les bateaux, dont aucun n'était amarré, avaient suivi le courant. Un seul était resté, pris par hasard entre deux poutres. Ce n'était ni le meilleur, ni le plus neuf, mais il était large et plat, construit pour la pêche à l'épervier, et par conséquent d'une assiette solide. Les avirons manquaient, et les deux jeunes gens avaient manœuvré jusqu'au moulin avec un méchant bout de planche.

On s'empressa de fabriquer des rames et un gouvernail avec les premiers morceaux de bois qu'on trouva sous la main. Un piston de l'orchestre était quelque peu charpentier, mais personne ne put lui procurer une hache; il fallut employer les couteaux de chasse de M. de Guernay. Trois planches du parquet, taillées tant bien que mal, furent installées en guise de bancs au milieu de la barque. Comme elle faisait eau, on improvisa des écopes avec une sébile russe, un casque d'uniforme et un coffret d'ivoire sculpté.

Quand tout fut disposé pour le premier départ, deux cents personnes se présentèrent, et dans un tel désordre, avec une telle violence de peur, que M. Honnoré fut obligé d'intervenir. Il s'arracha au triste devoir qui le retenait auprès de la malade, prit possession de la fenêtre où l'on allait s'embarquer, et cria d'une voix énergique :

« Rappelez-vous que vous êtes chez moi! Je sortirai d'ici le dernier, avec ma famille; mais jusque-là, et dans l'intérêt de tous, j'entends être obéi comme un commandant à son bord! »

Quelques jeunes gens de la ville et tous les officiers de Strasbourg se groupèrent autour de lui pour lui prêter main-forte. Il décida, comme en conseil de guerre, qu'on embarquerait dix personnes à la fois, non compris les deux rameurs et le timonier : les femmes d'abord, les pères de famille ensuite, les jeunes gens après, et la famille de Guernay au dernier convoi. Par exception, un jeune homme de Frauenbourg serait admis au premier départ, pour courir à la ville, sonner le tocsin, réunir les pompiers et les artisans les plus résolus, et faire construire un radeau, s'il se pouvait.

On obéit. Les hommes obéissent toujours dans les moments de crise à celui qui ose vouloir.

Quelques minutes après le départ, un cri de délivrance annonça que la barque était à bon port. Mais le retour se fit longtemps attendre. C'est qu'il fallait remonter un courant féroce, qui emportait tout à la dérive. Le deuxième convoi ne partit qu'une demi-heure après le premier. A ce compte, il fallait vingt heures pour évacuer la maison, et l'eau n'était plus qu'à trente centimètres des fenêtres. Elle s'infiltrait même à travers la maçonnerie des murs.

Heureusement on entendit le tocsin : le message était arrivé à son adresse. La ville, qu'on apercevait au loin, à travers la pluie, s'éclaira de quelques lanternes ; le clairon des pompiers retentit, les lumières, les cris se rapprochèrent, on distingua le bruit de quelques chariots pesamment chargés qui apportaient des planches pour un radeau.

A ces symptômes de délivrance prochaine, l'égoïsme mollit un peu. Quelques femmes charitables enlevèrent en fraude les enfants de M. de Guernay ; on savait bien que le bateau ne coulerait pas pour une aussi légère surcharge. M. Honnoré s'aperçut peut-être de ces pieux larcins ; mais si je vous disais qu'il ferma les yeux, lui jetteriez-vous la pierre ?

Vers cinq heures, la pluie s'arrêta. On voyait distinctement sur la rive opposée, à la lueur de quelques torches, les pompiers de Frauenbourg clouant à tour de bras un vaste et solide radeau. Cet instrument de sauvetage, construit en amont du moulin, profita du courant et vint aborder sous les fenêtres. Cent vingt personnes y trouvèrent place, et au deuxième voyage il en prit cent quarante. Le bateau n'avait pas arrêté son service; il soutenait la concurrence. Enfin, au premier jour, vers sept heures du matin, lorsqu'il y avait déjà un pied d'eau dans toutes les chambres du premier étage, M. Honnoré, sa femme, sa belle-fille, le docteur Gross et trois de leurs amis s'embarquèrent avec la malade. On pensa même à prendre les fonds de la Société agricole : pauvre Société!

Les cultivateurs de la ville avaient envoyé leurs charrettes au service des inondés : c'était ce qu'on possédait de mieux, car il y avait gros à parier que toutes les voitures de maîtres naviguaient depuis longtemps vers le Rhin. M. Honnoré trouva un groupe d'enfants blottis dans la paille, sur une voiture à trente-six portières; c'était sa jeune famille. Chers petits êtres! Ils tendirent les bras vers leurs parents avec une joie touchante. A leur vue, M. Honnoré oublia le désastre qui venait d'engloutir non seulement sa fortune, mais la grande et glorieuse espérance de toute sa vie.

« Mes amis, dit-il, la résultante des forces de la nature a épargné ce que nous possédions de plus cher. Nous n'avons rien perdu, puisque ceux-là nous restent! »

Un cri de mère, un cri de lionne blessée coupa sa bénédiction par le milieu.

« Et Louise! Louise, es-tu là? Louise! Louise! »

C'était la jeune Mme de Guernay, la femme douce, apathique et molle, qui s'éveillait à la douleur et à la vie, car c'est tout un. Louise n'était pas là. Ses frères et sa sœur ne l'avaient pas vue; ils la croyaient restée avec les parents. Peut-être une bonne âme l'avait-elle emmenée à Frauenbourg; comment supposer que cette enfant se fût seule égarée dans un désastre où personne n'avait péri?

Mais déjà Charles Kiss, sur un signe de sa mère, était remonté en bateau. Louise était sa préférée dans la maison, sa petite amie par excellence. Il aurait déniché des hirondelles sur la flèche de Strasbourg si Louise le lui avait commandé.

IL S'ÉLANCE VERS ELLE.

Il rame, et tous les cœurs le suivent. Il aborde au cabinet du baron, il prend à peine le temps d'amarrer sa barque, il saute dans l'eau froide qui lui monte au-dessus des genoux.

« Louise! Louise! »

Une petite voix lui répond :

« C'est toi, mon Charles? »

Louise était couchée au fond d'un grand fauteuil, et de ses deux menottes elle se frottait les yeux.

« Malheureuse enfant! tu dormais!

— Tiens! pourquoi donc pas? Grand-père a dit que nous nous en irions les derniers; j'ai fait ma nuit, moi! »

Il la saisit dans ses bras et court à la fenêtre. On les a vus, car il fait petit jour; on crie; on applaudit; on s'embrasse; on pleure de joie.

Le bateau, mal attaché, est parti à la dérive; mais qu'importe? Charles Kiss est le premier nageur de l'Alsace; il rendrait des points aux brochets du Rhin.

« Écoute, ma Louise! Nous allons nager ensemble jusque là-bas, où ton grand-papa nous attend. Passe tes petits bras autour de mon cou; ne crains pas de m'étouffer; serre de toutes tes forces, et ne lâche point, quoi qu'il arrive!

— N'aie pas peur, mon Charles. Je te tiendrai si bien que tu ne pourras pas te noyer! »

Il s'élance avec elle, il nage en maître. Le courant est terrible au milieu de la rivière; il franchit le courant. Un tourbillon se voit là-bas; il l'évite. Le plus fort est fait. La famille se rassemble sur la rive, à l'endroit où il veut aborder. La terre est à vingt pas, il a pied; il ne nage plus, il marche. Mais un madrier de la scierie de M. Jeffs accourt avec la rapidité de l'éclair, le frappe au milieu du dos, entre les deux épaules, et lui brise la colonne vertébrale : il tombe et roule dans le courant avec son cher fardeau.

Ils revinrent deux ou trois fois à la surface; tous les nageurs qui restaient sur le bord exposèrent leur vie pour les sauver;

on ne trouva pas même leurs cadavres. Les écrevisses de la Frau pourraient seules nous dire sous quelle racine de saule elles ont dévoré les yeux innocents de la petite Louise et le cœur héroïque de Charles Kiss. Mais on recueillit au bord de l'eau le madrier de chêne, un fort madrier de quatre pouces, marqué aux initiales P. J., comme tous les bois qui se débitaient à la scierie de Pierre Jeffs.

Le même jour, 2 mars 1845, le père de Louise[1], l'ami de Charles Kiss, le fils de la paralytique, gagnait une jolie bataille à la *Conversation* de Hombourg. Il fit sauter la banque!...

(*Madelon*, chapitre xix.)

1. M. de Guernay.

IV

LE GRAIN DE PLOMB

De mon temps (je veux dire au bon temps de notre chère Alsace), M. Franck, de Saverne, était cité dans les deux départements comme un chasseur accompli. On ne lui connaissait pas de rival sur la rive gauche du Rhin, depuis Huningue jusqu'à Lauterbourg. Ce notaire de cinquante ans faisait l'étonnement des forestiers les plus jeunes et les plus fringants. Marcheur infatigable, tireur presque infaillible, il possédait surtout à un rare degré la promptitude de l'esprit, la droiture du coup d'œil, le flegme en pleine action et la prudence, qui est une vertu sans prix à la chasse. Je ne lui ferai pas l'injure d'ajouter qu'il ne chassait point, comme tant d'autres gros bonnets de l'arrondissement, pour vendre son gibier à l'aubergiste du *Soleil d'Or*. Il était non seulement le plus loyal et le plus désintéressé, mais le plus courtois des compagnons : soit chez lui, soit chez les autres, il faisait les honneurs du chevreuil ou du lièvre au voisin plus pressé qui voulait tirer avant lui, se réservant d'abattre la pièce quand elle aurait été manquée. Mais, entre tant de qualités, la plus extraordinaire à mes yeux était cette prudence toujours en éveil qui semblait le constituer gardien de toutes les existences d'alentour. Je le vois encore avec nous, sur le chemin grimpant du Haberacker, le jour de la battue où il me fit tuer le sanglier. Ce grand gaillard, tout uni de la tête aux pieds, vêtu de gros drap gris, avec ses bottes de cuir de Russie, son chapeau de feutre marron et sa cravate longue fixée par une épingle d'argent ciselé, courait en marge de la compagnie comme un chien de berger qui aurait trente hommes sous sa garde. Il avait l'œil à tout, et, sans trancher du pédagogue, sans se faire voir, sans froisser aucun amour-propre, il redressait un canon de fusil, en abaissait un autre, avertissait d'un mot familier le vieux garde Hieronymus, qui portait sa carabine en ligne horizontale. Pas d'accidents possibles avec lui : lorsque nous formions une enceinte, il nous postait lui-même à des distances exactement calculées, chacun derrière un arbre, et je n'oublierai de ma vie le petit geste très poli, mais sans réplique, qui voulait dire : « Restez là et n'en bougez sur votre vie, quoi qu'il arrive, tant que le son de mon cornet ne vous aura pas rappelé. » La chasse terminée, il ne commandait rien à personne, mais il disait de sa belle voix profonde :

« Je crois, messieurs, que nous pouvons décharger nos armes. »

Il prêchait d'exemple, et chacun retirait ses cartouches, comme lui. Cette manœuvre lui était si naturelle qu'à la rencontre du moindre obstacle il l'exécutait tout en marchant et comme par instinct. Un jour d'ouverture, dans la plaine de Bischwiller, je l'ai vu sauter vingt fossés en moins d'une heure, sans oublier une seule fois d'empocher ses cartouches, ce qui ne l'empêcha nullement de tuer six perdreaux et deux lièvres dans les houblons, les trèfles et les tabacs qui poussaient entre les fossés.

J'admirais fort cette présence d'esprit au milieu du plus entraînant de tous les exercices, et cette constante préoccupation de la vie d'autrui. Tous mes efforts tendaient à copier un si parfait modèle, mais il ne suffit pas de bien vouloir pour bien faire; aussi m'oubliais-je souvent. Un jour que nous étions assis sur l'herbe, en tête-à-tête, devant un déjeuner rustique que le grand air et la saine fatigue assaisonnaient royalement :

« Maître Franck, lui dis-je, je sais que je n'égalerai jamais votre adresse; mais je voudrais au moins devenir aussi prudent que vous. Ce n'est pas chose facile, puisqu'à mon âge et après une certaine expérience de la chasse j'ai des distractions dangereuses pour le voisin et pour moi-même. Combien vous a-t-il fallu d'années pour acquérir une vertu que j'envie? »

Il tressaillit et ses yeux se voilèrent, mais, dominant aussitôt cette émotion, il répondit :

« Cher ami, mon éducation s'est faite en un mois, mais jamais homme ne fut mis à si rude école. Vous préserve le ciel d'acheter la prudence au même prix! »

Tout en parlant, il assujettissait entre les plis de sa cravate cette épingle d'argent qu'il portait toujours à la chasse.

Je craignis d'avoir été indiscret, et j'allais m'excuser, lorsqu'il reprit d'un ton résolu :

« Au fait, il ne faut pas que ce souvenir meure avec moi. Peut-être la leçon que j'ai reçue et que je ne puis transmettre à mes enfants, n'en ayant point, servira-t-elle aux enfants des autres. Tout le monde ignore à Saverne que ce fameux chasseur, connu par sa monomanie de précaution ridicule, a failli être parricide à quinze ans. Oui, mon premier coup de fusil pensa coûter la vie à mon père.

« Je venais d'achever ma troisième au collège de Strasbourg, et le bon papa Franck, Dieu ait son âme! m'avait promis un fusil à un coup si j'enlevais le prix d'histoire. J'eus donc le prix et le fusil. Vous jugez de ma joie. Le démon de la chasse me tracassait depuis longtemps, comme tous les petits Alsaciens de mon âge; j'avais déjà passé bien des heures de vacances à porter le carnier dans la plaine, à suivre les rabatteurs sous bois, ou à faire tourner le miroir aux alouettes. La possession d'un fusil me grandissait à mes propres yeux et aux yeux de mes camarades : j'étais un homme!

« Malheureusement à mon gré, la loi ne me permettait pas d'obtenir un permis de chasse. Je ne pouvais chasser qu'en lieu clos, par exemple dans notre jardin des bords de la Zorn; mais on n'y avait jamais vu d'autre gibier que des pinsons et des fauvettes; or mes parents considéraient la destruction de ces innocents comme un crime. D'ailleurs, il fallait protéger contre ma maladresse un jeune frère et deux sœurs que j'avais. Le fusil neuf risquait donc de demeurer au clou, si mon père n'avait eu pitié de mes peines. — « Tôt ou tard, me dit-il, il faudra que tu apprennes à manier une arme, et je ne vois pas grand mal à commencer dès aujourd'hui. Je t'emmène à Haegen, où j'ai un acte à faire signer, et, au retour, nous irons tirer un lapin dans la garenne du Haut-Barr : M. de Saint-Fare m'a confié la clef. Prends les deux bassets au chenil. »

« Je ne me le fis pas dire deux fois. Ah! le joyeux départ! Et que la route me parut longue! De quel cœur je donnai au diable ce paysan de Haegen qui se fit traduire mot par mot l'acte notarié, avant d'y mettre sa signature! Il me semblait toujours que la nuit allait nous surprendre et que la chasse serait remise au lendemain. Les bassets, qui hurlaient au fond de la voiture, étaient moins impatients que moi.

« L'affaire se termina pourtant, et vers cinq heures nous arrivions à la porte de la garenne. J'attachais le cheval à un arbre, mon père chargeait nos fusils, lentement, avec le soin qu'il mettait aux moindres choses, et les chiens étaient découplés.

« Mon père me posta au coin d'une jeune taille avec toutes les recommandations en usage : surveiller les deux chemins, jeter le coup de fusil sur le lapin aussitôt vu, ne pas tirer si les chiens suivaient de près, et surtout rester ferme en place, quoi qu'il pût arriver, tant qu'il ne me rappellerait point. Là-dessus il partit, fort tranquille et comptant sur mon obéissance, pour se placer lui-même à l'angle opposé, hors de ma portée. J'étais là depuis trois minutes quand les chiens chassèrent à vue, et presque au même instant un lapin qui me parut énorme débucha sur ma gauche, à dix pas, franchissant le sentier d'un bond. Il était déjà loin, les chiens l'avaient suivi, et moi, je n'avais pas encore pensé à mettre en joue. J'eus conscience de ma sottise et je me promis de dire que je n'avais rien vu : tant le mensonge est une inspiration naturelle au chasseur le plus neuf! Mais la voix des bassets me réveilla en sursaut, et cette musique poignante, qui fait battre les cœurs les plus blasés, me jeta dans une sorte d'ivresse. Le lapin revint sur ses pas, loin de moi, et il se mit à suivre le chemin en courant tout droit devant lui. Je m'élançai à sa poursuite, il m'entendit et rentra dans la première enceinte; je l'y suivis à travers les ronces, les genêts, les bruyères, sans le perdre de vue et ne voyant que lui. Il s'arrête, j'épaule, je tire, et il fait la culbute. Avant le coup, il était gris; après le coup, il était blanc, le ventre en l'air. Mais au même instant j'aperçois mon père, appuyé contre un arbre à six pas derrière l'animal. J'avais tué ce maudit lapin dans les jambes de mon père !

« A dire vrai, la joie me fit d'abord oublier la faute. Je sautai sur ma victime comme un jeune sauvage, et, l'élevant au-dessus de ma tête, je m'écriai :

« — Papa! voici mon premier coup de fusil.

« — Ce n'est pas tout de bien viser, répondit-il avec un sourire triste; il faut encore obéir. Si tu étais resté à ton poste, tu n'aurais pas risqué de m'envoyer du plomb.

« — Vous n'en avez pas reçu, j'espère?

« — Non, non; mais sois prudent une autre fois. »

« Son visage me parut plus pâle que d'habitude; je me baissai et je vis de petites déchirures à son pantalon.

« — Dieu me pardonne, papa! vous aurais-je touché? Voici comme des trous....

« — Ils y étaient. Regarde-toi : les ronces t'en ont fait bien d'autres. »

« C'était la vérité, pour moi du moins, et mes inquiétudes se dissipèrent en un clin d'œil. Nos bassets, Waldmann et Waldine, après avoir houspillé le cadavre de mon lapin, étaient partis sur une autre piste, et j'attendais impatiemment que mon père voulût bien recharger mon fusil.

« — Allons-nous-en, me dit-il; c'est assez pour un premier jour. Nous recommencerons la partie un de ces quatre matins, s'il plaît à Dieu. »

« Il rappela les chiens, regagna notre voiture sans boiter visiblement, et me ramena au logis. Je remarquai qu'il ne descendait pas sans effort et qu'il traînait un peu la jambe. — « Vous souffrez? » lui dis-je. Il m'invita brusquement à rentrer les fusils, et je le vis monter d'un pas lourd à sa chambre.

« Mon frère et mes deux sœurs accoururent du fond du jardin ; ce fut à qui me féliciterait de ma chasse. Mais j'étais trop soucieux pour triompher cordialement, et, tout en jouant avec eux dans le vestibule, j'ouvrais l'œil et je tendais l'oreille. Je vis sortir notre vieille servante Grédel, et au bout de quelques minutes le docteur Maugin, notre ami, entra tout affairé et grimpa au premier étage sans remarquer que nous étions là. Il demeura jusqu'au moment de notre souper, et je suppose qu'il repartit pendant que nous étions à table. Notre mère s'assit avec nous, calme et douce comme toujours, mais soucieuse.

« — Papa n'a pas faim, nous dit-elle ; il est un peu fatigué et il souffre d'un rhumatisme, mais ce n'est rien ; dans trois ou quatre jours il n'y paraîtra plus. Vous viendrez l'embrasser tout à l'heure.

« J'avais le cœur bien gros ; je ne mangeais que du bout des dents, et je regardais cette pauvre mère à la dérobée, craignant de lire ma condamnation dans ses yeux. Aucun blâme ne parut sur son visage ; mais elle non plus n'avait pas faim, et elle semblait attendre avec impatience que le petit Antoine (c'est mon frère le président) eût achevé ses prunes et ses noix. Aussitôt les serviettes pliées, elle nous précéda pour voir si tout était en ordre dans la chambre, et nous cria du haut de l'escalier :

« — Montez dire bonsoir à papa. »

« J'arrivai le premier de tous, grâce à mes longues jambes. Il était étendu sur le dos, avec trois oreillers sous la tête, mais il n'avait pas l'air de trop souffrir. Je l'embrassai en retenant mes larmes et je lui dis à l'oreille : « Cher père, jurez-moi que je ne suis pas un malheureux !

« — Albert, répondit-il, tu es un bon garçon, et je t'aime de tout mon cœur : voilà ce que j'ai à te dire. »

PAPA! VOICI MON PREMIER COUP DE FUSIL

« Les petits, accourus sur mes pas, se mettaient en devoir d'escalader son lit, comme ils l'avaient fait tant de fois le matin, dans leurs longues chemises.

« — Prenez garde ! leur cria-t-il, j'ai un peu de rhumatisme aujourd'hui. »

« Moi seul je ne pouvais pas croire à cet accès subit et violent d'un mal qu'il n'avait jamais eu. Je promenais les yeux autour de moi, cherchant quelques indices de la terrible vérité. A la lueur de la bougie qui éclairait bien mal la vaste chambre, je reconnus le pantalon qu'il portait à la chasse. On l'avait accroché à l'espagnolette d'une fenêtre, et il me sembla que l'étoffe était fendue dans toute sa longueur. Mais ce ne fut qu'un soupçon, car aussitôt ma mère, qui sans doute avait suivi mon regard, alla tranquillement fermer les grands rideaux.

« Je vous laisse à penser si cette nuit me parut longue. Impossible de fermer les yeux sans voir la pauvre jambe de mon père criblée de plomb et tellement enflée que le docteur coupait le vêtement de coutil pour la mettre à nu. Mais je n'étais pas au bout de mes peines : les jours suivants furent de plus en plus mauvais. Notre cher malade ne pouvait plus dissimuler ses souffrances ; ma mère cachait mal son inquiétude ; les enfants eux-mêmes pleuraient à tout propos, par instinct, sans savoir pourquoi. Le digne et bon ami de la famille, M. Maugin, venait pour ainsi dire à toute heure du jour. Je ne pouvais plus faire un pas dans la rue sans répondre à mille questions qui me mettaient au supplice. Aussi, le plus souvent, restais-je enfermé, sous prétexte d'achever mes devoirs de vacances. On m'avait installé une petite table dans un coin du cabinet de mon père, entre l'étude et le salon. J'y demeurais beaucoup, mais j'y travaillais peu. Le plus clair de mon temps se passait à feuilleter machinalement Dalloz ou le *Bulletin des lois*, quand les larmes ne m'aveuglaient pas tout à fait.

« Cela durait depuis quinze grands jours, lorsqu'un matin, entre onze heures et midi, je vis par la fenêtre notre excellent docteur suivi de trois messieurs d'un certain âge, décorés. Ils montèrent tout droit à la chambre de mon père, et, après une visite d'un quart d'heure, ils descendirent au salon pour se consulter ensemble. Je ne me fis aucun scrupule d'écouter à la porte, car il y allait non seulement du repos de ma conscience, mais encore de nos intérêts les plus chers. Le peu que je saisis, à bâtons rompus, me fit dresser les cheveux sur la tête. Il y avait un plomb de mon fusil dans l'articulation du genou ; on parla de phlegmon, de phlébite, et ces mots que j'entendais pour la première fois se gravèrent dans ma mémoire comme sur une planche d'acier.

« Les savants praticiens s'accordaient sur la gravité du cas et sur l'urgence d'une opération, mais aucun n'en voulait courir le risque. La responsabilité était trop grande et le succès trop incertain. On craignait que le malade, épuisé par quinze jours de souffrances, ne succombât entre les mains de l'opérateur. Une grosse voix répéta à quatre ou cinq reprises : « J'aimerais mieux extraire dix balles de munition ! » M. Maugin seul insistait, disait qu'il pouvait garantir la vigueur physique et morale de son malade. Il s'anima si bien qu'il finit par leur dire :

« J'irai chercher M. Sédillot, qui sera plus hardi que vous ». Là-dessus, je n'entendis plus qu'un tumulte de voix confuses, de portes ouvertes et fermées, et la maison rentra dans sa lugubre tranquillité.

« Notre docteur ne revint pas de la journée, et j'en conclus qu'il allait chercher le grand chirurgien de Strasbourg. La chose était d'autant plus vraisemblable que le lendemain matin, à six heures, notre mère nous fit habiller, nous conduisit dans la chambre du père, qui nous embrassa tous avec une solennité inaccoutumée, puis elle nous embarqua sur le vieux char à bancs en me recommandant les petits. — « Mon enfant, me dit-elle, ton oncle de Hochfeld vous attend pour la fête, qui doit commencer dans trois jours. L'exercice et le changement d'air vous feront grand bien, à toi surtout qui mènes la vie d'un prisonnier. Ne t'inquiète pas de la santé de ton père : à partir d'aujourd'hui, il ira de mieux en mieux. »

« La chère femme me trompait par pitié, comme mon père

m'avait trompé lui-même. L'opération était décidée, elle était imminente, puisqu'on nous éloignait ainsi. L'étonnement de mon oncle à mon arrivée me prouva qu'on n'avait pas même pris le temps de l'avertir. Plus de doute, pensai-je, c'est pour aujourd'hui. Ma place est à la maison; j'y vais. Je partis donc à pied, sans prendre congé de personne, et en moins de trois heures j'arpentai les quatre lieues qui séparent Hochfeld de Saverne.

« Je vous fais grâce des tristes réflexions qui me poursuivaient sur la route. Au repentir de ma faute se joignait déjà le souci de l'avenir; ma raison avait vieilli de dix ans dans une quinzaine. Je savais que nous n'étions pas riches. L'étude était payée, mais on devait encore sur la maison. Or l'étude valait surtout par la bonne réputation de mon père. Que deviendraient ma mère et les enfants s'il fallait tout vendre à vil prix? J'étais un bon élève, mais à quoi peut servir un collégien de troisième? De quel travail utile est-il capable? J'enviais mes voisins, mes camarades pauvres qui avaient appris des métiers et qui depuis un an commençaient à gagner leur pain.

« Au lieu de rentrer chez nous par la rue, je suivis les ruelles, je traversai la rivière, qui était basse, et j'arrivai ainsi sous nos fenêtres, du côté du jardin. J'étais encore à dix pas de la maison lorsqu'un cri de douleur que la parole ne peut traduire me cloua raide sur mes pieds. En ce temps-là, les chirurgiens ne se servaient ni de l'éther ni du chloroforme pour assoupir leurs patients; ils taillaient dans la chair éveillée, et la nature hurlait sous le scalpel. Je ne sais pas combien de temps dura le supplice de mon père et celui que j'endurais par contrecoup : lorsque je repris possession de moi-même, j'étais couché à plat ventre au milieu d'une corbeille de géraniums, avec de la terre plein la bouche et des fleurs arrachées dans mes deux mains. On n'entendait plus aucun bruit.

« Je me lève, je me secoue, j'entre dans la maison plus mort que vif et le cœur en suspens. Au pied de l'escalier, je rencontre ma pauvre mère : « — Eh bien, maman?

« — Rassure-toi. Ce qui était à faire est fait, et le docteur répond du reste. »

« Elle songea ensuite à s'étonner de me voir là, à me gronder de ma désobéissance et à plaindre mes habits neufs que la poussière de la route, l'eau de la Zorn et la terre du jardin avaient joliment arrangés.

« Notre cher malade dormait; on lui cacha mon retour jusqu'à la fin de la semaine, de peur de le mécontenter, car c'était sur son ordre qu'on nous avait éloignés. Cependant il fallut lui apprendre la vérité; ma mère n'avait point de secrets pour lui. Il voulut me voir, me rassurer lui-même et me montrer qu'il avait déjà bon visage. Ce fut un heureux moment pour nous tous; il pleura presque autant que ma mère et moi.

« — Cher papa, lui dis-je en essuyant ses larmes, je sais tout. Pourquoi m'avez-vous trompé, vous la vérité même?

« — Je ne m'en repens pas, répondit-il. Quelquefois, rarement, le mensonge est un devoir. Si un malheur était arrivé, fallait-il donc attrister toute ta vie?

« — N'importe! je sens bien que je ne me consolerai jamais.

« — Je te consolerai, moi. D'abord, nous ne nous quitterons plus jusqu'à la rentrée. Tu seras mon garde du corps. Pauvre enfant! Tu as assez souffert de mon mal pour jouir un peu de ma convalescence. »

« De ce jour commença entre nous une intimité presque fraternelle qui me le rendit plus cher et me rendit plus sage. Ce terrible accident m'avait enseigné la prudence; le courage et la bonté de mon père achevèrent mon éducation par l'exemple.

« Un soir que je me lamentais à son chevet selon mon habitude, car il fut guéri bien avant que je fusse consolé, il me dit :

« — Nous avons été aussi étourdis l'un que l'autre. Ta faute est de ton âge, mais moi j'aurais dû la prévoir et me tenir en garde. Mon rôle de professeur et de père n'était pas d'attendre un lapin à 200 mètres de toi, mais de te suivre et de te diriger, sans chasser pour mon propre compte. Et c'est ainsi que je ferai l'an prochain.

« — Non ! m'écriai-je avec force. Je ne chasserai plus jamais !

« — Tu chasseras, mon ami. Je le veux, parce que la chasse est un exercice admirablement inventé pour dégourdir les jambes des notaires. D'ailleurs un temps viendra peut-être où tout Français qui aura l'habitude des armes vaudra quatre hommes pour la défense du pays. »

« Ma mère ne se faisait pas aisément à l'idée d'avoir deux chasseurs dans la maison. Pauvre femme, qui après seize ans de mariage tremblait encore chaque fois que papa prenait son sac et son fusil !

« — Enfin ! disait-elle, il faut souffrir ce qu'on ne peut empêcher. Mais, si Albert doit retourner à la chasse, je lui donnerai un talisman qui le préservera de l'imprudence !

« Ce talisman, je l'ai encore, et le voici. C'est l'épingle que vous avez peut-être remarquée à ma cravate. Voyez-vous cette colombe d'argent qui porte au bout d'une chaînette un grain de plomb n° 7 ? La pauvre chère maman Franck l'a fait ciseler à mon intention par Heller, le plus habile artiste de Strasbourg. Cette molécule de métal, réduite à presque rien par le frottement, est celle qui a failli tuer mon père. Comment un homme pourrait-il s'oublier lorsqu'il a tous les jours de chasse un tel souvenir sous les yeux ? »

Ici finit la narration de M. Franck, mais son histoire mérite encore un supplément de quelques lignes. En 1870, à l'âge de cinquante-sept ans, ce notaire prit un fusil pour chasser la grosse bête dans nos montagnes. Quelques lurons du pays le suivirent, et il devint, comme qui dirait, capitaine de francs-tireurs. Au commencement de novembre, tous ses compagnons étant morts, ou blessés, ou malades, il arriva toujours vert à Belfort et s'engagea au 84° de ligne. On forma une compagnie d'éclaireurs, il en fut, et il prouva dans mainte occasion, selon la parole de son père, qu'un bon chasseur peut valoir quatre hommes pour la défense du pays.

(*Journal de la Jeunesse.*)

V

DANS LES RUINES

(AVRIL 1867)

J'avais entrepris un voyage moins long, mais plus périlleux que le tour du monde : j'allais du passage Choiseul au Théâtre-Français par la butte des Moulins. A la moitié du chemin, je compris que je m'étais fourvoyé dans une démolition générale, mais il y avait presque autant d'imprudence à reculer qu'à poursuivre ou à rester. Devant, derrière, à droite, à gauche, partout, les pans de mur s'écroulaient avec un bruit de tonnerre; des nuages de poussière obscurcissaient le ciel, les ouvriers criaient gare en brandissant de longues lattes; les chariots, chargés de décombres, creusaient des vallées de boue entre des montagnes de plâtras; la terre tremblait; il pleuvait des moellons et des briques.

Un Limousin prit pitié de ma peine; il me tira de la bagarre et me mit en sûreté sous un arceau de porte cochère, dans un endroit où le travail chômait pour le moment. Mon refuge se trouvait sur la limite de l'îlot condamné; derrière moi, la route était libre; rien ne m'empêchait plus d'aller à mes affaires : je demeurai pourtant, retenu par une attraction secrète. Les badauds ne sont pas nécessairement des sots; les plus fins Parisiens prennent plaisir aux petits spectacles de la rue, et j'en avais un grand sous les yeux. Aucun effort de l'activité humaine ne saurait être indifférent à l'homme ; le travail des démolisseurs est un des plus saisissants, parce qu'il est suivi d'effets instantanés : on détruit plus vite qu'on n'édifie. Les maçons spécialistes qui font des ruines semblent plus entraînés et plus fougueux que les autres. Observez-les. Vous lirez sur leurs visages poudreux une expression de fierté sauvage et de joie satanique. Ils crient de joie et d'orgueil lorsqu'ils abattent en un quart de minute tout un pan de muraille qu'on a mis deux mois à bâtir. Je ne sais quelle voix intérieure leur dit qu'ils sont les émules des grands fléaux, les rivaux de la foudre, de l'incendie et de la guerre.

Je ne professe pas le culte des fléaux ; la destruction inutile me fait horreur, et si je m'arrêtais à l'admirer, je croirais que mes yeux deviennent ses complices. Mais ceux qui rasent un vieux quartier sale et malsain ne font pas le mal pour le mal. Ils déblayent le sol, ils font place à des constructions meilleures et plus belles. Comme les grands démolisseurs du dix-huitième siècle qui ont fait table rase dans l'esprit humain, je les admire et j'applaudis à cette destruction créatrice.

A première vue, j'en conviens, le spectacle est cruel. Voilà un quartier qui n'était pas brillant, qui n'était pas commode, mais il était habitable après tout. Ces maisons qui s'écroulent par centaines abritaient bien ou mal quelques milliers d'individus ; on a sué, peiné pour les construire ; elles pourraient durer encore un siècle ou deux. Avant un mois, tout le labeur qu'elles représentaient, tous les services qu'elles pouvaient rendre, seront mis à néant ; il n'en restera rien que le sol nu.

Mais si le sol nu, déblayé, nivelé, avait plus de valeur par lui seul qu'avec toutes les maisons qui l'encombrent, il s'ensuivrait que les démolisseurs lui ajoutent plus qu'ils ne lui ôtent et qu'en le dépouillant ils l'enrichissent. Est-ce possible ? C'est certain. Lorsqu'on aura déblayé ces débris, rasé ce monticule, pris un quart du terrain pour des rues larges et droites, le reste se vendra plus cher qu'on n'a payé le tout ; les trois quarts du sol ras vont avoir plus de prix que la totalité bâtie. Pourquoi? Parce que les grandes villes, dans l'état actuel de la civilisation, ne sont que des agglomérations d'hommes pressés : qu'on y vienne pour produire, pour échanger, pour jouir, pour paraître, on est talonné par le temps, on ne supporte ni délai ni obstacle; l'impatience universelle y cote au plus haut prix les gîtes les plus facilement accessibles, ceux qui sont, comme on dit, près de tout. Or, les obstacles, les embarras, les montées, les carrefours étroits quadruplent les distances et gaspillent le temps de tout le monde sans profiter à personne; une rue droite, large et bien roulante rapproche et met pour ainsi dire en contact deux points qui nous semblaient distants d'une lieue. C'est à qui se logera sur le bord des grandes routes parisiennes : les producteurs et les marchands trouvent leur compte à s'établir dans le courant de la circulation; les oisifs de notre époque ont l'habitude et le besoin d'aller sans peine et sans retard où le plaisir les appelle. Ceux qui mangent les millions ne peuvent se camper que sur une avenue largement carrossable; ceux qui gagnent les millions ne peuvent ouvrir boutique que sur le chemin des voitures. Ainsi s'explique la plus-value qu'une destruction brutale en apparence ajoute aux quartiers démolis.

A l'appui de mon raisonnement, j'évoquais le souvenir de ces rues étroites, malpropres, infectes, sans air et sans lumière, où une population misérable a végété longtemps; je me tournais ensuite vers l'avenir et je me représentais cette rue ou cette avenue, qui joindra le Théâtre-Français remis à neuf au magnifique édifice du nouvel Opéra. Deux rangées de fortes maisons, hautes et massives, étalent leurs façades de pierre un peu trop richement sculptées; les trottoirs longent des boutiques éblouissantes dont la plus humble représente un loyer de cinquante mille francs, et les calèches à huit ressorts se croisent sur la chaussée. Beau spectacle!

Une réflexion cornue vint se jeter mal à propos au travers de mon enthousiasme. « Ces bâtisses somptueuses que j'admire déjà comme si je les avais vues, ne faudra-t-il pas bientôt les démolir à leur tour? Car enfin nous abattons les vieilles rues parce qu'elles ne suffisaient pas à la circulation des voitures. Plus nous démolissons, plus il faut que Paris s'étende en long et en large. Plus il s'étend, plus les courses sont longues, plus il est impossible de parcourir la ville à pied, plus le nombre des voitures indispensables va croissant. Le boulevard Montmartre était ridiculement large, il y a une vingtaine d'années; le voilà trop étroit : il sera démoli. A plus forte raison, la rue Vivienne, la rue Richelieu, la rue Saint-Denis, la rue Saint-Martin, toutes celles dont la largeur faisait pousser des cris d'admiration à nos pères. Et quand la pioche des démolisseurs les aura accommodées aux besoins de la circulation moderne, quand Paris, de jour en jour plus large, remplira hermétiquement l'enceinte des fortifications, quand le total des voitures parisiennes aura doublé par une logique inévitable, ne sera-t-on pas forcé d'élargir les avenues de M. Haussmann? Les gros palais à façades sculptées n'auront-ils pas le même sort que les masures de la rue Clos-Georgeau?

Je ne sais trop à quelle conclusion ce raisonnement m'aurait conduit, mais un incident fortuit m'empêcha de le suivre jusqu'au bout.

Le soleil, qui bataillait depuis le matin contre une armée de nuages, fit une trouée dans la masse; il vint illuminer un mur que je regardais vaguement sans le voir. C'était le fond d'une maison démolie; la toiture, la façade, les planchers des trois étages avaient croulé. Mais il n'était pas malaisé de rebâtir en esprit l'étroit édifice, et je m'amusai un moment à ce jeu. Tout l'immeuble occupait environ quarante mètres de surface : six sur sept au maximum. Au rez-de-chaussée, une boutique ou un cabaret, le mur entièrement dépouillé laissait la question dans le vague; on voyait seulement à gauche, au fond d'une allée absente, les premières marches d'un escalier tournant. Les deux étages supérieurs s'expliquaient mieux; on distinguait, outre le conduit noir d'une cheminée, deux éviers suspendus l'un sur l'autre, puis deux débris de cloisons superposées, puis deux vastes lambeaux de papier peint qui s'étendaient, sauf quelques déchirures, jusqu'à la cage du colimaçon. Je rétablis les deux logements en un clin d'œil, ou plutôt ils se reconstruisirent d'eux-mêmes dans ma mémoire. L'escalier aboutissait à un petit carré fort étroit; la porte ouvrait en plein sur une chambre étroite et longue, qui prenait jour sur la rue. C'était la pièce principale; elle occupait toute la profondeur de la maison et les deux tiers de la largeur. Sur la droite, à ce point où le papier s'arrête, il y avait une cuisine limitée par la cloison que voici et éclairée par un jour de souffrance : la lucarne y est encore. Donc, le jour ne venait pas de la rue; la cuisine n'occupait qu'un étroit carré dans l'angle le plus reculé de la maison; sur le devant, l'architecte avait ménagé un cabinet clair, un peu plus grand que la cuisine, infiniment moins vaste que la chambre principale.

A mesure que je rebâtissais les cloisons du second étage, que je plaçais les deux fenêtres et que je rassemblais les matériaux du plancher, il se produisait un phénomène assez étrange : le logement se remeublait petit à petit. Trois casseroles de cuivre étagées par rang de taille étincelaient le long du mur de la cuisine, avec une bassinoire d'un travail ancien et curieux. Dans la petite chambre sans feu il y avait un lit de bois peint, deux chaises, une planche chargée de vieux livres et de romans coupés par tranches au bas des journaux. La pièce principale était presque confortable. Trois matelas et un édredon s'empilaient sur un bon lit de noyer. La table du milieu était couverte d'un vieux châle reprisé en vingt endroits, mais propre. Le poêle de faïence ronflait joyeusement; cinq ou six images gravées souriaient dans leurs vieux cadres; une étagère à bon marché s'encombrait de petites faïences et de bimbeloteries archaïques; au milieu de cette collection, j'admirais un buste de vieille femme, pas si gros que le poing, mais exécuté avec beaucoup de conscience et de tendresse. Et voilà que dans un coin, vers la fenêtre, je remarque un grand fauteuil en velours d'Utrecht rouge, et une grosse mère de soixante-dix ans, l'original du buste, qui tricote un bas de laine.

La maison démolie ne s'est pas seulement remeublée, mais repeuplée! C'est en vain que je me frotte les yeux; je ne suis ni endormi ni halluciné, et pourtant il m'est impossible de ne pas voir ce que je vois.

Alors, je prends sur moi, je me raisonne, je me dis qu'il n'y a pas d'effets sans causes, et je cherche par quel enchaînement de circonstances ce tableau est venu se présenter à mes yeux. Il ne me semble pas entièrement nouveau; je suis presque certain de l'avoir déjà vu; mais où? quand? Dans le rêve d'une nuit, ou dans ce rêve de plusieurs années qui s'appelle l'enfance?

M'y voici! j'ai trouvé. C'est ce papier du second étage. Il est unique au monde probablement : des roses vertes sur fond jaune. Quelque ouvrier en papier peint l'a fabriqué ainsi pour faire pièce à son patron; le patron l'a vendu au rabais; la bonne femme l'a eu pour presque rien lorsqu'elle emménageait ici, vers 1802; c'est elle-même qui m'a conté cette histoire, car je ne me trompe pas, j'ai connu les habitants de cette maison démolie, je me suis assis à leur table, en 1840, à ma première année de collège! C'est le quartier, c'est la rue, et d'ailleurs les roses vertes sur fond jaune! Il n'y a jamais eu que celles-là!

Mille et un souvenirs ensevelis depuis un quart de siècle se réveillent à la fois; ils m'assiègent, ils m'assaillent. La première fois que je suis entré dans cette maison, les locataires du second célébraient une fête de famille. Les trois fils de Mme Alain, ses deux filles, ses gendres, les petits-enfants, toute la tribu tenait dans cette chambre, sans compter trois ou quatre invités, dont j'étais. Je vois la longue table, et la bonne femme au milieu, toute fière et radieuse. Comment les avions-nous connus? Je n'en sais rien; je me rappelle seulement que nous étions plus pauvres qu'eux et que le festin était splendide, avec l'oie aux marrons, les crêpes et la motte de beurre salé. Leur cidre me parut bien préférable au vin de Champagne, que je connaissais de réputation; il venait de Quimperlé en droite ligne, c'est-à-dire de leur pays. J'avais pour voisin de droite un de leurs compatriotes, sous-offi-

cier d'infanterie, aujourd'hui capitaine ou chef de bataillon : je
l'ai revu.

Mme Alain était la veuve d'un ouvrier, d'un très simple ouvrier
qui travailla de ses mains tant qu'il eut assez de force : honnête
homme, rangé, économe, bien vu de tous ses voisins, sauf peut-
être du cabaretier d'en bas. Il était occupé à cent pas d'ici, chez
un serrurier en boutique ; jamais, en quarante ans de ménage,
il ne prit un repas ou un verre de vin sans sa femme. On se
quittait le matin, on se revoyait à dîner, on se retrouvait tous
les soirs à l'heure du souper ; et, si dans l'entre-temps Mme Alain
s'ennuyait du cher homme, elle passait devant la boutique et lui
disait bonjour du bout des doigts.

Le mari, si j'ai bonne mémoire, gagnait de trois à quatre francs
par jour ; la femme, rien ; les enfants vinrent tôt, et la besogne
ne manquait pas dans le ménage. Le peu qu'on épargna fut dévoré
à belles dents par la marmaille. Quand le père mourut, les cinq
enfants étaient non seulement élevés, mais casés. Garçons et filles
passèrent par l'école gratuite et par l'apprentissage pour arriver
à un honnête établissement. Christine Alain était couturière ; elle
épousa un Alsacien ; ils ont fait une bonne maison. Corentine
piquait des gants, elle fit la conquête d'un coupeur habile ; ils
fondèrent une fabrique rue du Petit-Lion-Saint-Sauveur. Jules,
le cadet, se faufila dans la librairie, et de commis devint patron.
Le plus jeune, Léon, était marbrier ; il suivit l'école de dessin, se
fit admettre aux Beaux-Arts, devint par son travail un bon sculpteur de deuxième ordre, plut à la fille de son propriétaire et
l'épousa. L'aîné, qu'on désignait par le nom de famille, continua
le métier de son père et resta garçon pour tenir compagnie à
Mme Alain. Cette petite chambre entre la rue et la cuisine était la
sienne. De tous les fils Alain, c'est lui qui est resté le plus vivant
dans ma mémoire. Je vois d'ici sa brave figure et sa main....
quelle main ! Un étau ! Il était entiché de son droit d'aînesse et se
faisait un point d'honneur de nourrir la mère à lui seul. La
bonne femme avait une certaine déférence pour lui : n'était-il pas

le chef de la famille? Elle acceptait les petits présents de ses fils et de ses gendres, mais elle ne mangeait que le pain du bon Alain.

Dans les premiers jours de son veuvage, Léon, l'heureux sculpteur, la supplia d'accepter un logement chez lui. « Je vous remercie, mon fi, lui dit-elle, mais le bon Dieu m'a commise à la garde de tous les souvenirs qui sont ici. Je ne délogerai que pour aller rejoindre votre cher père. »

S'il faut tout dire, elle avait une sorte de vénération religieuse pour cet humble logis. Elle lui savait gré de tout le bonheur qu'elle y avait eu; elle en parlait comme un obligé de son bienfaiteur. « On ne saura jamais, disait-elle, quels services cet humble nid nous a rendus. Que les pauvres gens sont heureux lorsqu'ils trouvent un logement à bon marché au cœur d'une grande ville! Notre loyer était de 120 francs au début; il s'est élevé graduellement jusqu'à 250; mais il nous a épargné pour 100 000 francs de peines et de soucis. Que serait-il arrivé de nous s'il avait fallu nous installer hors barrière, comme tant d'autres? Le père m'aurait quittée tous les matins pour ne rentrer que le soir; il aurait déjeuné au cabaret, Dieu sait avec qui! et moi à la maison, toute seule. A quelle école aurais-je envoyé les enfants? Comment aurais-je pu surveiller leur apprentissage? Ils l'ont fait à deux pas d'ici, chez des patrons du quartier, et je me flatte de ne les avoir jamais perdus de vue. Aussi garçons et filles ont bien tourné, sans exception. Que le ciel ait pitié des pauvres apprenties qui vont travailler chaque jour à une lieue de la maman! Et mes fils, pensez-vous qu'ils auraient fait un aussi beau chemin si le chef-lieu de la famille avait été à Montrouge ou à Grenelle? Ils ne se seraient pas détachés de nous, je le crois, car ils sont les meilleurs garçons du monde; mais alors ils n'auraient pas vécu au sein des belles choses parisiennes; ils n'auraient pas vu les musées, les spectacles, les beaux magasins, les toilettes élégantes, tout ce qui forme le goût, éveille l'imagination : en un mot, ce qui change quelquefois l'ouvrier en artiste. Voyez notre Léon! de simple marbrier il est devenu statuaire. A qui doit-il cette fortune? Ni au père ni à moi, mais à la Providence qui nous permit de fonder notre famille dans ce milieu vivant et intelligent de Paris! J'en ai connu beaucoup, des artistes, et des inventeurs, et des artisans du premier mérite, de ceux qui font la gloire et la richesse de l'industrie parisienne : c'étaient tous pauvres gens qui avaient eu le bonheur de se nicher à la source du vrai talent, comme nous. »

Assurément la bonne femme exagérait un peu les mérites de son logis. Elle oubliait, dans son enthousiasme, les dangers qu'elle avait courus en élevant dans un espace si étroit cinq enfants, dont deux filles. Lorsqu'on touchait ce point délicat, elle répondait avec un loyal éclat de rire : « Bah! le problème n'est pas plus difficile que celui du loup, de la chèvre et du chou! »

Mme Alain n'avait pas seulement sa bonne part d'esprit naturel : elle s'exprimait encore en termes choisis; personne n'eût deviné en l'écoutant qu'elle ne savait ni lire ni écrire. Son mari, paraît-il, la surpassait en ignorance, car il parlait à peine le français. Ainsi, deux Bretons illettrés ont donné à leurs cinq enfants une instruction très suffisante; deux prolétaires, sans autre capital que leurs bras, ont fait souche de bourgeois et même d'artistes. Et ce phénomène, j'allais dire ce miracle de progrès social, s'est accompli dans cette masure parisienne. Et les bénéficiaires de cet heureux changement se plaisent à déclarer que la masure y est pour quelque chose; ils bénissent le taudis à 250 francs par an qui leur a permis de s'élever, de se développer, de s'enrichir au centre de Paris.

Quand je repense à ces braves gens devant les ruines de leur vieux nid, je me demande si les rues insalubres, si les taudis étroits, si les allées obscures et les escaliers en colimaçon n'ont pas leur destinée et leur utilité dans le monde. Cette fange des pauvres quartiers, que l'on balaye dédaigneusement hors barrière, n'était-elle pas autrefois un engrais de civilisation? Les plus beaux fruits de l'industrie parisienne ne sont-ils pas sortis de ce fumier? Peut-être.

PAUVRE MAISON DE MADAME ALLAIN!

Je comprends le noble mépris d'une administration toute-puissante : il est clair que les logis à 250 francs font tache au milieu d'une ville aussi majestueuse que Paris. Mais nous avons des travailleurs qui gagnent peu, et je me demande sous quel toit ils abriteront leurs têtes quand le Paris des rêves municipaux sera fini. On les chasse du centre à la circonférence ; mais la circonférence a sa coquetterie ; elle aussi se couvre de palais. Il faudra donc que l'ouvrier s'établisse en rase campagne, loin, très loin de son travail, et qu'il fasse un voyage tous les soirs pour revenir à la maison. Y reviendra-t-il tous les soirs ? Sera-t-il puissamment attiré vers cette demeure lointaine, presque inconnue, où l'on n'entre que pour fermer les yeux, d'où l'on sort les yeux à peine ouverts ? Certes, il y viendra, s'il y est attendu par sa famille. Reste à savoir si les ouvriers de l'avenir se marieront comme ceux d'autrefois. Est-ce la peine ? On a si peu de temps pour jouir les uns des autres ! Et puis, les distractions ne manquent pas au cœur de Paris. Sur les ruines de ces humbles maisons, il s'élève des paradis artificiels, à l'usage du travailleur en blouse. Cent billards, dix mille becs de gaz, des dorures, des glaces, des chansonnettes, que sais-je ? Et plus le logement, cette arche sainte de la famille, devient inabordable au pauvre monde, plus les plaisirs malsains se vendent bon marché !

Pauvre maison de Mme Alain ! Humble échelle de Jacob où tant de prolétaires ont monté pour s'élever à la bourgeoisie, je veux te regarder une dernière fois et graver tes ruines respectables dans un petit coin de ma mémoire !

Patatras !

« Allez-vous-en ! Vous voulez donc vous faire écraser, imbécile ! »

L' « imbécile », c'était moi ; le plâtre et les moellons avaient roulé jusqu'à mes pieds, et le vieux mur taché de roses vertes n'existait plus.

VI

LE ROMAN D'UN BRAVE HOMME

A VALENTINE

Pour ton quinzième anniversaire, qui va sonner, fille chérie, je t'offre ce roman comme un bouquet de vérités simples et de sentiments naturels. Tu peux le lire d'un bout à l'autre ; j'aime à espérer que plus tard tu le liras à mes petits-fils. Ils y apprendront mainte chose que tu possèdes déjà mieux que personne : le culte de la patrie, l'amour de la famille, la passion du bien, le sentiment du droit, le respect du travail, l'esprit de solidarité qui unit les pauvres aux riches, les illettrés aux savants, ceux qui n'ont et ne sont rien encore à ceux qui ont et qui sont presque tout. La vie sera probablement moins difficile pour tes enfants qu'elle ne l'a été pour ton père : c'est un bonheur périlleux et qui, si l'on n'y prenait garde, nous exposerait à faire souche d'inutiles. Si l'un des tiens, par impossible, manifestait la peur ou le dégoût du travail, tu lui dirais combien de fois à ton réveil tu m'as vu penché sur les feuilles de ce manuscrit ; que de soirs tu m'as laissé seul, la plume en main, à l'heure de ton repos. Et si jamais la sotte vanité empoisonnait quelque béjaune de ta nichée, tu lui rappellerais que l'auteur de ce livre, ainsi que son héros, n'a pour ancêtres que des pauvres, des humbles et des petits.

I

LES DUMONT

Mes fils sont de braves garçons, assez bien élevés tous les quatre pour que la fantaisie ne leur vienne jamais de couper en deux, comme un ver, le nom très plébéien de leurs aïeux. Toutefois, comme ce n'est pas pour eux seuls ni pour leurs sœurs, mais pour mes futurs gendres et mes petits-enfants que j'écris à cinquante ans ces mémoires, je ne crois pas superflu d'attester que je m'appelle Dumont en un seul mot et que je ne descends d'aucun mont connu dans l'histoire. Enfants, si quelque fabricant de généalogies, attiré par le son de mes écus, s'ingérait de tromper les autres et vous-mêmes sur l'humilité de votre origine, répondez-lui, en le poussant dehors :

« Nous savons mieux que toi qui nous sommes. L'auteur de notre fortune, Pierre Dumont, était fils unique du charpentier Pierre Dumont, dit *Mes Semblables*, et petit-fils de Pierre Dumont, dit *La France*, cultivateur au village de Launay. »

Il faut que vous connaissiez ces deux hommes, dont le souvenir m'est plus cher et plus respectable que tout. Mon aïeul paternel était un de ces prolétaires campagnards qui, sans posséder presque rien, pourraient vivre cent ans sans manquer de pain et élever par surcroît une nombreuse famille. Son patrimoine, la dot de ma grand'mère et les acquêts de la communauté formaient un total bien modeste, car la vente de ce domaine éparpillé sur tout le ban de la commune a produit une douzaine de mille francs, les frais payés. Il y avait une maison d'habitation, antique et délabrée, mais qui me semblait admirable, à cause du grand lierre et des moineaux nichés dans les trous; le jardin d'à côté, tout petit, mais commode, car le persil et les légumes y étaient à quatre pas de la cuisine; le jardin d'en bas, situé dans le voisinage du moulin et ravagé par les escargots; le verger, peuplé de vieux arbres sous lesquels mon père et mes oncles ont mené paître tour à tour l'unique vache de la famille. Ajoutez à cela un petit carré de pommes de terre, le long d'un autre champ, clos de murs, où mes pauvres chers vieux reposent aujourd'hui; une vigne où l'on récoltait non seulement quelques barriques de vin aigrelet, mais des haricots mange-tout et des pêches en plein vent, vertes et veloutées, dont l'amertume délicieuse me fond la bouche en eau lorsque j'y pense; enfin, tout en haut du pays, une chènevière où je n'ai jamais vu pousser un brin de chanvre, mais où l'on admirait le roi des cerisiers, un arbre énorme et généreux dont les fruits mûrs à point et dévorés sur place me transportaient au septième ciel. Oh! les cerises de 1838! Jamais je n'en mangerai d'aussi bonnes, car je n'aurai plus jamais dix ans.

Pour expliquer comment cent vingt ares de terre, découpés en petits morceaux, ont pu nourrir cinq garçons et une fille, tous vivants, bien portants et honnêtement établis, j'aurais besoin de vous montrer mes grands parents dans cette activité tranquille, mais incessante et réglée, qui distingue le petit cultivateur de nos pays. Du plus loin qu'il m'en souvienne, je vois mon grand-père et ma grand'mère levés avec le jour, bien lavés dans l'eau fraîche de leur puits, et cheminant, chacun de son côté, jamais ensemble, vers une besogne ou une autre. Je les vois, quoiqu'ils n'aient eu d'autre montre que le clocher de leur village, réunis ponctuellement à midi autour d'un plat de légumes au lard, flanqué de quelques friandises comme le radis noir en tranches ou la salade de concombres. C'est grand'maman qui fait le pain et la cuisine depuis qu'on a marié ma tante Rosalie au maréchal ferrant de Grancey. Jamais serviteur ni servante n'a mis les pieds dans la maison; on s'est toujours servi les uns les autres. Il y a eu de rudes moments, paraît-il, quand les petits n'étaient encore bons à rien et qu'ils ouvraient

RÉUNIS PONCTUELLEMENT A MIDI

des becs insatiables. Et c'est juste à ce moment-là que le pain s'est mis à coûter cinq et six francs la miche, après les guerres de l'Empire. Mais personne n'a trop pâti, et la preuve, c'est qu'on est là, au grand complet. Depuis que les enfants gagnent leur vie à part, les vieux Dumont sont quelquefois tentés de dire qu'il y a trop à la maison pour eux seuls. Leurs forces n'ont pas diminué sensiblement, et ils ont toujours aussi peu de besoins que lorsqu'ils nourrissaient un petit peuple. La vache donne plus de beurre et de fromage qu'ils n'en peuvent consommer. Le marché de Courcy, où grand'maman va deux fois par semaine, à pied, son panier sur la tête, paye le farinier et l'épicier. Quant au boucher, un juif ambulant qui colporte les morceaux d'une vache trop vieille ou d'un veau trop enfant, les Dumont n'ont affaire à lui que dans les occasions solennelles. Je ne parle ni du tailleur ni de la couturière, car les habits du père étaient indestructibles, et la mère s'habillait elle-même, de pied en cap, à la vieille mode de Touraine. Elle filait, cousait, tricotait, lavait et repassait avec la dextérité d'une fée ; et il faut croire que le bonhomme n'était pas maladroit non plus, car pour fabriquer une échelle, réparer une tonne ou un cuveau, ajuster une vitre, emmancher un outil, il ne s'adressait qu'à lui-même. Ce n'est ni le docteur ni le pharmacien qui pouvait déranger l'équilibre de leur budget, car ils ont vécu vieux ans sans savoir ce que c'est que d'être malade. Ils étaient donc à l'aise sans argent, chose commune dans nos campagnes : leur superflu s'écoulait chez mes oncles et chez mon père en paniers de fruits, en rayons de miel ou en fromages salés, et jamais un mendiant ne frappait à leur porte sans recevoir des mains de ma grand'mère une tranche de son pain bis.

Je voudrais vous laisser leur portrait plus vivant que le mauvais daguerréotype aux trois quarts effacé qui les montre assis côte à côte sur un banc devant la maison. L'ardeur du soleil, la longueur de la pose, la maladresse de l'artiste forain, tout a concouru, ce me semble, à les défigurer. Mon grand-père, quand je l'ai connu, c'est-à-dire quand j'ai commencé à me connaître moi-même, était un grand vieillard, légèrement voûté, mais solide et nerveux. Ses cheveux blonds, qui ne se sont jamais décidés à blanchir, tombaient en boucles sur le cou et encadraient un visage très fier, aux yeux bleus, aux dents puissantes, au menton carré. Sur sa face toujours rasée, le hâle qui noircit les bruns avait étendu une patine rougeâtre comme celle des bronzes florentins. Son col rabattu et ouvert en toute saison, sans cravate, montrait les veines, les muscles et les tendons d'un cou noueux; on devinait à cet échantillon un corps parfaitement sec et sain, allégé de tout embonpoint par le perpétuel entraînement du travail. Greuze a connu ce type, et il l'a peint plus d'une fois, mais en l'amollissant beaucoup. Ma grand'mère avait été, disait-on, la plus jolie fille du village. Elle-même s'admirait quelquefois, par habitude, dans une vieille gravure coloriée que grand-papa avait achetée au colporteur « pour la ressemblance » et qui s'intitulait : *la Petite Futée*. Hélas! la petite futée était devenue une bonne grosse mère, et les fossettes de ses joues se noyaient un peu dans les rides. Mais l'œil était toujours vif, les pommettes fraîches, les dents blanches, la voix jeune et mordante. D'ailleurs, c'était ma grand'maman, je l'aimais telle que l'âge, le travail et la maternité l'avaient faite, et je ne l'aurais pas échangée contre une autre. Le vieux Dumont était sans doute du même avis, il l'aima jusqu'à sa mort, en la querellant tous les jours.

Si l'amour, comme on l'a souvent imprimé, vit de contrastes, il avait de quoi se nourrir dans cet honnête petit ménage. Les deux vieillards ne se ressemblaient pas plus au moral qu'au physique. L'un était hardi, entreprenant, aventureux à l'excès; l'autre, sage, prudente et routinière au delà de toute mesure. Le bonhomme avait accompli, dans son temps, des choses extravagantes; la bonne femme piétinait à petits pas dans les chemins battus. Il y avait en lui quelque chose de la généreuse folie de don Quichotte, et chez elle un atome du bon sens pratique et railleur de Sancho Pança. S'il eût été maître absolu de sa personne et de ses affaires, il aurait fait peut-être une grosse fortune, car il avait l'esprit ouvert à tous les vents, et les bonnes idées ne chômaient pas dans son cerveau. C'est lui qui découvrit, en 1799, la riche marnière de Launay, et qui fit voir à notre agent voyer, sur le tracé de la nouvelle route, en 1817, le banc d'argile réfractaire. Mais grand'maman ne lui permit jamais d'aborder une affaire aléatoire, pas plus qu'elle ne toléra sur les petits lopins de la communauté l'expérience des cultures industrielles, comme le houblon, la garance, la betterave à sucre, qui ont enrichi bien des gens. Les deux ou trois essais qu'il se permit à l'insu de sa femme, sans argent et sans appui moral, réussirent moins bien. Elle en prit avantage sur lui; il en garda un peu d'aigreur contre elle, et ce fut la matière de discussions sans fin où ils n'avaient tort, en bonne foi, ni l'un ni l'autre.

Mais leurs querelles elles-mêmes étaient d'un bon exemple pour leurs enfants, car le plus grand malotru de la terre, au bruit toujours discret de ces débats, aurait appris à vivre. Jamais les deux vieillards ne se sont tutoyés; ils n'avaient pourtant pas hanté la cour de Louis XV, quoiqu'ils fussent nés tous les deux sous le règne du Bien-Aimé. Les paysans tourangeaux de leur âge et de leur voisinage étaient polis comme eux, et, comme eux, sans avoir appris la grammaire, parlaient un doux langage, aussi harmonieux, limpide et coulant que l'eau du Cher dans le parc de Chenonceaux.

« Père, reprendrez-vous de la salade?

— Grand merci, mère; gardez pour vous. »

Voilà le ton de leur conversation lorsque la paix régnait au logis. En temps de guerre, voici les plus gros mots que j'aie eu l'occasion d'entendre :

« Père Dumont, m'est avis que vous vous trompez tout à fait!

— N'ayez crainte, mère Dumont, je sais encore ce que je dis. »

En fin de compte, après maintes querelles aussi terribles que celle-là, ils s'étaient partagé, vers 1800, la direction des affaires. Il avait été convenu que maman Dumont, jeune alors et fort entendue, aurait les clefs de tout, depuis la cave jusqu'au grenier, et qu'en revanche l'éducation des enfants nés et à naître appartiendrait sans réserve au père. Partage inégal, qui livrait à une femmelette de vingt-sept ans les finances, l'agriculture, le commerce, tous les ministères, sauf un; mais les femmes, qui valent cent fois mieux que nous, nous sont surtout supérieures en économie domestique. L'épargne française est leur ouvrage; ce sont elles qui ont créé nos milliards à force de cacher de petits sous dans de grands bas. Ma grand'mère, depuis le premier jour jusqu'au dernier, fut une ménagère incomparable, dure à elle-même, sévère aux enfants, sans pitié pour les fantaisies du père Dumont.

« Si je n'étais pas là, lui disait-elle, vous n'auriez ni une pièce de toile dans l'armoire ni un tonneau de vin dans la cave, et vous vous seriez vous-même mis à la broche pour mieux régaler vos amis. »

Dame! elle ne les aimait pas beaucoup, les amis. Mais c'est en leur fermant parfois la porte au nez qu'elle épargna de quoi leur rendre de vrais services, après avoir aidé mes oncles et mes tantes, qui n'avaient pas tous réussi.

Le grand-père, de son côté, fut un instituteur comme on n'en voyait guère en ce temps-là, ni même aujourd'hui. Il n'était pas grand clerc, je vous l'ai dit; il savait lire couramment, écrire avec un peu d'effort et compter assez mal, au dire de sa femme; sa bibliothèque, formée de quinze volumes d'histoire et d'autant d'almanachs, garnissait mal une planchette enfumée entre l'horloge à gaine et le vieux baromètre. Mais Pierre Dumont, dit *La France*, n'avait pas son pareil au monde pour commenter éloquemment deux mots qu'on lit sur les drapeaux et qui sont : Honneur et Patrie.

Comme sa famille était vieille, établie à Launay de temps immémorial, et estimée de tout le pays dans un rayon de trois ou quatre lieues, il portait fièrement un nom qui représentait, à ses yeux, plusieurs siècles de travail et de bonne conduite. Ce nom, modeste et banal entre tous, il ne l'eût pas échangé contre ceux de Turenne et Condé réunis ; il gardait une profonde reconnaissance aux braves gens qui le lui avaient transmis d'âge en âge, si net et si pur ; il se faisait un devoir sacré de le garder exempt de blâme, et il voulait que ses enfants en prissent bon soin comme lui. Il s'expliquait là-dessus, en famille, avec un peu d'emphase, mais d'un ton si loyal que personne ne pouvait l'entendre sans partager sa conviction. Sa morale se formulait en axiomes bizarres, mais respectables, dont mon père et mes oncles ne s'avisèrent jamais de rire :

« Un Dumont ne ment pas. Les Dumont n'ont jamais emprunté un sou sans le rendre. Il n'y a pas de place pour le bien d'autrui dans la maison Dumont. Un Dumont ne frappe pas plus faible que lui. Si tu manquais de respect à une femme, tu ne serais pas un Dumont. Les Dumont, de tout temps, ont été les serviteurs de leurs amis. »

Cet enseignement, secondé, selon toute apparence, par le bon naturel des auditeurs, eut pour effet de maintenir à un niveau assez élevé les sentiments de toute la famille. Il était impossible que de jeunes paysans, à peine dégrossis par un magister de village et livrés, dès l'enfance, au travail manuel, devinssent des hommes supérieurs ; mais j'ai pu constater que mon père et mes oncles, et tante Rosalie aussi, exerçaient avec dignité les professions les plus humbles, et que pas un enfant du grand-papa *La France* n'oublia le respect de son nom.

Le moment est venu d'expliquer le surnom ou le sobriquet du bonhomme. Nos Tourangeaux sont des railleurs impitoyables, prompts à trouver le défaut de la cuirasse et à larder les gens d'un seul mot, comme si l'esprit de Rabelais soufflait encore à travers champs. Or mon grand-père, il faut bien l'avouer, prêtait le flanc à la plaisanterie par un patriotisme trop ardent pour n'être pas démodé.

Il avait été volontaire en 1792, dans sa vingt-deuxième année, et, n'en déplaise au savant académicien qui démolit pieusement la plus noble de nos légendes, il n'avait pas couru à la frontière de Wissembourg comme un chien qu'on fouette, mais comme un bon soldat et un bon citoyen, enflammé de l'amour du pays. Ce n'est pas pour cueillir des lauriers qu'il prit le sac et le fusil, mais pour repousser ce fléau et cette honte abominable qui s'appelle l'invasion. Comme il ne se vantait de rien, sinon d'avoir fait son devoir, et comme il revint se marier sans avoir gagné ou accepté aucun grade, je suis mieux informé de ses dangers et de ses misères que de ses coups d'éclat, s'il en a fait. Mais je crois fermement, sur sa parole, que les armées de la Meuse et du Rhin ont fourni de belles marches sans souliers, et livré de rudes combats le ventre creux. Il racontait avec un mâle plaisir ces actions classiques où la valeur personnelle de l'homme jouait le rôle principal et où les plus savantes combinaisons d'un général en chef étaient bouleversées par une charge à la baïonnette. Mon imagination d'enfant s'allumait aux récits de la délivrance nationale. J'étais bien trop timide et trop respectueux pour aller dire, de but en blanc : Grand-papa, racontez-moi donc la guerre ! Mais lorsque par bonheur j'obtenais la permission de passer quelques jours de congé à Launay, on me couchait après souper dans un coin du grand lit à colonnes torses, on tirait sur moi les rideaux de toile de Jouy ; la lampe s'allumait ; ma grand'mère mettait son rouet en mouvement ; mon oncle Joseph, le charron, arrivait, suivi de sa femme ; une demi-douzaine de voisins et de voisines entraient successivement, les femmes avec leur tricot, les hommes avec leurs grands bras pendants et leurs mains lasses ; tout le monde s'asseyait sur les chaises de paille ou sur les bancs de bois poli, et la conversation s'engageait. Après les inévitables propos sur la pluie et le beau temps, choses qui sont d'un intérêt majeur à la campagne, et les mercuriales du marché, et les petits événements de la ville voisine, on abordait des questions plus hautes et d'un intérêt plus général, comme la suppression de la loterie, l'invention des allumettes allemandes, qui devaient remplacer le briquet phosphorique, le retrait des anciennes monnaies, l'obligation du système métrique, la création des chemins de fer, souhaitée par ceux-ci, redoutée par ceux-là, mise en doute par le plus grand nombre. Quelquefois le père Antoine, épicier et cantonnier, tirait de sa poche un journal de la semaine dernière, emprunté à l'unique cabaret du village, et la politique entrait en jeu. Mais soit par un chemin, soit par un autre, mon grand-père arrivait toujours à son thème favori, la glorification de la France et l'exécration de l'étranger. L'étranger, pour lui, se divisait en trois sections également haïssables : l'Allemand, l'Anglais et le Russe. « Tous ces gens-là, disait-il, veulent avoir la France, parce qu'ils ne trouvent chez eux que du sable, de la boue, de la neige et du brouillard, et que la France est le plus beau pays du monde, le plus doux à habiter, le meilleur à cultiver, le plus varié dans ses aspects, le plus riche en produits de toute sorte, et, pour tout dire en un mot, l'enfant gâté de la nature. C'est pourquoi le premier devoir du Français est d'avoir l'œil sur la frontière et de se tenir toujours prêt à défendre le patrimoine national... » Il exprimait avec une émotion poignante ce qu'il avait senti de honte et de colère en apprenant que l'étranger foulait le sol sacré de notre France, et le mouvement spontané qui l'avait fait soldat avec un million de Français, tous patriotes comme lui. Le monde n'a rien connu de plus généreux, de plus désintéressé, de plus grand que cette guerre défensive, telle que je la vois encore à travers mes impressions d'enfant et ses souvenirs de vieillard. J'en rêve encore quelquefois, à mon âge. Mon esprit est hanté de visions à la fois sombres et radieuses, où les soldats français, coude à coude, en bataillon carré, déchirent leurs cartouches avec les dents et repoussent à coups de baïonnette les charges de l'ennemi. Le canon fait un trou, cinq ou six hommes tombent : l'officier, impassible sous ses épaulettes de laine, crie aux autres : Serrez les rangs! Et le drapeau, ce clocher du régiment, resplendit au milieu de la fumée sous la garde de quelques vieux sous-officiers, résolus à mourir plutôt que de le rendre. Au bout d'une heure ou deux, l'ennemi, repoussé, décimé, découragé, se débande; on le charge, on le disperse aux cris de : Vive la nation! vive la République!

Lorsque Pierre Dumont frappait un ennemi de sa main, il ne se privait pas de l'interpeller à la mode des héros d'Homère :

« Beau capitaine, allez voir là-bas si j'y suis! »

Ou bien :

« Noble étranger, à l'ombre des bosquets paisibles! »

S'il lardait un simple soldat, c'était en style familier :

« Eh! garçon, cela t'apprendra. Rien de tel ne te fût arrivé si tu avais planté tes choux. »

Cette éloquence était dans l'esprit de l'époque, mais quelquefois peut-être ralentissait-elle l'action. Mon grand-père s'en aperçut un jour qu'il croyait bien pourfendre je ne sais quel émigré de l'armée de Condé.

« Parricide! lui criait-il, ton dard ne déchirera pas le sein de notre commune mère! »

Le parricide, un joli freluquet, tout galonné d'or, brandissait une petite épée de cour : il en porta un coup terrible entre les deux poumons de l'orateur, qui resta six mois sur le flanc. Lorsqu'il sortit de l'hôpital, encore mal en point, on lui offrit son congé définitif, qu'il accepta sans se faire prier. La paix de Bâle était signée et le territoire français évacué depuis un bout de temps. Jamais Pierre Dumont n'avait demandé autre chose, et il se souciait fort peu de promener son sac et son fusil à travers les capitales de l'Europe. Chacun chez soi, telle était sa devise; ni conquérants ni conquis. Aux camarades qui commençaient à parler de palmes et de gloire, il répondait :

« Que voulez-vous? je suis un volontaire que trois ans de campagnes n'ont pas rendu troupier. Prouvez-moi donc qu'il est superbe et glorieux d'aller faire chez le voisin ce que nous jugeons tous abominable quand le voisin le fait chez nous! »

Il rentra au village, épousa Claudine Minot, une amie d'enfance à qui il avait dit : « Attends-moi! » et gagna lestement ses chevrons de père de famille, sans retourner la tête vers ses anciens camarades de lit, qui passaient maréchaux, princes ou rois sous Bonaparte. Mais au commencement de l'année 1814, quand il sut que les étrangers, si longtemps molestés chez eux, revenaient à la charge et envahissaient la France par tous les bouts, le volontaire de 92 se réveilla plus jeune et plus acharné que jamais. Si j'interprète bien ses demi-mots et les reproches discrets de ma grand'mère, il s'échappa la nuit, comme un voleur, laissant sa femme et ses enfants, courut à pied jusqu'au fond de la Champagne et s'engagea dans un régiment où on le fit sergent d'emblée, bien malgré lui, tant les bons sous-officiers étaient devenus rares! Lui-même n'a jamais compris par quel miracle ou quelle fatalité, après avoir reçu le 27 janvier le galon simple à Saint-Dizier, il se retrouvait dans la même ville le 25 mars avec les épaulettes de capitaine. Il faut dire que dans l'intervalle il avait vu Champaubert, Montmirail et Montereau, pris part à vingt combats et assisté à une grande bataille.

Chaque fois que papa Dumont racontait la campagne de France, il y avait toujours un moment où il baissait la voix pour raconter des choses mystérieuses. L'auditoire se serrait autour de lui, et moi, dans le grand lit où je faisais le mort, je tendais tous les ressorts de mon être pour saisir le secret plein d'horreur. Et j'accrochais des lambeaux d'histoire où il était question de villageois à l'affût derrière les haies, de coups de fusil tirés à la brune sur les traînards et les isolés, de cadavres enfouis dans les jardins ou jetés dans les puits. Le digne homme parlait avec effroi de cette campagne sinistre, dont les exploits ressemblent terriblement à des crimes.

« Quant à moi, disait-il, je n'ai fait, commandé ou permis rien de tel; les Dumont ne confondent pas la guerre avec l'assassinat; mais il faut passer quelque chose au patriotisme exaspéré, et je ne juge personne. »

Le lendemain de ces veillées, je m'échappais furtivement de ma chambrette, où l'on m'avait porté tout endormi, et l'on me surprenait quelquefois penché sur la margelle d'un puits, cherchant à démêler au fond de l'eau le profil d'un cosaque ou la silhouette d'un pandour.

II

LA FÊTE. — L'INCENDIE — LE DÉVOUEMENT

. . . .

« Je travaillais avec fureur et j'étais littéralement enflammé par la fièvre d'émulation. Je ne me souciais pas de savoir si nos exercices scolaires étaient bien ou mal ordonnés, ni si l'abus des thèmes et des versions devait développer mon esprit ou m'abêtir à tout jamais. Il s'agissait pour moi de contenter mon père en arrivant au premier rang; je voulais battre une trentaine de camarades qui tous avaient un ou deux ans de latin. Envisagé ainsi, le travail le plus ingrat et le plus fastidieux peut émouvoir et passionner un enfant. Quel que soit le terrain du combat, la victoire n'est jamais indifférente. Je débutai dans mes études par un tel coup de collier que ma mère craignit plus d'une fois pour ma santé et que mon professeur lui-même me retenait au lieu de me pousser. Levé tôt, couché tard, je rêvais de la classe et je récitais des leçons en dormant. A table j'ahurissais les compagnons et les apprentis en leur parlant grammaire; je lisais dans la rue en allant au collège; tous les jeux m'étaient en horreur; j'usais mes yeux, j'usais mes livres. Un enfant de bourgeois qui se fût surmené à ce point serait mort à la peine; heureusement j'étais rustique; j'avais du sang de paysan et d'ouvrier. A la fin du premier semestre, tous les *forts* de ma classe étaient non seulement rejoints, mais dépassés, et le prix d'excellence qu'on donne avant les congés de Pâques fut pour moi.

Je vous laisse à penser si l'on fêta brillamment cette victoire. Lorsque j'apportai à mon père le petit livre doré sur tranche que j'avais gagné en six mois, il le prit avec une émotion visible et me dit :

« C'est bien; c'est bien. Le fils sera plus que son père : la grande loi du progrès! »

Maman prit le volume et s'en alla le feuilleter à la fenêtre, non pour le lire, car c'était la traduction des *Géorgiques* en vers français, par l'abbé Delille, mais plutôt, je suppose, pour cacher une larme ou deux. On décida, séance tenante, qu'il y aurait un grand dîner à la maison, que Catherine mettrait les petits pots dans les grands, qu'on inviterait tous nos amis, et que MM. Dor et Franquin, le principal et mon professeur, seraient de la partie.

Cela dit, l'heureux père endossa la redingote des dimanches et s'en alla distribuer ses invitations pour le lendemain soir. Elles furent acceptées de bon cœur, comme elles étaient faites; personne ne prit mal cette sommation à bref délai. Les universitaires, le percepteur, le greffier du tribunal et les autres messieurs virent aussi sans étonnement que tous les travailleurs de la maison conservaient leurs places à table. Ces jeunes gens étaient généralement simples, mais droits et incapables de s'oublier en bonne compagnie. Il y avait même parmi eux un homme vraiment distingué : c'était le contremaître, mon cher et excellent Basset. Sans ses mains quelque peu gâtées par le travail, ce beau, grand, gros gaillard de quarante ans aurait passé en tout pays pour un homme du meilleur monde. Il avait un peu de lecture, passablement d'esprit naturel et beaucoup d'aisance et de bonhomie. Mon père l'estimait, il amusait ma mère, et, quant à moi, depuis cinq ou six ans qu'il vivait avec nous, je le comptais dans la famille.

Le festin fut non seulement copieux, mais exquis; on sentait que ma mère y avait mis la main. Elle le servit elle-même, courant sans cesse à la cuisine et constamment sur pied, malgré les instances de ses voisins. C'était mon père qui découpait les viandes et qui remplissait les assiettes, tandis que Basset taillait, comme à la tâche, de solides morceaux de pain. On mangea lentement, sans se presser, car le lendemain était jour de fête, et chacun des convives avait droit à une grasse matinée. Après la soupe et le bœuf, garni de légumes, apparut un gros brochet de la Loire, puis un jambon aux épinards et une dinde gonflée de marrons. La salade vint ensuite avec une montagne de pommes de terre frites et un énorme plat d'écrevisses. Mes maîtres, qui étaient hommes de bonne humeur et de bel appétit, faisaient honneur à la cuisine, tout en célébrant les mérites de leur élève, et en lui promettant un avenir fabuleux. Ils prétendaient que jamais, à leur connaissance, un enfant de mon âge n'avait montré tant d'énergie et de persévérance ; mais le vieux principal insistait pour qu'on ne me poussât plus :

« Maintenant qu'il a regagné le temps perdu, il ne lui reste qu'à garder son rang, et il n'y aura pas grand'peine. »

Mon père conservait quelques doutes ; il n'était pas bien sûr que les premiers de notre petit collège seraient premiers partout. Et mon professeur répondait avec assurance : « S'il continue comme il a commencé, je vous garantis qu'à vingt ans il pourra choisir et son école et sa carrière. Vous en ferez à volonté un professeur, un médecin, un ingénieur, un avocat. »

Un grand débat s'ouvrait alors sur les beautés et les avantages des diverses professions libérales, hors desquelles mes chers parents ne voyaient pas de salut. Les universitaires prêchaient pour leur saint ; ils disaient que l'enseignement mène à tout, à la députation, au Conseil d'État, au ministère ; ils citaient en exemple les noms de Villemain, de Cousin, de Guizot. Ma mère eût préféré que je fusse médecin, pour ne pas me séparer d'elle ; mon père tenait bon pour l'École Polytechnique, afin de dire un jour : Mon fils l'ingénieur ! Et quant à moi, je l'avouerai, le goût de l'uniforme, incorrigible chez les jeunes Français, me rangeait à l'avis de mon père. L'École Polytechnique, à mes yeux, n'était pas le chemin, mais le but. Je me voyais déjà en grande tenue, l'épée au côté, dans le salon de la sous-préfecture.

Mon père faisait sauter le bouchon d'une bouteille de vin de Vouvray, et ma mère portait le premier coup de couteau à un magnifique baba, bourré de raisins secs et incrusté d'amandes, quand la porte s'ouvrit brusquement, et Catherine, notre servante, montra sa face colorée en disant :

« Bien des pardons, la compagnie ; mais le ciel est tout rouge sur la vieille ville, et il me semble qu'on entend le clairon. »

En un clin d'œil, tout le monde fut sur pied et hors de la maison. Je vis une immense lueur au nord, j'entendis le rappel des pompiers et, aussitôt après, le tocsin.

« C'est la fabrique, dit mon père. Deux cents personnes sans travail et sans pain, si tout flambait. Excusez-moi, messieurs, je cours passer ma veste. Vous savez ce que c'est que le devoir. Et vous, les enfants, vite ! En tenue de travail ! »

Il disparut et revint, pour ainsi dire, au même instant avec sa veste de toile, sa ceinture et son casque. Basset, les compagnons, les apprentis furent presque aussi prompts. Nos invités prenaient congé de ma mère en disant : « Nous allons faire la chaîne. »

J'implorai la permission de les suivre et de me rendre utile aussi ; est-ce qu'un garçon de douze ans n'a pas le droit de porter les seaux vides ?

« Viens, dit mon père, il n'est jamais trop tôt pour apprendre à bien faire. »

Ma mère n'essaya pas de le retenir ; elle lui dit simplement :

« Pas d'imprudence ! Songe que nous n'avons que toi.

— N'aie pas peur ; ça me connaît.

— Ce n'est pas le feu que je crains, c'est l'air et l'eau : une fluxion de poitrine est bientôt prise. Emporte au moins un vêtement pour te couvrir après.

— Si ça te fait plaisir, donne mon vieux manteau au petit. Mais dépêchons ; la fabrique brûle ! » — Et de courir.

Je le suivis de loin avec mes maîtres et nos amis.

L'usine de M. Simonnot, qu'on appelait par excellence la fabrique, était une agglomération de bâtiments vieux et nouveaux, mais généralement vieux, qui se serraient les uns contre les autres sur un terrain de trois hectares. Sauf la maison d'habitation, très propre et haute de deux étages, on n'y voyait guère que des hangars, construits en bois et vermoulus. Tout cela s'était élevé sans plan préconçu, au fur et à mesure des besoins, dans un quartier excentrique où le sol ne valait pas plus de cinq francs le mètre. La nécessité de produire beaucoup, vite et mal, la demande incessante d'une marchandise à vil prix, sans autre mérite, avait précipité la bâtisse et fait omettre aux entrepreneurs les précautions les plus élémentaires. Par exemple, les séchoirs étaient couverts de chaume, et les piles de bois, seul combustible en usage à cette époque, n'étaient pas couvertes du tout. J'avais souvent entendu dire que la fortune de M. Simonnot était à la merci d'une allumette mal placée; bien des gens estimaient que, pour lui-même, il ferait bien d'être moins dur au pauvre monde. On racontait qu'en 1835 il avait requis la force armée pour réduire ses ouvriers qui s'étaient mis en grève et qui revendiquaient à tort ou à raison une petite part de ses gros bénéfices. Tout cela me revenait en mémoire et à mes compagnons aussi, tandis que nous courions au feu.

C'était bien la fabrique qui brûlait, et l'incendie, on le savait déjà, ne s'était pas allumé tout seul. La voix publique désignait le coupable : c'était un ouvrier espagnol que le chef des emballages, M. Bonafigue, avait congédié du matin même à la suite d'un petit larcin. Il s'était introduit à la nuit tombante dans son ancien atelier; c'était lui qui avait mis le feu aux copeaux pour brûler la maison et pour punir l'auteur de sa disgrâce, qui logeait au premier étage avec une femme et deux enfants. Un voisin avait vu entrer ce misérable; personne ne l'avait vu sortir.

Il était dix heures du soir lorsque j'arrivai à l'usine en compagnie de nos amis. Un vaste bâtiment, percé de larges baies, brûlait dans les trois quarts de sa longueur. Le feu sortait par presque toutes les fenêtres; une épaisse fumée traversait la toiture de tuiles, et parfois une flamme se faisait jour au milieu des tourbillons noirs. Sur cinq pompes, dont trois appartenaient à la ville et deux à la fabrique, une seule était là, dirigée sur le coin de la maison qui ne flambait pas encore. Une foule d'environ deux mille personnes, où l'on reconnaissait, au premier rang, le groupe des autorités, sous-préfet, maire, sergents de ville et gendarmes, regardait avec anxiété cet angle du premier étage que la flamme avait respecté. Tout à coup un grand cri s'éleva sur la place, et je ne vis plus rien que mon père penché vers nous et portant une forme humaine entre les bras. Dix hommes de bonne volonté coururent à une échelle que je n'avais pas aperçue et qu'il touchait pourtant du pied. Le corps fut descendu de mains en mains et porté à travers la foule dans la direction de l'hôpital, tandis que mon père faisait un signe à ses camarades, recevait un énorme jet d'eau sur tout le corps, et se replongeait tranquillement dans la fumée. Il reparut au bout d'une minute, et cette fois en apportant une femme qui criait. Un immense applaudissement salua son retour, et j'entendis : « Vive Dumont ! » pour la première fois de ma vie. Il faisait horriblement chaud ; le rayonnement de cet énorme foyer allumait de tous côtés une multitude de petits incendies que les pompes éteignaient à mesure. A la place où je me tenais, tous les visages ruisselaient de sueur et tous les yeux se sentaient brûler ; mais personne ne se fût éloigné pour un empire, tant l'intérêt du drame était poignant. Mon père se montra de nouveau à la fenêtre ouverte : il tenait cette fois deux enfants évanouis. C'était la fin ; on savait dans la fabrique et dans la ville que le chef d'atelier était le seul habitant de cette maison et que sa petite famille ne comptait pas plus de quatre personnes. Il y eut donc une protestation générale lorsqu'on vit que le sauveteur allait rentrer dans la fournaise.

De tous côtés on lui criait : « Assez ! Descendez ! Dumont ! »

Moi-même, entraîné par l'exemple, je l'appelai de toutes mes forces : Papa ! Il entendit, me reconnut, et dessina du bout des doigts un geste que je sentis comme une caresse. A ce moment, le capitaine, M. Mathey, qui dirigeait la manœuvre des pompes, s'avança jusqu'au bas de l'échelle et dit de sa voix de commandement : « Sapeur Dumont, je vous ordonne de descendre. »

Il répondit : « Capitaine, le devoir m'ordonne de rester.
— Il n'y a plus personne là-haut.
— Il y a un homme par terre, au fond du couloir.
— C'est impossible.
— Je l'ai vu de mes yeux.
— Encore une fois, descendez ! Le feu gagne.
— Raison de plus pour me hâter. »

A peine avait-il dit ces mots, à peine le son de sa voix s'était-il éteint dans mon oreille, que le feu jaillit par toutes les ouvertures de la maison, la toiture s'effondra avec un bruit épouvantable, et tout l'espace compris entre les quatre murs du bâtiment ne fut qu'une colonne de flammes.

La foule ne poussa pas un cri devant cette maison qui était devenue une tombe. Je n'entendis qu'un long murmure, une sorte de gémissement, fait de surprise et de pitié. Peut-être aussi, dans tout ce monde, y avait-il des gens qui, comme moi, n'avaient pas compris.

Il paraît qu'en voyant tant de feu monter dans le ciel, je répétais machinalement, à demi-voix : « Eh bien, mais ?... » Je cherchais mon père avec la naïveté d'un enfant qui ne sait pas que la vie humaine tient à si peu. Mon père serait sorti de la maison par une porte de derrière, il serait venu tout à coup me prendre dans ses bras, cela m'aurait paru tout naturel.

En promenant autour de moi un regard à peine effaré, je rencontrai les yeux de mon vieux principal, et je compris.

« Est-ce possible, monsieur ?
— Pauvre enfant ! »

Ce fut tout. Je m'enfuis éperdument à travers cette masse d'hommes, et j'arrivai à la maison sans savoir quel chemin j'avais suivi.

Ma mère était là, belle, calme et souriante, au milieu de la salle à manger. Devant la table mise à nu et réduite à ses dimensions habituelles, elle aidait Catherine à essuyer les verres du dîner. Je lui lançai le manteau de mon père en criant : « Tiens !

papa n'en a plus besoin; il est mort dans le feu; la maison est tombée sur sa tête! »

La pauvre femme écoutait sans entendre; elle fixait sur moi de grands yeux, tout en frottant son verre, et elle répétait machinalement : « Tu dis? tu dis? tu dis?

— Je dis qu'il a sauvé quatre personnes et que personne ne l'a sauvé, lui! Je dis que tu es veuve, ma chère maman, et que je suis orphelin. Je dis que tu as perdu le meilleur des maris, que j'ai perdu le meilleur des pères, et que c'est à moi maintenant, à moi seul de travailler pour toi!

— Tais-toi donc, malheureux! s'écria-t-elle. Un enfant ne sait pas ce que c'est que la vie et la mort. Ton père nous aime trop pour nous quitter ainsi après treize ans de bonheur. D'ailleurs les hommes comme lui ne meurent pas; ils sont trop nécessaires à tout le monde.

— Mais, maman, j'étais là; je l'ai vu dans la maison brûlée.

— Est-ce donc la première fois qu'il va au feu? n'est-il pas toujours revenu? dis-moi qu'il est blessé, qu'il a très mal, je te croirai peut-être. Mais tué, lui, Dumont, jamais! »

Elle avait un tel air de conviction que je commençais à la croire. Catherine acheva de me troubler en disant : « Voyez donc, madame, comme il est rouge! Tu as bu du vin pur à dîner, et le grand air t'a fait perdre la tête, méchant gamin! »

Ma pauvre tête était bien perdue, en effet, car je ne pus que balbutier :

« C'est possible; on se trompe; il est entré pour sûr dans la maison, et la maison s'est écroulée dans le feu; mais dire que je l'ai vu tomber lui-même, non. Ni moi, ni personne. Seulement M. Dor, qui était là, m'a serré la main en disant: « Pauvre petit! »

Je ne demandai pas mieux que de retourner à la fabrique.

« Viens! » s'écria ma mère. Et Catherine nous suivit.

Mais nous n'étions pas arrivés au chemin de halage quand la porte du chantier s'ouvrit avec son gros bruit de sonnette, et l'implacable certitude entra au logis. Les convives du soir, deux de nos ouvriers, des amis, des voisins, des obligés de mon pauvre père, arrivaient à la file et nous embrassaient sans parler. A ces témoignages muets, ma mère ne résista plus; elle fondit en larmes, se laissa tomber sur un siège et me tendit les bras. A genoux devant elle, le visage caché dans les plis de sa robe, étouffant mes sanglots à deux mains, je pris ma part de son supplice, et j'écoutai pendant deux ou trois heures cette musique banale et monotone des consolations qui ne consolent pas.

Lorsque les derniers visiteurs se furent éloignés, le jour commençait à poindre. Catherine se remit au travail, et je demeurai seul avec ma mère dans ce salon, où mon prix d'excellence, le livre de l'abbé Delille, brillait encore sur le guéridon du milieu. Nous étions brisés de fatigue et de douleur, mais nous ne songions pas à dormir. Ma mère allait, venait, s'agitait dans le vide. Elle disait entre ses dents : « Rien, rien, rien! » Je ne comprenais pas, et je lui demandai timidement : « Quoi, rien? » Elle éclata :

« Rien! pas même son corps à ensevelir, à veiller, à baigner de mes larmes! Quand nous avons perdu ton pauvre grand-papa Housset, j'étais bien profondément affligée, mais j'ai goûté une douceur amère dans les derniers devoirs que je lui ai rendus. Et puis, il était vieux, il avait été malade, je l'avais soigné, j'avais eu tout le temps de me préparer à sa mort. Et celui-ci, qui disparaît en une minute, dans toute sa santé, toute sa force, toute sa bonne humeur et toute sa vaillance, sans laisser seulement la trace de ses pas sur le sable de notre jardin! Tu l'as vu partir, il courait à cet incendie comme à une fête; je ne sais même pas s'il nous a embrassés!

— Oui, maman », répondis-je sans hésiter. Mais je n'en étais pas bien sûr.

La malheureuse femme se rassit, me prit sur ses genoux, et tout en caressant ma tête contre son cœur, elle me parla d'une voix sourde et étranglée que j'entendais pour la première fois.

« Tu ne l'as pas connu, me disait-elle; tu n'es pas en état de comprendre ce que nous perdons. Moi seule, j'ai mesuré la grandeur de son âme, j'ai sondé ce cœur assez large et assez profond pour contenir le monde. Tu vois comme il a fait le sacrifice de sa vie à un étranger, un inconnu, ou même un être imaginaire. Mais mourir, c'est l'affaire d'un instant. Parle-moi des longs dévouements, des services rendus en tout temps, partout et à tous et durant de longues années!

« Le bien qu'il a fait en détail, discrètement, sans en parler à moi-même, dans sa famille, dans notre voisinage, dans son hameau natal et jusque sur les grands chemins, suffirait à remplir et à honorer plusieurs vies. On donne des prix de vertu à des gens qui ne vaudront jamais son petit doigt. Ah! que je l'aimais donc, le cher homme! Et qu'il méritait d'être aimé!! Les femmes sont de fameux juges, va! On ne leur cache ni les moindres actions ni les plus secrètes pensées.... »

Ma mère me berça ainsi jusqu'au grand jour, épanchant sur moi le trop-plein de sa tendresse, sans éclats de voix, sans gestes violents, sans manifestations dramatiques. Elle me racontait l'histoire de son heureux ménage, comme si je n'en avais pas été le témoin; elle exaltait la patience, la douceur, la délicatesse, les prévenances et les attentions du mari qu'elle avait perdu. Tout cela était dit posément, et j'écoutais sa chère voix avec un désespoir si tranquille que je me demandais par moments si nous souffrions assez, si nous n'étions pas des monstres et si nos larmes n'étaient pas des larmes dénaturées. Un seul mot m'expliqua cette résignation d'une femme aimante et aimée :

« Enfin que veux-tu? me dit-elle; c'était son devoir. Rappelle-toi ses dernières paroles ici et là-bas. Il devait mourir pour les autres, et nous devions rester sans lui. Je ne sais pas si les gens pour lesquels il s'est dévoué nous rendront jamais la pareille, mais qu'importe? fais comme lui; fais ce que tu dois. Dans la vie comme dans la mort, pauvre enfant, montre-toi son digne fils.... »

Vers trois heures après-midi, Basset, couvert de cendre et noirci par la fumée, vint nous apprendre que mon pauvre père avait été retrouvé dans les décombres. On ne l'avait reconnu qu'à son casque; le corps, entièrement carbonisé, ne formait plus qu'une masse informe, réduit à presque rien, pas plus volumineux que le corps d'un enfant de quatre ans. Le brave garçon demanda si ma mère voulait voir ces misérables restes. Elle répondit sans hésiter, comme si elle avait prévu la question :

« Non, Basset, je vous remercie. L'image de mon cher Dumont est gravée au fond de mon cœur. Je le verrai toute ma vie, grand, beau, fier et riant, tel qu'il était hier soir en sortant de chez nous. Il ne faut pas que cette impression soit effacée par une autre. Laissez-moi conserver intact le peu qui me reste de lui ! » . . . .

Une triste cérémonie mit fin à la conversation. Les camarades de mon père nous apportaient sur un fourgon le peu qui restait de lui. Sur le cercueil de chêne ils avaient étendu le drapeau de la compagnie. Tous les hôtes de la maison vinrent avec nous au-devant de ce lamentable dépôt, que ma mère reçut dignement :

« O mon pauvre Dumont ! s'écria-t-elle, ce n'est pas ainsi que tu devais rentrer chez nous ; mais n'importe : sois le bienvenu ! »

On lui fit une place au milieu du salon, et la famille entière, sauf quelques enfants en bas âge, passa la soirée et la nuit autour du cercueil.

Ces longues heures d'un silence à peine interrompu par quelque sanglot isolé ne furent pas pour moi du temps perdu. Accroupi sur un petit carré de tapis, le visage plongé dans mes deux mains, je m'entretins sans interruption avec celui qui n'était plus en état de m'entendre. Je le remerciais de tout ce qu'il avait fait pour moi, je lui jurais une reconnaissance éternelle. Les conseils qu'il m'avait donnés, les maximes qu'il m'avait enseignées me revenaient successivement à l'esprit, et je lui promettais de m'en souvenir à jamais. Je pris l'engagement de continuer sa vie, selon les intentions qu'il avait souvent manifestées, et de le remplacer dans la mesure de mes moyens en servant ma mère, mes grands parents, mes oncles, mes cousins et tous ceux qu'il avait aimés. Et je n'eus garde d'oublier, dans une nuit si solennelle, l'amour du genre humain, l'esprit de sacrifice et de dévouement, cette fraternité dont il m'avait offert en mille occasions le précepte et l'exemple.

Plus d'une fois, il faut que je l'avoue, la fatigue, la faim, le sommeil interrompirent ce monologue filial. J'oubliai mon malheur, je revis mon père vivant, actif et gai, courbant les branches d'un coudrier pour me faire cueillir des noisettes, ou me donnant à porter un gros lièvre dont la tête battait mes reins, ou secouant nos pruniers en fleur pour abattre les hannetons que je courais distribuer aux poules. Souvent aussi, l'effroyable réalité, reprenant le dessus, me faisait voir à travers les planches bien rabotées et exactement jointes par nos compagnons la masse noire, le corps calciné, l'homme réduit aux proportions d'un enfant de quatre ans, ce rien, ce moins que rien, qui avait été notre tout. Alors je m'éveillais en gémissant, mais la douce main de ma mère se glissait sur ma tête à travers les cheveux et distillait dans mon cerveau par je ne sais quels chemins inconnus une consolation irrésistible.

La cérémonie funèbre commença à dix heures et ne se termina pas avant midi. Elle eut la grandeur et la solennité d'un deuil public. Sur les cinq mille habitants de notre petite ville, un quart à peine était resté pour garder les maisons; encore tous ceux-là faisaient-ils la haie devant leurs portes. Le sous-préfet en uniforme, le lieutenant de gendarmerie, les employés des finances, le tribunal en robes, le maire et le conseil municipal emplissaient notre rez-de-chaussée; les pompiers, en grande tenue, avec la musique et les tambours voilés d'un crêpe, se tenaient en bon ordre dans le chantier. Papa *La France* recevait les autorités et répondait aux compliments de condoléance; ma mère, environnée de toutes les grandes dames de la ville, pleurait silencieusement dans un coin. . . . .

On partit. La musique et les tambours ouvrirent la marche. Le corps était porté à bras par Basset et nos compagnons, qui n'avaient cédé ce devoir à personne. Je marchais seul à la gauche de mon grand-père, qui me tenait par la main; mes oncles et mes cousins formaient un groupe à notre suite. Après eux, les autorités, nos amis, le collège, l'école primaire, le personnel entier de la fabrique, moins M. Simonnot, qui rejoignit le cortège à mi-route; une multitude de citadins, riches et pauvres, et force paysans de Launay ou des villages voisins. Ma mère, ma grand'mère, mes tantes et mes cousines suivaient à pied, et derrière elles un millier de femmes en noir.

Tandis que nous traversions la grand'rue, où pas une boutique n'était restée ouverte, mon grand-père s'aperçut que je cédais à une sorte de torpeur bien naturelle après tant de fatigues et d'émotions. Il me secoua doucement et me dit : « Ne t'abandonne pas, Dumont (c'était la première fois qu'il me donnait ce nom, réservé jadis à mon père)! Lève la tête, enfant; fais comme moi; montre à ce peuple que tu comprends sa pensée et qu'une manifestation si solennelle sera la grande leçon de ta vie. »

Un regard étonné et légèrement inquiet lui fit voir que ses paroles avaient besoin de commentaire.

« Hé quoi! reprit-il, trouves-tu naturel que la ville et la campagne rendent de tels honneurs à un modeste charpentier, fils d'un malheureux paysan? Il ne t'est pas venu à l'esprit que ni le préfet du département, ni M. le comte de Taillemont, qui avait un ancêtre aux croisades, ni le banquier Poulard, ni M. Simonnot, décoré pour ses hautes capacités industrielles, ne seront honorés et pleurés comme ton pauvre père? Quand tu seras un peu plus grand, tu entendras des jugements de toutes les couleurs sur les affaires de ce monde. Les uns te conteront que le pouvoir prime tout, d'autres que c'est l'argent, ou la naissance, ou le savoir, ou l'esprit. Non, mon fils, c'est le cœur! Souviens-toi que les justes et les bons auront toujours le pas sur les malins, sur les savants, sur les puissants, les nobles et les millionnaires. En France, au moins : je ne te parle pas de l'étranger, où les meilleurs ne valent pas grand'chose. Mais nous sommes un peuple de braves gens; notre pays n'est pas seulement le plus beau, mais le plus équitable du monde, et les hommes courageux et dévoués comme celui qu'on porte là, devant nous, y tiendront toujours le haut du pavé, morts ou vifs! Tâche de lui ressembler en tout, suis ses exemples, advienne que pourra! La mort n'est rien; ce qu'il y a de terrible et d'odieux, c'est de survivre. Que ne suis-je à sa place et lui à la mienne, mon cher fils! »

Il y eut trois discours au cimetière; le sous-préfet, le maire et le capitaine Mathey louèrent successivement l'honnête homme qu'ils avaient connu, et firent de leur mieux pour consoler sa famille. Deux orateurs sur trois étaient fort inexpérimentés; mais, comme ils eurent le bon goût de parler simplement, ils touchèrent les cœurs. M. Morand, l'ancien drapier, prit pour texte l'hérédité du bien. Il esquissa à grands traits l'histoire des Dumont, race exemplaire, dit-il, où pendant dix générations ni homme ni femme n'avait failli. Il montra comment le sentiment de l'honneur, transmis de génération en génération à des hommes pauvres et presque illettrés, peut faire des travailleurs rangés, des citoyens exemplaires et même, à l'occasion, des héros. Et il termina en disant que ce bon sang ne mentirait pas dans l'enfant adoptif de la ville.

Le pauvre grand-papa *La France*, électrisé par cette glorification des siens, eut un mouvement absurde et magnifique : il m'enleva dans ses longs bras et me jeta pour ainsi dire au maire, qui prit possession de son pupille en m'embrassant à la face de tous.

J'étais brisé à tel point que dans tout le cours de ma vie je ne me souviens pas d'avoir éprouvé un tel accablement. Le défilé de mes camarades anciens et nouveaux, des connaissances et des inconnus, les poignées de main, les accolades, les saluts cérémonieux et glacés comme celui de M. Simonnot, me donnèrent une sorte de vertige. Lorsque tout fut fini, je m'échappai du groupe qui ramenait ma mère à la maison, et je m'enfuis à travers champs comme un enfant qui fait l'école buissonnière. . . . . .

(*Le Roman d'un brave homme*, chapitres i et iv.)

SOUVENIRS

I

ALSACE

A MON FILS
POUR QU'IL SE SOUVIENNE
1871

I

SAVERNE

28 *septembre* 1871. — Tous les services sont rétablis sur le chemin de Paris à Strasbourg, sauf la petite vitesse. Le train-poste du soir part à son heure accoutumée, et il arriverait exactement, comme autrefois, si la douane d'Avricourt ne l'arrêtait quarante ou cinquante minutes. Mais les voyageurs sont encore assez rares, et dans ce petit nombre peu de Français, pas un touriste. Personne ne va là-bas pour le plaisir d'y être. Où sont-ils les beaux jours de Bade! et cette élégante cohue qu'on entassait dans les trains doublés et triplés? La Compagnie de l'Est pourrait seule nous dire ce que la guerre lui coûte.

Ce qu'elle ne dit pas, mais ce que j'ai appris par cent indiscrétions alsaciennes ou lorraines, c'est la générosité dont elle use envers les émigrants. Cette pauvre compagnie, si rudement éprouvée, rapatrie à moitié prix, souvent pour rien, les familles et les mobiliers de nos petits fonctionnaires nécessiteux. Ses directeurs et ses agents sont devenus, par la force des choses, les confidents de douleurs et de misères sans nombre; ses guichets reçoivent chaque jour des confessions déchirantes, et l'on exerce à petit bruit une générosité vraiment patriotique. Les actionnaires s'en plaindront-ils? Non, certes. Les bénédictions des pauvres et la reconnaissance du pays ne sont pas un dividende à mépriser.

Presque tous ceux que j'ai connus et aimés à Saverne en sont partis depuis longtemps. Mais ce n'est pas la peur de quelques journées solitaires qui m'étreint le cœur au départ; c'est le doute, c'est l'angoisse de ce redoutable peut-être que je m'en vais chercher auprès du vieux nid abandonné.

Home! sweet home! Pendant douze ou treize ans, mes travaux, mes plaisirs, mes affections, toute ma vie morale a gravité autour de Saverne. Tous mes enfants y sont nés, non par hasard, mais parce que nous voulions qu'ils fussent Alsaciens. Nous nous disions : Paris n'est pas une patrie; on n'y a ni concitoyens, ni voisins, ni compagnons d'enfance : personne ne vous sait gré d'être né à Paris. En province, l'enfant du pays est quelque peu le frère et le fils de tout le monde; chacun s'intéresse à ses progrès; tous les regards, tous les vœux l'accompagnent dans la vie. Si les commencements sont difficiles, une municipalité maternelle ne refuse pas un peu d'appui. Plus tard, à l'âge des ambitions, on trouve dans la petite ville natale un terrain tout battu, des partisans tout faits, des dévouements à toute épreuve. C'est là qu'on vous sait gré de vos succès, comme si les voisins et les amis en avaient leur part; on y devient grand homme à bon marché; les anciens rivaux de collège n'attendent qu'un prétexte un peu décent pour vous dresser une statue. Voilà le beau raisonnement qui m'a conduit à faire souche de petits Savernois. Maintenant, il faut que je retourne à la mairie pour réclamer à leur profit la nationalité française : faute de cette déclaration, ils seraient Allemands de plein droit.

Au temps où nous allions chez nous en dix heures, sans rencontrer un factionnaire allemand à toutes les gares, cette nuit de voyage était pour moi un plaisir sans fatigue. On s'endormait à Meaux en savourant par avance la joie du lendemain, et, malgré quelques cahots, on ne faisait qu'un somme jusqu'à Nancy. Là on s'éveillait tout exprès pour entendre ce brave accent lorrain, dont j'ai eu tant de peine à me défaire au collège, mais que j'apprécie en connaisseur dans la bouche d'autrui. Dès ce moment, mes yeux ne quittaient plus le paysage, et je ne me lassais point d'admirer la richesse un peu monotone de ce vieux sol lorrain qui m'a nourri.

Je reconnaissais les bons prés, je saluais en ami les fortes terres rouges, terres à blé qu'un attelage de six chevaux n'entame pas toujours sans peine; j'encourageais du regard les jeunes houblonnières, nouvel espoir de nos pays; je fronçais le sourcil devant les betteraves à sucre, gros revenu de quelques années avec la ruine au bout; j'assistais au réveil des troupeaux de moutons dans leurs parcs, et je voyais le berger sortir tout ébaubi de sa maison roulante. Bientôt les deux clochers de Lunéville apparaissaient sur l'horizon; style bourgeois, lourd, ampoulé, cossu, bonhomme au demeurant : c'est l'architecture des jésuites.

Les jardinets soignés, ratissés, taillés, émondés qui entourent la ville, me reportaient à mon enfance. Je n'ai jamais pu voir un potager correct sans penser à mon grand-père, excellent homme et parfait jardinier. La station d'Avricourt, où l'on s'arrêtait trois minutes, m'inspirait chaque fois une vive tentation de descendre : Avricourt est la tête d'une petite ligne qui mène à Dieuze, mon pays natal. Un jour, je ne sais quand, j'y ai vu un train en partance; le conducteur criait de ce ton goguenard et cordial qui caractérise l'esprit lorrain : « Allons, les gens de Dieuze, en voiture ! » Je répondis d'instinct, sans songer : « Les gens de Dieuze ? mais j'en suis ! »

On arrivait ensuite à Sarrebourg, aujourd'hui Saarburg, une aimable petite ville, bien gaie, bien riante, et particulièrement française, en dépit de son nom germanique. Deux jolies filles, aux dents éblouissantes, tenaient un buffet en plein vent, sur le quai de la voie. Quelques voyageurs descendaient pour les admirer de tout près, sous prétexte de boire un coup. Nous embarquions une demi-douzaine de marchands de bétail, tous enfants d'Israël, et le train se précipitait vers la grande traversée des Vosges. Six tunnels à la file : que de fois je les ai comptés ! Dès le premier, je me sentais chez moi ; c'était une avant-porte de la maison ; j'étais enfin dans nos montagnes de grès rouge. En débouchant dans la première vallée, après deux minutes de nuit noire, on voit à gauche, sous ses pieds, un petit filet d'eau, la Zorn, qui grossit à vue d'œil et devient une rivière avant Saverne. La Zorn, le chemin de fer, le canal de la Marne au Rhin et une route vicinale s'entre-croisent, se coupent, se chevauchent tour à tour durant un bon quart d'heure : rien de plus pittoresque et de plus gai que ce lacis de communications serrées dans un espace trop étroit. Les montagnes s'élèvent à pic sur la droite et sur la gauche, avec force sapins et une profusion de rochers moussus, sans parler des genêts d'or et des bruyères roses.

Le quatrième tunnel est creusé sous le château de Lutzelbourg, un monument historique que j'ai marchandé bien des fois, tantôt pour Gustave Doré, tantôt pour Hippolyte Taine. C'est un plateau d'un hectare et demi avec deux tours carrées, dont la moindre fournirait les matériaux d'une vaste maison. Le tout ensemble s'est payé autrefois 350 francs, frais compris, mais le propriétaire, un vieux madré, ne se décidait pas à revendre. Je mourrai donc probablement sans avoir eu la gloire d'acheter un château sur mes économies pour l'offrir à un artiste ou à un écrivain.

Sur les sept heures du matin, sauf accident, le train, l'heureux train du bon temps, débouchait dans la plaine, au-dessous de

Saverne, et, deux minutes avant l'arrêt, je voyais sur la gauche, au milieu d'une étroite vallée, un pignon à demi caché dans les arbres : *home! sweet home!* voilà le nid!

Autre temps, autre voyage. D'abord, au lieu de m'endormir franchement, sans autre idée que l'impatience du lendemain, j'ai ruminé toute la nuit dans l'amertune de mon cœur les dernières nouvelles qui nous sont venues de Saverne. Un misanthrope alsacien m'écrivait le mois passé : « Ces gens-là sont devenus plus Prussiens que la Prusse! » A l'appui de son dire, il m'envoyait la copie typographique d'une pétition adressée par tous les notables de la ville au chancelier de l'empire. Sur un faux bruit, habilement semé par le vainqueur, les Savernois ont cru qu'ils étaient menacés de perdre leur tribunal : ils se jettent aux pieds de M. de Bismarck ; ils adorent la majesté de l'empereur Guillaume ; ils ne craignent pas de dire : « Nos origines, nos noms, nos mœurs, nos cœurs sont allemands... » Est-il possible? Tous ces hommes de bien, que j'ai connus et pratiqués longtemps dans une certaine intimité, n'auraient été Français que de nom? Il aurait donc suffi d'un coup de sabre pour rompre les liens qui les attachaient à la patrie?

Au fait, je me souviens qu'ils n'étaient pas bien tendres pour nous autres qui ne parlions point leur patois. Les gros messieurs du pays, lorsque j'ai débarqué chez eux en 1858, ne m'ont-ils pas reçu à coups de fourche? Si je n'ai point inauguré de ma personne la prison neuve de la ville, une prison cellulaire, s'il vous plaît! c'est à leur grand dépit, et plus d'un ne s'en console pas encore.

Ce souvenir en appelle d'autres qui font groupe et se prêtent un mutuel appui. N'ai-je pas vu, de mes yeux vu, quatre uhlans s'emparer de la ville, quoiqu'elle eût organisé et armé à grand orchestre une compagnie de francs-tireurs? Les visages qui se pressaient dans la rue autour de ces quatre hommes exprimaient plus d'étonnement et de curiosité que de douleur ou de colère. Longtemps après ce triste jour, au plus fort de la guerre, j'ai entendu conter je ne sais quelles histoires de trahison. Un bourgeois de

Saverne aurait dénoncé des soldats convalescents qui s'apprêtaient à quitter l'ambulance pour rallier le drapeau national. Un autre aurait aidé nos ennemis à rétablir la voie ferrée, en leur révélant la carrière où l'on avait caché les rails. De tels crimes sont à peine croyables ; on les a peut-être inventés pour refroidir les cœurs français qui restent fidèles à l'Alsace.

Les Savernois sont loin d'être parfaits, ils m'ont souvent mis en colère ; mais je ne puis pas croire qu'ils aient trahi la patrie, et je ne les mépriserai pas sans un effort énorme. Tenez ! cette inqualifiable pétition où ils déclarent leur amour à la Prusse ne me persuade point. On m'affirme que le maire y a écrit son nom avant tous les notables de la ville ; mais ce maire, c'est l'avocat Gustave Ostermann, un cœur droit, un caractère honnête et ferme, malgré la typhoïde qui a failli le mettre en terre l'an passé. Il représentait le Bas-Rhin à l'Assemblée nationale de Bordeaux, il y a fait son devoir avec les autres députés de la Lorraine et de l'Alsace en votant contre la paix, de même que les représentants du Nord, du Sud, de l'Ouest et du Centre ont fait leur devoir en votant contre la guerre.

L'avocat Ostermann, qui défend pied à pied les intérêts de la commune contre les proconsuls allemands, n'a pas pu se donner sciemment un tel démenti à lui-même. Il y a quelque chose là-dessous. J'en aurai le cœur net en arrivant à Saverne.

Tandis que je débats ces graves questions dans le recueillement de la nuit, le train marche. Nous traversons la gare de Nancy, qui n'a jamais été si morne, même à quatre heures du matin. Une aurore triste et pluvieuse éclaire insensiblement les campagnes : à Blainville, il fait petit jour ; j'y remarque un bureau des postes allemandes où quelques étrangers en casquette d'uniforme brassent les lettres à pleins sacs. C'est la France qui fait partout les frais de ce service ; nos vainqueurs ont exigé une poste pour eux seuls, et gratuite encore ! S'ils sont loin de leur pays, c'est notre faute, disent-ils ; c'est nous qui les avons attirés sur notre territoire ; la charge des communications qu'ils entretiennent avec leurs gouvernements et leurs familles ne doit peser que sur nous. Amen! — Force nous est de dire « amen » à tout, puisque nous ne sommes pas les plus forts.

Les voyageurs descendent à la station d'Avricourt, comme autrefois à Kehl, pour la visite des bagages. La douane allemande est là. Sur une baraque de planches on voit flotter le nouvel étendard de la Confédération germanique; il est noir, blanc et rouge, par bandes horizontales. C'est le drapeau tricolore en deuil. La bande supérieure nous rappelle que 109 000 Français dans la force de l'âge, sains de corps et d'esprit, sont morts en quelques mois sur les champs de bataille, aux ambulances et dans les hôpitaux militaires. Au moment où j'allais remonter en voiture, j'ai entendu une grosse voix joviale et brutale, qui terminait je ne sais quelle discussion en disant : « Mossié, vous n'êtes plus en France ». Les conducteurs français nous quittent; on est tenté de leur dire adieu et de leur serrer la main; ils sont remplacés par des hommes qui ne savent pas un mot de notre langue.

Voilà pourtant le petit chemin de fer qui mène à Dieuze, voilà les belles plaines savamment cultivées et un fort attelage qui prélude aux emblavures d'automne en déchirant la terre rouge. Les petits villages aux murs blancs, aux couvertures de tuile brunie, nous sourient, comme autrefois, derrière leurs vergers. Rien n'est changé que le drapeau, mais le drapeau, c'est tout pour l'homme qui comprend le saint mot de patrie. Et dire qu'au printemps de 1870, il y a dix-huit mois, les vieilles tirades sur le drapeau nous faisaient sourire! Il est presque miraculeux que les petits théâtres à la mode n'aient pas fait litière de cela comme de tant d'autres nobles choses. Ah! nous sommes mal nés, dans un temps trop serein, trop pacifique et trop confortable surtout! Il faut réagir maintenant, se refaire le sens moral, et devenir, s'il se peut, d'autres hommes.

La Lorraine s'enfuit grand train derrière nous; Sarrebourg est dépassé, les tunnels, les vallées, les montagnes, les forêts se succèdent. Quelles forêts la France avait là! quelle richesse nous avons perdue! L'Allemagne nous prend la neuvième partie de notre sol forestier comme étendue, et la sixième partie comme valeur. C'est un capital de 250 millions, selon l'estimation la plus modérée, que nous abandonnons à l'ennemi : et personne n'a songé à le rabattre sur la rançon de cinq milliards!

Enfin, voici la gare de Saverne. J'y connaissais tout le monde autrefois; maintenant, plus personne. Il n'y a que nouveaux visages et la casquette prussienne sur toutes les têtes. Cependant je retrouve un bon vieux qui prend des sacs de dépêches pour les porter à la poste. « Vous êtes donc devenu Prussien, mon brave homme? » Il ôte la maudite coiffure, la tortille dans ses mains, la regarde piteusement, et répond : « Oui, j'ai pris ça pour vivre, mais j'en ai déjà assez, et je m'en vais bientôt en France. »

Je suis arrivé un jeudi, jour de marché; le mouvement accoutumé emplit la grand'rue. Les paysans des villages voisins font trotter leurs longues charrettes ; je rencontre deux ou trois femmes qui bercent des cochons de lait dans leurs tabliers en leur disant des paroles consolantes. On aperçoit aussi quelques soldats allemands sur le seuil des portes; ils sont tout habillés de noir avec des passementeries noires. L'uniforme n'est ni beau, ni bien tenu. Ces hommes appartiennent au contingent du Brunswick ; ils logent encore chez l'habitant, c'est tout ce que j'en ai appris sur mon passage. Du reste, je ne fais que traverser la basse ville, pour gagner la campagne au plus vite et revoir ma chère maison.

Les habitants d'Auteuil, d'Asnières, de Saint-Cloud et de cent autres villes et villages qui ont éprouvé l'effet du pétrole et des obus, seront sans doute moins tentés de plaindre que d'envier un propriétaire dont la maison et le mobilier sont intacts en pays conquis. Je sais d'avance que je retrouverai tout mon petit domaine en bon état, même les caves! Nos pertes matérielles se résument dans une somme ronde à payer chez l'aubergiste, pour logement et nourriture de soldats.

Nous ne sommes donc pas malheureux dans le sens vulgaire

du mot; si nous l'étions, je ne prendrais pas la peine de l'écrire : les plaies d'argent ne sont pas dignes d'attirer l'attention du public. Je ne sais même pas jusqu'à quel point un simple prosateur est en droit d'imprimer l'analyse de ses douleurs morales, comme de grands poètes l'ont fait avec gloire. La familiarité de la forme donnerait à ce genre de confidences quelque chose de bas; on aurait l'air de convertir en boudin le sang de ses propres veines pour en régaler les lecteurs. Si je parle en mon nom et si je conte ici des choses qui me touchent, c'est parce que je suis un témoin et que le témoin ne saurait rien voir d'aussi près que ses affaires privées. De quelque détail qu'il s'agisse, il n'y a qu'une question sur le tapis : la question alsacienne; qu'un personnage en scène : l'Alsace.

Il est assez indifférent au public de savoir que tel homme est forcé de vendre, de louer ou de fermer une maison où il avait ses souvenirs et ses habitudes. Mais, lorsque le cas se généralise, quand des centaines, des milliers de pères de famille, frappés du même coup, regrettent par moments que leur maison ne soit pas en ruines sur le territoire français, où l'on pourrait au moins la rebâtir; quand, sur une longueur de 150 kilomètres, tous les bons citoyens se demandent s'il faut émigrer, ou s'ils peuvent rester chez eux sans trahison ni faiblesse, alors les côtés personnels de la question s'effacent : on n'aperçoit plus que le vieux cœur humain tiraillé en tous sens par le sentiment, l'intérêt et le devoir.

En approchant de cette pauvre *Schlitte* (c'est ainsi que nous appelions la maison entre nous) j'éprouve exactement la même émotion que si j'allais revoir, après une longue absence, un ami mortellement malade. La joie de le retrouver pour un moment est empoisonnée par la certitude de le perdre bientôt pour toujours.

Un gazon court et dru commence à poindre dans notre petit chemin des noyers, où la circulation était si active autrefois. Voici l'ancien bâtiment de la serre, où l'on a fait des chambres d'amis, que les amis n'ont pas eu le temps d'habiter. Il y avait là une enseigne, une magnifique enseigne de fer forgé, découverte à Bouxviller par Charles Marchal, le joyeux peintre. L'archéologue Dagobert Fischer a publié toute une dissertation, dans un journal franco-allemand, sur cette vénérable ferraille. Elle portait les armes de la principauté de Hanau, enrichies par mes soins d'une devise nouvelle : *Amicis*. En effet, cette enseigne indiquait l'auberge de nos amis. On l'a rentrée dès les premiers jours de l'invasion, parce que les Prussiens la prenaient trop au sérieux et venaient demander à boire. Une inscription d'un tout autre style décore la grille de bois : *Verbotener Eingang* : Entrée défendue... aux vainqueurs.

Cette grille est ouverte, la maison fermée, le jardinier absent pour cause de marché, les clefs en ville chez un ami : personne n'attendait notre arrivée. Nous sommes accueillis par les menaces d'un de nos chiens, qui montre les dents, et par les cris horribles d'une douzaine de paons effarés qui s'envolent jusqu'à la forêt voisine. Ce sont les seuls vivants que nous ayons rencontrés dans ce lieu naguère encore plein de vie, de bruit et de gaieté. En revanche, la végétation s'est donné carrière. Les glycines, les vignes vierges et les treilles qui tapissent la maison ne se contentent pas d'occuper tous les murs, elles se glissent entre les feuilles des persiennes, qu'il faudra dégager à coups de serpe avant d'ouvrir. Les arbres du jardin, surtout les jeunes que nous avons plantés nous-mêmes, ont grandi follement : je suis confondu des progrès qu'ils ont pu faire dans une année; il est vrai que je n'avais pas eu le temps de les regarder l'année dernière, et qu'en réalité mon attention est absente ici depuis l'automne de 1869. Les herbes sont hautes et drues, surtout dans les allées; on y ferait paître un troupeau. Quelques vignes, négligées comme tout le reste, sont devenues folles; elles grimpent aux arbres et suspendent leurs grappillons chétifs aux branches des cerisiers. Peu de fleurs dans les corbeilles à demi effacées, les plantes exotiques sont mortes ou malades. Le jardinier, un honnête paysan qui n'entend rien

EN REVANCHE, LA VÉGÉTATION S'EST DONNÉ CARRIÈRE

aux choses de luxe, a concentré son attention sur les navets et les choux. Ses élèves lui font honneur, mais presque tous les rosiers que nous avions greffés de nos mains ont repris l'apparence agreste et les mœurs farouches de l'églantier.

Et les asters bleuâtres qui pullulent! est-ce une dérision du sort! Il faut vous dire que ces asters étaient les seules fleurs du jardin en 1858, quand j'y entrai pour la première fois. J'achetais une propriété délaissée depuis longtemps, où tout avait péri, sauf la maison, les arbres et ces asters bleuâtres qui ne demandent aucun soin. Je fus frappé de leur vigueur, sans les admirer autrement, car ce sont des fleurs assez laides et parfaitement vulgaires, et je les supprimai presque aussitôt. Il y avait à la même époque une nappe de lentilles d'eau qui couvrait un petit étang d'un demi-arpent et lui donnait une physionomie par trop mélancolique. On peupla cette eau de canards variés; on y mit un couple de cygnes, et les lentilles disparurent comme par miracle. Aujourd'hui que je reviens dire adieu à ma pauvre maison, je retrouve les asters bleuâtres en pleine fleur et le petit étang complètement voilé par les lentilles d'eau. Effort, patience et dépense, tout ce que nous avons fait ici en douze ans a presque disparu. C'est merveille de voir comme la nature revient à ses plans aussitôt que nous cessons de la soumettre aux nôtres, et comme les choses auxquelles nous sommes le plus intimement attachés se passent aisément de nous!

Quelques coups de fusil Dreyse, tirés à intervalles égaux, m'arrachent à ma rêverie. Les soldats ont établi une cible au fond de ma petite vallée; ils s'y exercent depuis huit heures du matin jusqu'à six heures du soir. Le voisinage d'un tir n'est jamais agréable, mais la décharge lente, méthodique, cadencée de ces gros fusils allemands me fait horreur. Je pense à ceux de nos amis que leurs balles ont tués, aux affections, aux espérances, aux gloires qu'elles nous ont ravies : à Gustave Lambert, qui, l'an dernier, chez nous, expliquait son prochain voyage à mes enfants et laissait son chemin tracé à la plume sur leur sphère; au sculpteur

Cuvillier, à Henri Regnault! Cette détonation du fusil Dreyse, prolongée par l'écho de nos montagnes, est déchirante pour un cœur français. Il me semble que je vois un bûcheron de la Poméranie, blotti derrière son créneau, le long des murs de Buzenval, ajuster froidement la belle et fière tête de Regnault et la casser, comme une poupée de tir, avec un ricanement bête. Ceux qui s'exercent là, au bord de mon pré, sous les yeux d'un officier en gants blancs, ont fait la campagne de France. Ils n'étaient pas nos ennemis, on dit même qu'ils professent une vague sympathie pour nous et qu'ils murmurent contre la Prusse. Mais ils lui ont servi d'instruments très perfectionnés, car ils ont le coup d'œil juste : leurs balles hachent la cible à 400 mètres. Si vous êtes jamais allé aux Folies-Dramatiques, vous avez dû rencontrer le souverain de ces gens-là, j'entends leur souverain légitime et déchu. C'est un vieillard fardé qui porte des diamants et des perruques de soie, et qui s'étale aux avant-scènes avec des filles, pour qu'on le croie meilleur qu'il n'est.

Mais on vient me chercher au fond du jardin : les clefs sont arrivées et la maison ouverte. J'y cours, et naturellement je vais droit à mon cabinet, à ce cher cabinet où j'ai tant lu, tant écrit, tant causé avec les artistes, les poètes et les savants qui m'ont fait l'amitié de s'y asseoir; ce cabinet où votre esprit, mon cher Dumas, a tiré de si beaux feux d'artifice ; ce cabinet où tu as accouché de tes premiers articles, mon cher Sarcey, lorsque tu n'avais pas le travail facile, l'esprit rapide et la main sûre comme aujourd'hui. Notre table massive y est toujours avec ce tapis de drap vert où tu as renversé notre gros encrier, que tu prenais pour une mouche.

Les deux premiers objets qui attirent mes yeux sont la tête empaillée de Trick, mon pauvre terrier, et le spectre de Jupiter II, notre beau cygne. Jupiter Ier était mort de maladie vers 1866; il avait eu l'honneur d'être disséqué par l'Académie des sciences, dans la personne de Charles Robin. Dumas fils eut pitié de la veuve Léda et lui choisit un camarade au Jardin d'acclimatation.

J'avais laissé l'heureux ménage en brillante santé l'année dernière. Tout a péri pendant l'hiver : Léda, étranglée sur la glace par une bête, Jupiter II foudroyé par un coup de fusil anonyme. Je n'accuse personne.

Quant à mon pauvre Trick, il m'avait suivi à Wasselonne, lorsque je m'enfuis de Saverne après l'occupation prussienne. Si je l'avais laissé faire, il fût venu jusqu'à Paris. Par trois ou quatre fois, il me fallut le renvoyer à coups de pierres. Il s'éloigna enfin, mais son dernier regard me reste sur le cœur, comme un reproche. Brave bête! je ne lui ai jamais connu qu'un seul défaut : c'était un goût immodéré pour le drap de culotte; il avait la dent familière et quelquefois plus pénétrante qu'on n'eût voulu. L'étendue et la variété de nos relations offraient à son appétit une riche matière, mais, quoiqu'il eût tâté des morceaux de choix, mangé du sous-préfet, goûté du capitaine, il ne dédaignait pas le simple vagabond et l'affreux maraudeur. Nous avions même dû, pour le bon ordre, fixer le tarif de ses peccadilles : je payais tant pour l'étoffe simple et tant pour la doublure de peau lorsqu'elle se trouvait entamée. On le savait dans le pays, et plus d'un petit drôle se recommandait aux mâchoires de Trick lorsqu'il voulait un pantalon neuf. Nous espérions toujours que l'âge redresserait ses mauvais penchants : moi aussi, j'ai mordu à tort et à travers quand j'étais jeune, j'y prenais grand plaisir, et avec les années mon humeur a changé du tout au tout. Mon pauvre chien, lui, n'a pas eu le temps de racheter ses fautes. Il commençait peut-être à s'amender lorsqu'un coup de fusil, dont je n'accuse personne, coupa court à sa conversion. Ne faites jamais empailler un chien qui vous a été cher. Ceux qui pensaient m'être agréables en conservant la tête de Trick, ont tout à fait manqué leur but. Un animal *naturalisé* selon la formule n'a plus rien de lui-même : il est cent fois moins ressemblant que le plus médiocre portrait.

J'ai passé mélancoliquement la revue de mes livres : que vont-ils devenir? Impossible de les apporter à Paris; autant la vie est large, aisée, dans une maison de campagne, autant elle se resserre et s'étrique à la ville. Chers livres! je les aimais bien, sans être bibliophile. Il y a là de pauvres petits prix du collège Charlemagne qui datent de trente ans; il y a des volumes achetés un à un sur mes premières économies; il y a des instruments de travail, des présents, des souvenirs.

Il faut avoir traversé une crise comme celle-ci pour savoir à quel point on aime ce qu'on a. Nous tenons par mille fils invisibles aux choses qui nous environnent, et lorsqu'il s'agit de s'en détacher pour un temps illimité, on laisse à chacune d'elles un lambeau de soi-même et l'on s'en va tout déchiré. Autrefois, je partais d'ici pour quatre, cinq ou six mois sans regretter ce que j'y laissais, parce que j'étais sûr que la maison m'attendait tout entière; maintenant qu'il s'agit de fermer la porte pour de longues années, je me lamente de ne pouvoir tout prendre. A chaque pas, je rencontre des objets qui représentent un voyage, une amitié, un travail, un bonheur, un deuil, et qui semblent me reprocher mon abandon. C'est une arme par ci, un tableau par là, un buste, un meuble, une faïence, une étoffe. Ceci me rappelle l'Égypte, cela la Grèce, ou l'Angleterre, ou l'Autriche, ou l'Italie

Et par une contradiction qui paraîtra non seulement étrange, mais peut-être absurde à plus d'un, je regrette encore moins les choses que j'ai possédées ici que celles que j'y ai rêvées. J'ai une chambre à coucher faite par moi, pour moi, selon mes goûts; elle a cinquante mètres carrés, cinq fenêtres, un lit de chêne tout près de terre et large de sept pieds et demi; quatre énormes bahuts dans les angles; un vrai poêle d'Alsace aux tuyaux enroulés s'y carre dans sa niche, entre deux grandes peintures décoratives de Marchal et de Puvis de Chavannes. Je vais quitter cela pour longtemps, peut-être pour toujours. Eh bien, ce que je regrette surtout, c'est une vaste salle, ou plutôt un *hall*, à la mode d'Angleterre, avec une serre dans un coin, une volière dans un autre, un billard, une gymnastique, un piano, une installation de salon dans un autre angle, une haute cheminée de pierre rouge, un trophée d'armes et trois grands panneaux de Baudry. Ce hall existe depuis des années, dans mon imagination seulement : j'en ai choisi le terrain, j'en remanie les plans, j'en jouirai peut-être encore dix ans, par la seule espérance, sans avoir les moyens de poser la première pierre, et ce qui me désole le plus, c'est que l'annexion de l'Alsace me condamne à n'y plus penser.

Pour revenir aux choses positives, voici la situation que la paix fait aux propriétaires alsaciens.

Ils ont un an pour opter entre la nationalité française et la nationalité allemande.

Celui qui veut être Français est libre de rester propriétaire dans le pays, mais il n'a pas le droit d'y conserver son domicile. Il ne m'est donc pas interdit de garder ma maison et d'y passer quelques mois tous les ans, comme on allait jadis à Bade ou à Wiesbaden. Mais Bade et Wiesbaden n'étaient pas des pays arrachés à la France; on y pouvait aller sans douleur et sans honte : on y vivait chez l'étranger, non chez le vainqueur ; on y était en voyageur et non en peuple conquis. Tant que l'Alsace sera aux Allemands, il n'y aura pas pour un Français une maison de plaisance en Alsace.

Que faire alors? Vendre? louer? Mais vendre à qui? louer à qui? Il n'y a d'autres locataires ni d'autres acheteurs possibles que les Allemands, car la population indigène décroît à vue d'œil, et tous ceux qui peuvent émigrer font leurs malles.

Vendre ou louer aux Allemands une maison française est un acte qu'il faut excuser toutes les fois qu'il sera nécessaire ; mais je n'en suis pas encore réduit là, Dieu merci! Tant que j'aurai dix doigts pour travailler, un ennemi ne profanera point les plus chers souvenirs de ma vie. Nous resterons ici tant qu'il le faudra pour bien voir, bien entendre et bien juger les sentiments de la population; après quoi, nous fermerons la porte et nous emporterons la clef à Paris.

II

STRASBOURG

Aussi longtemps que je vivrai, ce beau nom, ce cher nom de Strasbourg, éveillera le plus radieux souvenir de ma jeunesse. La douleur et la honte n'ont pas pu l'assombrir, les larmes et le sang n'en ont pas effacé un seul trait.

C'était au milieu des vacances de 1846 ; j'étais un grand collégien vif et robuste. Après avoir couru les Vosges à pied, le sac au dos, j'entrais, tout palpitant d'impatiente curiosité, dans cette grande ville, et je la trouvais en fête. L'Alsace tout entière s'y était donné rendez-vous pour saluer le duc de Montpensier, dernier fils du roi et fiancé d'une princesse espagnole. On se foulait à la porte des hôtels, où le service des tables d'hôtes recommençait d'heure en heure. Les places et les rues étaient encombrées de longs chariots pavoisés et fleuris, où les plus belles filles des villages étalaient leurs costumes éblouissants.

Autour de ces députations virginales, des milliers de grands gars aux cheveux blonds, espoir de la cavalerie française, faisaient caracoler leurs bêtes bien râblées. Quelques gros maires, au visage écarlate, drapaient fièrement leurs écharpes sur des habits du siècle dernier. C'était un joyeux carnaval de jupes vertes et rouges, de corsages brodés, de larges rubans étalés en ailes de papillon, de culottes courtes, de souliers à boucles, de gilets ruisselants de boutons, de harnais où le cuivre poli brillait en larges plaques aux rayons du soleil.

Les réjouissances se continuèrent durant deux jours et deux nuits, sans un intervalle de repos. Il y eut une petite guerre au polygone, grand bal à la mairie, pont jeté sur le Rhin, spectacle de gala au grand théâtre, avec *Robert le Diable*. Naturellement, nos amis, nos bons amis du grand-duché de Bade, prirent leur part de ces plaisirs; il n'y avait pas de belles fêtes sans eux. Je vois encore le fils du grand-duc, un beau garçon de vingt ans, entrer en ville avec notre jeune prince : ils passent le pont-levis côte à côte, et les tambours battent aux champs.

On m'aurait, certes, bien scandalisé ce jour-là si l'on m'eût dit que notre vieux roi, le roi bonhomme, serait détrôné dans dix-huit mois, comme le plus odieux tyran de l'histoire; mais ce qui m'eût semblé plus incroyable encore, c'est que ce prince allemand, à la figure honnête et douce, reconnaîtrait un jour l'hospitalité de Strasbourg en faisant bombarder la ville. Non, jamais mon esprit ne se serait ouvert à une si monstrueuse hypothèse, et si quelque Cagliostro m'avait montré dans son miroir magique 565 maisons brûlées ou effondrées, 315 bourgeois de tout âge tués, 2000 autres blessés ou mutilés chez eux ou dans la rue par les canons de ce jeune homme que nous acclamions à l'envi, j'aurais brisé le miroir en l'appelant menteur infâme. Qui pouvait deviner la fermentation d'une haine implacable sous l'apparente cordialité de ces Badois?

Il paraît que nous sommes leurs ennemis héréditaires, mais du diable si l'on s'en doutait alors! et ils ne semblaient pas s'en douter plus que nous. Bien des fois, depuis cette époque, je les ai vus chez eux, je me suis assis à leur table en payant; j'ai couché dans leurs lits d'auberge, qui sont chers et mauvais, je leur ai donné des pourboires qu'ils serreraient sur leur cœur comme les souvenirs d'un ami. Quels hommes sont-ils donc pour cacher si longtemps et si bien une rancune si féroce! Ces sauvages patelins, ces Peaux-Rouges fardés d'honnête bonhomie, nous ont trompés jusqu'à la dernière heure. Je me rappelle fort bien qu'au début de cette malheureuse guerre on se flattait de les trouver sinon favorables, au moins neutres. La France ne leur voulait aucun mal. Le seul dissentiment entre eux et nous, c'est que nous ne souhaitions point qu'ils fussent mangés par la Prusse, tandis qu'ils avaient faim d'être mangés.

Ils ont brûlé Strasbourg pour plaire à celui qu'ils appellent, dans leur admiration naïve, l'homme de fer et de sang. Ils ont été les valets du bourreau, et, suivant un usage vénérable, ils se sont adjugé la chemise et les souliers du condamné. Aussitôt que l'Alsace a été vaincue et désarmée, on a vu les honnêtes citadins et les braves paysans badois accourir en pantoufles à la conquête des mobiliers français. Ils traînaient des fourgons derrière eux, comme au temps des grandes invasions germaniques, et ils dévalisaient de préférence leurs anciens amis, ceux dont ils avaient essayé le piano, dégusté la cave, admiré les armoires, envié le beau linge blanc. Estimables Badois, si ces biens mal acquis vous faisaient le profit que vous en espérez, la divine Providence perdrait son nom; il faudrait l'appeler Complicité divine!

Mais c'est du présent qu'il s'agit. Voyons ce qu'ils ont fait de la plus vaillante, de la plus studieuse, de la plus hospitalière, de la meilleure cité qui fût en France. Je ne connais personne qui ait habité ou simplement traversé Strasbourg sans s'y plaire; pas un homme qui n'en ait emporté une impression d'estime et d'amitié. La ville neuve et la vieille, et la citadelle elle-même, avaient une physionomie cordiale. Cette pauvre citadelle, dont on montre aujourd'hui les ruines pour de l'argent, je me souviens d'y être allé un jour à sept heures du matin pour défendre un brave garçon devant le conseil de guerre. Elle me fit l'effet d'une chartreuse, avec sa grande place aux trois quarts déserte, ses bâtiments du dix-septième siècle, ses petits jardins de curé, où des colonels en robe de chambre secouaient gravement leurs pruniers, et l'activité mécanique des soldats qui s'en allaient deçà, delà, mal éveillés. Pour la première fois, j'entrevis les douceurs inertes de la vie méthodique et cloîtrée; j'enviai le sort des vieux officiers du service des places, demi-clos dans les trous à rats que le génie leur a creusés partout.

Il faut dire aussi que Strasbourg, lorsqu'il ne s'écrivait pas Strassburg, était le paradis des militaires: ils y vivaient pour rien; ils y tenaient le haut du pavé; ils y étaient reçus dans toutes les familles, parce que les plus illustres et les plus riches avaient au moins un fils sous les drapeaux. L'uniforme fleurissait sur les places, dans les rues, dans les salons, comme une plante qui a trouvé son vrai terrain. Et les bonnes filles du cru, qui auraient pu être blasées sur ces splendeurs, s'en montraient si naïvement éblouies! Un homme qui avait savouré les délices de cette heureuse garnison en conservait le goût jusqu'à l'heure de la retraite, et toute une population d'anciens officiers venaient finir la vie à Strasbourg. On les reconnaissait à la moustache grise, au ruban rouge, à la tournure, au pas cadencé, à la voix. Et si on ne leur ôtait pas son chapeau, ce qui eût été fatigant, pour les chapeaux surtout, on les saluait au fond du cœur, et l'on se disait : Voilà encore un brave homme qui a dépensé trente années, ses meilleures, au service de notre pays!

Je vais faire un aveu qui semblera peut-être puéril : au moment où le train qui me ramenait à Strasbourg, après quatorze mois d'absence, franchit l'enceinte des remparts, j'étais moins occupé des ruines qui m'attendaient que de la physionomie nouvelle des rues. Je pensais en moi-même que Strasbourg, sans soldats français, devait être bien triste. Eh bien, l'impression fut encore plus poignante que je ne l'avais cru. J'avais oublié la garnison allemande! Pour sentir toute la honte et toute l'horreur de notre sort, il faut avoir vu Strasbourg peuplé de soldats ennemis, Strasbourg avec un billet de logement placardé sur toutes les portes, Strasbourg avec une botte de prussien sur chaque pavé!

Je ne décrirai pas les ruines, à quoi bon? Tout le monde sait maintenant à quoi ressemble une maison bombardée. Les Allemands, après leurs victoires de Forbach et de Wœrth, ont pu s'approcher impunément et établir presque sans danger leurs batteries d'attaque. La ville n'avait pas dix mille hommes de garnison, et dans le nombre il faut compter une foule de soldats débandés, abattus, démoralisés, qui s'y étaient réfugiés le 7 août. Avec des éléments si peu solides, il était difficile de défendre un seul jour les abords de la place. On ferma les portes, et l'on attendit un destin désormais inévitable si l'on n'était secouru à temps.

L'ennemi dirigea son principal effort sur la Porte-de-Pierre, qui est au nord, entre la gare et cette caserne de la Finckmatt où Louis-Napoléon se fit prendre comme dans une souricière. Établi fortement et en nombre dans les villages qui s'étendent du nord à l'ouest, entre Schiltigheim et Kœnigshofen, il avança ses parallèles jusqu'au pied du rempart, tandis qu'à l'est les batteries de Kehl couvraient de feux la citadelle, l'esplanade et l'arsenal.

Je ne vous ai promis que les notes d'un observateur attentif et véridique. On pourrait me taxer de présomption si j'entreprenais au pied levé l'histoire du siège de Strasbourg. Mais cette histoire se raconte elle-même au passant par tant de témoignages en tout genre, elle envahit si fortement son âme, il en est tellement saturé au bout de vingt-quatre heures, qu'à son tour il la laisse échapper par tous les pores. Sans faire concurrence aux écrivains qui ont traité et traiteront encore ce noble sujet, je vous livre mes impressions dans leur vivacité native.

Le siège de Strasbourg, envisagé du point de vue où je suis, est un chef-d'œuvre de froide cruauté et un miracle d'héroïsme passif. Cruauté allemande, cela s'entend de reste, aux prises avec l'héroïsme français.

Pour les généraux assiégeants, la place aussitôt investie était prise d'avance, à moins d'un secours imprévu, peu vraisemblable après Reichshofen, et tout à fait impossible après Sedan. Werder avait le choix de la réduire par famine comme Paris, ou d'y entrer par la brèche, au bout d'un mois ou deux. Le bombardement des maisons fut donc un luxe de barbarie aussi inutile que l'envoi des boulets qui ont touché Saint-Sulpice et le Panthéon.

Il fut bien autrement odieux, car il dura trente et un jours; et ce n'est pas par un accident plus ou moins justifiable qu'une ville reçoit deux cent mille obus dans ses rues. Pour faire tout le mal qu'ils ont fait, les Allemands n'avaient pas d'autre excuse

STRASBOURG AVANT LE BOMBARDEMENT

que la hâte d'en finir, l'espérance de lasser la population civile et d'exercer par elle une pression sur les chefs militaires. Ils réussirent à rendre les rues impraticables, à refouler quelques habitants dans leurs caves, à blesser ou à tuer beaucoup d'enfants, de femmes, de bourgeois inoffensifs, à détruire ou à mutiler les monuments les plus précieux, à raser tout un quartier, à en dévaster plusieurs autres ; mais leur but principal fut manqué, car le moral du peuple s'exaltait à mesure qu'ils s'efforçaient de l'abattre.

Je crois qu'il serait puéril de leur imputer à crime la destruction de tel ou tel édifice, comme la Bibliothèque, le Théâtre et la Préfecture. C'est malgré eux, j'en suis certain, qu'ils ont incendié le Théâtre, car ils le regrettent beaucoup, et ils pressent la municipalité de le rebâtir au plus vite. La Préfecture a pu brûler par accident le lendemain du jour où M. Valentin en avait pris possession ; rien ne prouve qu'ils fussent avertis de l'arrivée du nouveau préfet. C'est peut-être aussi le hasard qui attirait une pluie de projectiles sur le conseil municipal, en quelque lieu qu'il se réunît, et quelque soin qu'il prît de changer l'heure de ses séances. Si la cathédrale a servi de point de mire aux canons ennemis, la faute en est un peu aux chefs de la défense, qui avaient mis leur observatoire en vue sur la plate-forme, au lieu de le cacher dans une tour. Mais le crime des assiégeants, leur crime barbare et stupide, est d'avoir criblé de mitraille une population qu'ils se proposaient d'annexer.

En faisant éclater des milliers de boîtes à balles au milieu des rues de Strasbourg, ils ont trahi leur profonde ignorance du caractère français ; ils ont prouvé qu'ils nous jugeaient d'après eux-mêmes. Les Allemands, grands et petits, ont le respect et le culte de la force : ils lèchent la main qui les assomme. Plus un vainqueur leur a fait de mal, plus leur bassesse naturelle les porte à l'admirer, à le servir, à lui complaire : témoin ces misérables Bavarois, qui se sont fait hacher, en 1870, pour l'homme qui les avait battus à coups de crosse en 1866 ; témoin l'Autriche allemande, qui, cinq ans après Sadowa, rampe ostensiblement vers la Prusse. Nos Alsaciens sont d'autres hommes, Dieu merci!

On peut se rendre compte des dangers qu'ont courus les Strasbourgeois, si l'on suit le bord du canal depuis l'angle du quai Kellermann, en face de la gare, jusqu'aux ruines de la Préfecture. Les murailles qui restent debout sont criblées de balles et d'éclats, comme à Paris l'angle d'une maison où les insurgés ont tenu tête à la troupe. Sur toute cette longueur il n'y a pas une place de 2 mètres de haut sur 50 centimètres de large où l'on eût pu se tenir debout sans risquer la mort. Une brigade d'infanterie, alignée en permanence sur ce front de bataille, eût péri jusqu'au dernier homme.

Parcourez en tous sens cette ville de 84 000 âmes, vous ne trouverez pas une rue où la mitraille du roi Guillaume n'ait frappé quelque chose ou quelqu'un, tandis que les remparts ont relativement peu souffert, et que la brèche ouverte à la Porte-de-Pierre n'a jamais été praticable. Tout le faubourg de Pierre était rasé jusqu'à l'angle de la Finckmatt; il n'en restait pas une maison à droite, pas une à gauche, quand le mur d'enceinte était encore debout et solide. C'est donc aux habitants, à la population civile, à ses futurs sujets, que le héros de l'Allemagne a fait la guerre. Il a voulu leur inculquer le patriotisme allemand par la terreur, devenir à leurs yeux une sorte de Jupiter tonnant, dieu de la poudre et de la mitraille.

Mauvais calcul, en somme : les Allemands s'en aperçoivent, mais trop tard. A leur approche, le moral des citoyens n'était peut-être pas unanimement héroïque. Tous ces fuyards de l'aile droite de Mac-Mahon qui se jetèrent dans la ville avaient communiqué à plus d'un habitant la terreur dont ils étaient pleins. On se comptait, on raisonnait; quelques-uns osaient dire à demi-voix que la résistance était impossible, et que le plus court serait d'ouvrir les portes. Le matin du 10 août, lorsque le général Uhrich déclara que la ville se défendrait tant qu'il resterait un soldat, une cartouche et un biscuit, bien des gens murmurèrent à la lecture de son affiche, et jugèrent qu'il allait un peu loin.

La garde nationale prit les armes sans hésiter, un corps de francs-tireurs s'organisa, prêt à bien faire ; on vit des êtres doux et pacifiques comme cet excellent Liès-Bodard, professeur de chimie à la Faculté, endosser l'uniforme et conduire bravement de petites sorties. Toutefois les premiers obus qui tombèrent en ville le 13, le 14 et le 15 août, la vue des pauvres gens blessés dans leur lit ou dans la rue, un carnage de petites filles à l'orphelinat, quelques incendies isolés, la mort du vaillant colonel Fiévet et la perte de trois canons dans une sortie malheureuse, troublèrent bien des cœurs et amollirent quelques courages.

Mais quand une nouvelle affiche signée du général, du maire et du préfet annonça, le 23 août, que le moment solennel était arrivé ; quand les ennemis commencèrent ce qu'ils nommaient dans leurs sommations officielles le bombardement régulier ; quand une grêle de projectiles s'abattit sans interruption sur les maisons, les hôpitaux, les ambulances, les églises, tuant à tort et à travers les vieillards, les enfants, les femmes, les blessés, un héroïque désespoir s'empara de tout le peuple, et chacun fit sans marchander le sacrifice de sa vie. Les plus tièdes devinrent les plus ardents ; l'indignation, le mépris et la haine enivrèrent les plus timides.

Durant un mois entier, cette honnête, paisible et douce population vécut au milieu des flammes, et elle s'y acclimata comme les salamandres de la fable. Les oreilles s'habituèrent au sifflement des obus, au fracas des explosions, les cœurs s'endurcirent à l'idée de cette mort subite qui pleuvait çà et là, frappant aujourd'hui l'un, demain l'autre. Lorsqu'un éclat de quelques kilogrammes venait briser le miroir d'une jeune fille à sa toilette, couper le livre entre les mains d'un vieux, la jeune fille achevait de se coiffer devant un débris, en disant : Je l'ai échappé belle ; le vieux savant prenait un autre livre.

Je connais des familles qui ont fui leurs maisons incendiées en courant sur les toits, et qui parlent de cette promenade comme d'un événement tout naturel. Une mère dont le fils était garde mobile à la citadelle est allée le voir chaque jour, en traversant l'esplanade, où les obus tombaient à toute heure. Quoiqu'il fût impossible de faire cent pas dans la rue sans voir éclater une bombe, on sortait, on allait à ses devoirs, à ses affaires, et même à ses plaisirs. Je sais une maison où trois ou quatre amis venaient faire le whist pour se distraire. Les enterrements étaient suivis du cortège accoutumé. Les pompiers éteignaient les incendies sous une pluie de projectiles, et luttaient corps à corps avec la destruction.

Lorsque, le 11 septembre, les Suisses, nos seuls amis en Europe, obtinrent du général ennemi l'autorisation d'emmener les femmes, les enfants, les vieillards et les malades, la ville accueillit leurs honorables et courageux délégués avec une ardente reconnaissance; mais des milliers de femmes refusèrent de quitter leurs maris. Quant aux hommes, ils s'affermirent dans leur devoir et flétrirent, par une résolution du conseil municipal, tout citoyen valide qui s'était soustrait au danger. Plus la ville devenait inhabitable, plus on se cramponnait à ses ruines, et plus on repoussait l'idée d'ouvrir la porte aux destructeurs.

Cependant la garnison était à bout de forces : elle comptait 700 morts, 1300 blessés ou malades, beaucoup de canons hors de service; et les chefs militaires, moins enflammés que la population civile, pensaient qu'il était temps d'en finir. Le difficile fut de convaincre les habitants. Au premier mot de capitulation, les femmes elles-mêmes bondirent : « Nous n'avons pas assez souffert, nous pouvons endurer mille fois plus de maux, nous voulons mourir ici! Tout plutôt que de rendre la place aux Allemands; dès qu'ils seront entrés à Strasbourg, ils n'en voudront plus sortir, et nous serons perdus pour la France! »

Parmi les conseillers municipaux qui refusèrent le plus énergiquement de se rendre, le brasseur Lipp mérite une mention spéciale. Il habitait le faubourg de Pierre; l'incendie méthodique des assiégeants n'était plus qu'à deux portes de sa maison. Ce digne homme repoussa de toutes ses forces les premières ouvertures relatives à la capitulation; deux jours après, sa fortune était réduite en cendres.

Les Allemands entrèrent le 28 septembre avant midi. Toute la ville protestait : hommes et femmes juraient à l'unisson qu'on pouvait, qu'on devait tenir encore; que la France viendrait au secours. L'événement a fait voir qu'une plus longue résistance n'eût rien sauvé, et pourtant le patriotisme de Strasbourg murmure encore contre le vaillant et malheureux Uhrich.

On rend justice à son courage, mais on ne lui en sait pas gré, parce que tout le monde a été brave et que la plus précieuse denrée s'avilit quand elle surabonde. Qui est-ce qui avait peur de la mort? Ce n'était pas le maire Humann, épicurien assez vulgaire en d'autres temps; il a fort bien payé de sa personne. Ce n'était pas le petit baron Pron, préfet des plus salés, des plus fringants et des plus capricants sous l'empire : en présence de l'ennemi, ce danseur administratif fit des miracles d'intrépidité gaie; ses ennemis eux-mêmes confessent qu'il fut un héros, trop régence peut-être, et presque gamin par moments, mais solide comme la vieille garde. N'est pas gamin qui veut devant la mort, et ce tempérament n'est pas des plus communs, même en France. Le conseil municipal, composé, en très grande majorité, d'hommes tranquilles et froids, d'honnêtes buveurs de bière, ne fut ni moins stoïque, ni moins grand, dans sa simplicité bourgeoise, que les sénateurs romains du bon temps. Des jeunes gens obscurs, voués aux professions les plus pacifiques, mêlaient leur sang avec joie au sang des soldats et des marins.

Le général Uhrich s'est exposé comme les autres défenseurs, et même un peu plus que les autres : on ne l'accuse pas d'avoir pris trop grand soin de sa vie. S'il a commis quelque péché de négligence, oublié de tenir un journal des opérations du siège, et violé ainsi l'article 253 du règlement sur le service des places, c'est un détail que les Alsaciens ne prennent pas la peine d'éclaircir. Non.

son seul tort aux yeux du peuple est de n'avoir pas fait tuer assez de monde, d'avoir hissé le drapeau blanc lorsque la brèche n'était qu'à moitié praticable, et qu'on avait encore de la poudre et du pain pour quelques jours. Voilà pourquoi la ville est presque ingrate envers ce loyal vieillard et conteste un peu les honneurs qu'on lui a prodigués à Paris. J'ai dû noter cette impression, parce qu'elle montre à quel point le patriotisme est encore nerveux et frémissant dans Strasbourg.

Si le lecteur est curieux d'apprendre ce que tant de braves gens sont devenus, leur ville prise, les choses se passèrent tout simplement, personne ne demanda au voisin ce qui restait à faire. Comme la guerre n'était pas finie, tous les jeunes gens et bon nombre d'hommes mûrs s'échappèrent, malgré l'étroite surveillance du vainqueur, et rejoignirent l'armée française. Les uns ont assisté aux combats de la Loire, les autres ont défendu le terrain pied à pied, jusqu'au dernier moment, dans le Jura ou dans les Vosges : tous ont fait deux campagnes, et Dieu sait si la deuxième fut rude ! Ces défenseurs obstinés d'une cause perdue n'étaient pas endurcis dès l'enfance au froid, à la fatigue, aux privations. C'étaient des avocats, comme Victor Mallarmé; des magistrats, comme Edgar Kolb; de gros bourgeois, comme le brasseur Lipp, du faubourg de Pierre, celui qui a sacrifié sa maison pour retarder la capitulation de huit jours. Ils s'engageaient comme simples soldats, sous le premier drapeau qui se rencontrait sur leur route : régiment de marche ou corps franc, tout leur était bon, pourvu qu'ils pussent risquer leur vie et lutter jusqu'au bout pour l'indépendance du sol natal. Le corps où M. Edgar Kolb, juge suppléant, gagna ses galons de capitaine, a perdu 450 hommes sur 600.

Le dentiste Wisner, de Strasbourg, a cinq fils, dont voici l'histoire édifiante : 1° Philippe Wisner, 27 ans, incorporé au 84° de ligne le 27 juillet 1870, blessé d'un coup de feu à Gravelotte le 16 août, soldat troisième secrétaire au trésorier le 14 septembre, caporal-fourrier le 16 octobre, évadé de Metz le 29, sergent-fourrier le 4 septembre, sergent-major le 26, blessé grièvement par un éclat d'obus le 10 décembre, sous-lieutenant proposé pour la croix le 19 décembre; a quitté le service aussitôt la paix signée. — 2° Arthur Wisner, 24 ans, engagé volontaire du 4 août 1870, campagne de Sedan et siège de Paris. — 3° Ferdinand Wisner, engagé volontaire du 14 octobre, campagne de la Loire. — 4° Maurice Wisner, 21 ans, garde mobile du Bas-Rhin; siège de Strasbourg, échappé après la capitulation, entre au 16° de ligne et fait la campagne de l'Est sous Bourbaki. — 5° Léon Wisner, 19 ans, garde mobile; siège de Strasbourg, échappé après la capitulation, rentré aussitôt en campagne avec le 45° de ligne. Le père de ces jeunes gens a été mis en prison comme complice de l'évasion des deux derniers, et condamné à une amende de 1500 francs qu'il n'a jamais voulu payer.

Un pays où la bourgeoisie donne de tels exemples, un pays où l'on trouve encore des familles uniformément héroïques comme les Wisner, n'est pas un pays pourri, n'en déplaise à M. de Bismarck et à ses moralistes gagistes.

On me contait hier l'histoire de deux fils de famille, MM. Hecht, dont le père dirige une grande usine auprès de Naples. A la première nouvelle de l'invasion, ils accourent en France et s'engagent. L'aîné, qui est ingénieur, entre dans le génie, fait la campagne de l'Est et mérite les galons de lieutenant. Le cadet, débarqué à Toulon, se laisse prendre comme un enfant qu'il est, par l'infanterie de marine : on l'envoie à la Martinique en passant par le Sénégal ! Il a beau dire qu'il est Alsacien, que s'il s'est engagé pour la durée de la guerre, c'est dans l'espoir de combattre les Allemands et de sacrifier sa vie à la défense de son pays : on lui répond qu'il est soldat pour obéir, et que la France a besoin de lui à la Martinique. Il y est bel et bien allé : ces Alsaciens sont vraiment l'élite de l'armée française, car ils ont autant de respect pour la discipline que de mépris pour le danger. . . . . .

. . . .

Je viens de parcourir en tous sens cette grande ville populeuse où, l'an dernier encore, il m'était difficile de faire vingt pas dans la rue sans rencontrer un ami. Je n'y reconnais pas un visage, et certain mot de Chateaubriand me revient en mémoire : il me semble, en vérité, que je parcours un *désert d'hommes*. Ceux qui rentrent dans leur pays après une absence de vingt ans doivent éprouver le vertige qui m'éblouit par moments : on croit se noyer dans la foule, on saisit au hasard, çà et là, quelque ressemblance trompeuse, comme une branche morte qui se brise dans la main. Ce n'est pas sans raison que la superstition populaire désignait autrefois les revenants sous le nom d'âmes en peine : il est pénible d'errer à l'aventure dans un monde dont on n'est plus. Cependant, sur la place Gutenberg, j'ai été abordé par un homme. Je ne sais pas son nom, mais son visage ne m'était pas tout à fait nouveau. C'est, je pense, un brocanteur juif à qui j'aurai acheté quelque chose en passant. Il m'a dit à brûle-pourpoint :

« Est-ce que ça peut durer longtemps, à votre avis ? Que voulez-vous que je devienne ? J'ai deux fils qui m'aident à gagner ma vie ; si je les garde ici, les Prussiens en feront des soldats contre la France. Et si je les envoie en France, je ne les aurai plus. Nous avons bien la ressource de nous en aller tous ensemble, mais où ? D'ailleurs on n'emporte pas sa clientèle et son crédit avec soi. »

Le faubourg de Pierre, par où j'ai commencé ma triste promenade, est encore une vaste ruine. On a rebâti quelques maisons en façade dans le voisinage du quai ; mais les trois quarts des terrains semblent abandonnés par leurs propriétaires. Ce n'est pas faute d'argent, puisque les ennemis ont offert de payer et payent en effet la reconstruction à mesure qu'on l'exécute ; mais la main-d'œuvre fait défaut. Les ouvriers de Strasbourg ont été de tout temps bons Français et honnêtes gens ; s'ils avaient eu la colonne Vendôme à garder, ils ne l'auraient pas abattue sur un lit de fumier. Le contact des Prussiens leur soulève le cœur : ils vont en France. On ne s'accorde pas ici sur le total de l'émigration : les uns la portent à 30 000 âmes, les autres la réduisent à 8 ou 10 000. Il sera toujours impossible d'obtenir un renseignement exact, car les pères de famille qui envoient leurs fils à l'intérieur ne vont pas, et pour cause, le déclarer à la police. Mais on sait plus exactement le compte des étrangers qui s'installent à la place de nos émigrants; et s'il est vrai, comme on me l'assure, que 17 000 Allemands ont élu domicile à Strasbourg, c'est qu'autant d'Alsaciens ont laissé leurs logements vides. Il faudrait ajouter à ce chiffre un nombre de 4 à 5000 personnes, représentant la population des maisons détruites. Je crois donc, sans l'affirmer trop positivement, que la ville a perdu 21 ou 22 000 Français sur 84 000. Combien en restera-t-il l'an prochain, au 1ᵉʳ octobre, lorsque les lois prussiennes sur le recrutement deviendront applicables en Alsace? On n'ose y penser.

La *Toussaint*, quoiqu'elle touche au malheureux faubourg de Pierre, est encore debout : j'en suis bien aise. Couvent, refuge, hospice, hôpital, sous quelque titre qu'on la désigne, cette maison a sa place marquée dans l'histoire de la chirurgie française. C'est là qu'Eugène Kœberlé a fait ses miracles d'ovariotomie; c'est là que le plus audacieux des praticiens et le plus timide des hommes a sauvé cinquante incurables par une opération de boucherie transcendante, dont la seule idée épouvantait les grands maîtres de Paris. Depuis une dizaine d'années qu'il y dissèque le corps vivant, il y a su créer autour de lui, à son usage, des aides incomparables. Que deviendra cet atelier de guérisons fabuleuses, de résurrections inouïes? Et Kœberlé lui-même, où ira-t-il, maintenant que la Prusse confisque tout, sans excepter la Faculté des sciences? On parle d'une grande école indépendante que les vainqueurs ont promis de tolérer, mais la foi germanique est sujette à caution, et il n'y a pas de lendemain assuré pour les savants français, sous le bon plaisir de Guillaume.

Dans la rue de la *Nuée bleue* (un joli nom, n'est-il pas vrai?) je rencontre à ma gauche les ruines du Palais de Justice. C'est très correctement brûlé; les communeux de Paris n'ont rien fait de plus achevé. Je cherche en vain quelque vestige d'une rampe en ferronnerie que j'admirais autrefois en allant au jury. Triste fragilité des belles choses qui semblaient faites pour durer! Plus triste vanité des opinions qui nous étaient chères, et que nous nous flattions de professer jusqu'au dernier soupir! Ces feuillages et ces bouquets de fer forgé, qui n'existent plus que dans ma mémoire, sont étroitement enchaînés, pour moi du moins, à tous les arguments qui combattent la peine de mort. Dans la session où je fis à Strasbourg mon apprentissage de juré, trois assassins devaient comparaître ensemble. Ils étaient à peu près aussi intéressants que leur compatriote Troppman : l'accusation établissait qu'un beau jour ils étaient entrés chez un vieillard dans une maison isolée; qu'ils lui avaient demandé l'hospitalité; que ce bonhomme, cordialement, leur avait donné le vivre et le couvert, et qu'ils l'avaient assassiné à coups de hache pour lui voler son argent. Je n'en aurais pas fait autant, et peut-être me croirez-vous sur parole si je dis que j'abominais leur crime. Mais j'abominais presque autant la peine de mort. L'idée qu'un matin, à sept heures, le bourreau couperait froidement ces trois têtes, fort ignobles d'ailleurs, et répandrait sur le pavé plusieurs litres de sang humain, me faisait frissonner comme M. Jules Simon lui-même. Dans les temps calmes, au milieu de la paix et de la sécurité générales, la vie humaine prend une valeur tout à fait exorbitante; c'est une affaire énorme que de tuer en public une créature plus ou moins semblable à soi. Les dernières rigueurs de la justice semblent alors non seulement barbares et surannées, mais inutiles et lâches : est-ce que la société n'est pas invincible? est-ce que le bon ordre n'est pas assuré pour toujours? N'avons-nous pas des prisons si bien construites et si fidèlement gardées qu'elles seront inviolables jusqu'à la fin des siècles? Cela étant, que sert-il d'égorger les assassins, qui sont des fous furieux, lorsqu'on a tout en main pour les mettre dans l'impossibilité de nuire?

Je croyais à cet évangile selon Victor Hugo et quelques autres rêveurs, et je fis les efforts les plus méritoires pour convertir mes collègues du jury. Que de fois, dans le vestibule, au pied de cet escalier qui n'est plus, je serrai le bouton aux plus tenaces et je réfutai, bien ou mal, le célèbre argument d'Alphonse Karr! Mon zèle fut récompensé, et, quoique le ministère public eût pris soin de me récuser, mes trois horribles scélérats obtinrent le bénéfice des circonstances atténuantes.

Aujourd'hui, l'avouerai-je? rien ne me semble plus naturel et plus logique que la peine de mort appliquée aux assassins. La guerre a renversé mes idées, la vue du sang versé à flots m'a guéri de cette sensibilité tant soit peu maladive que les délices énervantes d'une longue paix développent dans les âmes. Qu'est-ce que la guerre, sinon la peine de mort appliquée sur une grande échelle à des milliers d'innocents? Comment! nous avons vu périr de mort violente, en quelques mois, plus de cent mille hommes de cœur, l'élite de la nation, la fleur de la jeunesse, l'espérance du pays, et nous pourrions nous apitoyer sur le sort d'un infâme gredin qui a tué son père ou sa mère! Nous voyons que la fin du dix-neuvième siècle sera ensanglantée par des luttes gigantesques, meurtrières, formidables; les Prussiens, en foulant aux pieds l'éternelle justice et le droit sacré des nations, nous condamnent à élever nos fils pour tuer et pour être tués; et l'on perdrait son temps, on userait son éloquence à disputer au bourreau quelques litres de sang inhumain! Autres temps, autres idées.... j'allais dire : autres vérités! . . . .
. . . .

A cinq cents pas de la ville, un maraîcher, qui a surpris mes regards curieux et mon air badaud, me dit :

« Vous cherchez probablement la lunette où les marins se sont si bien battus? C'est là-bas, du côté de la Robertsau. Ils étaient soixante-dix; il n'en est pas resté quarante; mais ils ont fait du mal aux Prussiens, ceux-là! Si seulement nous en avions eu beaucoup! Nous nous souviendrons de l'amiral Exelmans et du commandant Dupetit-Thouars. Voilà des hommes! »

Il paraît que décidément la marine a donné le même exemple partout. Cela me rappelle le *fâcheux* de Molière qui voulait mettre en ports de mer toutes les côtes de France, et je me demande, chemin faisant, s'il n'y aurait pas un moyen de transformer en marins tous nos soldats de l'armée de terre. Pourquoi la discipline est-elle restée si forte dans les corps de marins débarqués, quand elle faiblissait à vue d'œil dans les autres troupes? Ne serait-ce point parce que le marin est forcé de reconnaître la supériorité morale de ses chefs? Quand il se trouve à trois cents lieues au large, il sait que par lui-même il serait incapable de manier le sextant, de déterminer la position du navire et de diriger sa marche. Le sentiment de son ignorance le soumet à l'officier comme un enfant à son père. Il est sûr que personne à bord ne porte l'épaulette sans avoir étudié beaucoup et attesté par des examens sérieux une instruction supérieure. Ses officiers sont donc, à ses yeux, d'autres hommes que lui, son ignorance rend hommage à leur savoir; il trouve tout naturel qu'un enseigne de vingt ans le tutoie et le traite avec une familiarité amicale. Il n'entrera jamais dans son esprit que l'inégalité des conditions à bord ait sa source dans le hasard ou la faveur; vous ne l'entendrez pas murmurer, et dire comme les frondeurs de corps de garde : « La seule différence entre nos officiers et nous, c'est qu'ils vont au café et nous au cabaret; nommez-moi capitaine et j'irai au café tout comme un autre! » Veut-on que le respect de la hiérarchie soit aussi profond dans l'armée que dans la marine, il faut creuser entre les officiers et les soldats un fossé large et profond, que le mérite seul puisse franchir dans une épreuve publique. Il faut instruire les officiers pour discipliner les soldats.

La discipline prussienne, dont je rencontre un nouvel exemple au coin de toutes les rues, chaque fois qu'un soldat s'arrête comme pétrifié à la vue d'un officier, cette discipline de fer et de bois, toute mécanique et passive, a son principe dans l'inégalité des castes. Il ne faut donc pas espérer de l'introduire en France, mais la démocratie n'a pas encore aboli, grâce à Dieu, l'inégalité des talents.

En ruminant ces graves questions, je suis arrivé sur la place du Dôme. On dit que les Prussiens, lorsqu'ils entrèrent dans la ville, furent tout étonnés de voir la cathédrale debout. « Comment! disaient-ils, nous n'avons pas fait plus de mal? » Il est certain que la beauté de l'édifice survit entièrement au désastre, quoique mille et mille détails aient péri. Les grandes choses comme celle-là valent surtout par leur ensemble, et notre esprit les voit telles que l'artiste les a conçues, sans s'arrêter outre mesure aux lacunes de l'exécution. Mais lorsqu'il faudra tout remettre en état, remplacer les statues que les obus ont dénichées, refaire les angles écornés, réparer les dentelles de pierre, renouveler ces merveilleuses colonnettes qui sont tombées en mille morceaux sur le pavé de la place, nos ennemis rendront justice à M. Krupp, et avoueront que le canon d'acier est un destructeur sans rival.

Le culte catholique est encore en possession des autels que Louis XIV lui a donnés par la capitulation de 1681 ; mais, patience ! je serai bien surpris si l'empereur Guillaume, en mémoire de Louis XIV, ne les rend pas un de ces jours au culte réformé.

Les Allemands ont installé la direction des postes impériales dans les bâtiments de l'École de médecine militaire. Strasbourg regrettera longtemps ces petits soldats carabins qui étaient la jeunesse et la gaieté de la ville, et qui ont si bravement versé leur sang pour la défendre.

Le lycée impérial n'a pas changé de nom. Seulement, on y compte 12 internes au lieu de 200, et 145 élèves en tout, au lieu de 600 à 700. Les Allemands, qui y professent par droit de conquête, ne seront pas surchargés d'ouvrage. En revanche, le gymnase protestant, où les cours se font en français, ne sait où fourrer ses élèves, et une petite école française qui végétait sur la place Saint-Pierre le Jeune, s'est vue prise d'assaut le jour de la rentrée par cent gamins qu'elle n'attendait pas.

Les professeurs de notre vieille université ont été à Strasbourg, comme partout, admirables. Les ennemis, en conséquence, les ont indignement traités. Après leur avoir prodigué sans succès les offres les plus séduisantes, on les a non seulement jetés sur le pavé, mais chassés de la ville et de l'Alsace, non pas en huit jours, comme des laquais, mais dans les vingt-quatre heures comme des pestiférés. L'un d'eux, Alsacien, marié à une honnête et courageuse Allemande, était retenu au chevet d'un enfant malade; il sollicitait un répit de quelques jours. Les Allemands ont cru qu'ils le tenaient; on est venu à lui, on lui a dit d'un air aimable : « Pourquoi quitteriez-vous Strasbourg? Vous avez des parents chez nous, votre femme est Allemande; nous vous ferons un sort que M. Jules Simon n'oserait pas même vous promettre. » Il n'a rien écouté, il a laissé son fils, il s'est fait expulser; il est venu attendre en France, sans argent, avec une nombreuse famille, le bon plaisir du Ministère de l'Instruction publique, qui s'est fait attendre longtemps. Ce brave homme et ce bon Français s'appelle Rieder; je m'honore d'avoir été à l'École Normale avec lui.

Il est impossible de citer tous les fonctionnaires publics qui ont fait leur devoir en refusant de servir l'ennemi; le plus simple est de dire que tous ceux de Strasbourg, sauf M. ***, ont repoussé avec dégoût le Méphistophélès allemand : plusieurs ont dédaigné des offres magnifiques, comme M. Hugot, directeur des contributions directes, qui n'avait qu'à rester en place pour voir son traitement triplé.

Les quelques actes de faiblesse ou de défection qu'on a pu relever à la charge des indigènes sont des phénomènes si rares et si prodigieux, ils tranchent tellement sur le fond du sentiment général, qu'ils prennent une importance énorme dans le tableau par un inévitable effet d'optique.

Les sentences des conseils de guerre prussiens seront un jour coordonnées et publiées pour l'édification de l'Europe. Il est bon que les étrangers connaissent la moralité d'un peuple auquel ils ont sacrifié la France. Ce renseignement intéresse surtout la Hollande, la Belgique et l'Angleterre, qui pourront être envahies après nous.

Quoique le colportage des journaux français soit interdit dans les rues de Strasbourg, quoiqu'ils soient proscrits à la gare, et que les employés de la poste allemande ne se fassent pas scrupule de confisquer souvent le service des abonnés, j'espère que ces lignes passeront sous les yeux des amis que j'ai laissés dans la ville. Ils verront que j'ai fait un usage discret de leurs confidences, et que je me suis même interdit de rendre hommage à leur patriotisme : il était impossible de signaler leurs noms à la reconnaissance des Français sans les désigner aux rancunes de l'ennemi.

On lit sur la porte Nationale une inscription du quinzième siècle ainsi conçue :

« Par ma foi! nul ne saurait sonder la miséricorde de Dieu, la cupidité des clercs et la méchanceté des paysans! » Un jour viendra, j'en ai la ferme espérance, où la nation écrira sous cette vieillerie satirique : « Par ma foi! la France a sondé le courage et le dévouement de Strasbourg, et elle n'en a pas trouvé le fond! »

II

LES OEUFS DE PAQUES

Notre dernier jour de fête, en Alsace, a été le dimanche de Pâques de l'année 1871. Triste fête pour ceux qui avaient l'âge de comprendre et de souffrir! Nous étions envahis et occupés militairement depuis sept ou huit mois; l'Assemblée nationale venait de nous sacrifier au salut de la France. On savait qu'à l'automne de 1872 il faudrait quitter le pays, dure nécessité! ou devenir sujets prussiens, c'est-à-dire accepter la dernière des hontes. Les nouvelles de la patrie étaient navrantes : Paris, ivre ou fou, se défendait à coups de canon contre l'armée de France. Chaque matin, les Allemands nous annonçaient une victoire de l'insurrection. Avec cela, nous étions pauvres, plus pauvres que je ne l'avais jamais été, quoique j'aie connu dans ma jeunesse la vraie misère. Les réquisitions et les garnisaires avaient épuisé nos ressources; l'argent qu'on nous devait en France ne rentrait pas; personne ne payait plus; la question du pain quotidien devenait menaçante. Par bonheur les enfants ne se doutaient de rien; ils jouaient du matin au soir et dormaient du soir au matin, avec cette insouciance qui est la sagesse de leur âge. Leur unique tracas, le sujet de tous leurs entretiens, était la matinée de Pâques; ils ne s'inquiétaient que de savoir si le lièvre pondrait beaucoup d'œufs rouges dans l'enclos.

C'est le lièvre, un lièvre invisible et providentiel qui pond les œufs de Pâques pour la joyeuse marmaille d'Alsace. Ce dogme est si profondément ancré dans les esprits de trois à dix ans que pas un sceptique de cet âge ne demande à papa ou à maman pourquoi les œufs sont rouges ou bruns, pourquoi ils sont tout cuits, pourquoi le lièvre pond des œufs de sucre, de chocolat ou de cristal pour les familles riches, et pourquoi même, en certains cas, le prodigue animal dépose des œufs de porcelaine de Sèvres dans des coquetiers de vermeil.

Nos chers enfants avaient peut-être entendu conter ces miracles ; mais, n'étant gâtés ni par nous ni par la fortune, ils étaient tous d'humeur à se contenter de moins. Chacun fit de son mieux pour combler leurs modestes désirs. Les poules de Cochinchine et de Crèvecœur pondirent des œufs de belle taille ; la cuisinière, en grand secret, les teignit de couleurs éclatantes ; un des meilleurs élèves de Gérôme, notre ami Heller, qui devait bientôt émigrer à New-York, en décora quelques-uns d'illustrations patriotiques ; il métamorphosa notamment en soldat prussien un bel œuf plus pointu que les autres, et sur la visière du casque il écrivit : *Schweinpels!* — *Schweinpels* est le sobriquet pittoresque dont les bambins d'Alsace poursuivent le vainqueur.

Le dimanche, de grand matin, lorsque les cloches, revenues de Rome, sonnaient à toute volée sans déranger nos chers petits, le jeune artiste, ma femme et les deux gouvernantes, dont l'une a émigré l'année suivante au Mexique, préparèrent les nids dans notre vieil enclos inculte et presque abandonné. On les éparpilla sur le revers de la colline abrupte, depuis la glacière sans glace, jusqu'à la pièce d'eau sans eau. Ils en mirent dans les touffes d'herbe, dans les iris, dans les bellis, au pied des petits épicéas que nous avons plantés en 1869 et que nous ne verrons pas grandir. Aux branches basses de certains arbres on suspendit en manière d'ornement une ou deux douzaines de breschtelles ; ce sont des gâteaux secs faits de farine, de sel et de cumin ; ils se vendent quelques centimes.

Ces grands préparatifs étaient à peine achevés quand les enfants, éveillés avant l'heure par l'attente d'un plaisir, accoururent demi-vêtus, les pieds dans la rosée, la tête nue sous le soleil. Ah! la joyeuse matinée! les bons cris de surprise! les beaux éclats de voix et les brillantes querelles! Figurez-vous quatre bébés du même âge, ou peu s'en faut, puisqu'ils sont nés en moins de trois ans, montant à l'escalade sur une pente rapide, ardents à se devancer, mais toujours prêts à se soutenir, à se pousser et à se ramasser les uns les autres; chacun voulant tout prendre et finissant par tout partager!

La découverte du *Schweinpels* fut un événement politique. Personne ne voulait du Prussien, on tint conseil de guerre autour de l'œuf maudit, et l'on finit par le lancer contre un petit mur de pierres sèches où il s'éparpilla en miettes. Mais voici bien une autre affaire. Un lièvre, un vrai lièvre vivant, était gîté à quelques pas; il bondit effaré, les oreilles droites, grand, fantastique et superbe, s'élança comme un trait et franchit la haie qui sépare notre clos de la forêt communale. Un concert de cris aigus salua cette apparition d'autant plus miraculeuse que nul de nous ne l'avait préparée. Le hasard seul, un hasard bienveillant et malin, s'était donné la peine de prouver à notre petit monde que le lièvre pond des œufs durs et qu'il n'ose plus affronter le regard des braves gens quand il a pondu un œuf prussien par mégarde.

Cette heureuse matinée se termina par un repas frugal, où tous les œufs, sauf le maudit, furent mangés en salade.

L'année suivante, à la fin du carême, nous étions redevenus Parisiens, bien malgré nous. Les enfants se demandèrent avec une certaine anxiété dans quel enclos le bon lièvre de Pâques irait pondre les œufs qu'il leur devait. Je répondis à tout hasard que le Jardin d'acclimatation, où nous allions souvent nous promener, était un terrain convenable.

« Mais, papa, il n'y a pas de lièvres au Jardin d'acclimatation?

— Il y a des kanguroos, et ces braves animaux, dans la poche

IL BONDIT EFFARÉ

énorme que vous savez, gardent de plus gros œufs que le lièvre de Saverne.

— Oui, mais il ne nous connaît pas, le kanguroo !
— Écrivez-lui de votre plus belle écriture. »

L'administration des postes, en cherchant bien, retrouverait dans ses rebuts une lettre soignée à l'adresse de M. le kanguroo. Elle se termine par ces mots : « Nous t'embrassons cordialement ». Suivent quatre signatures, dont une, la dernière, est illisible.

Persuadé que le Jardin d'acclimatation, ce paradis des enfants bien élevés, serait envahi de grand matin, le dimanche de Pâques, j'avançai la fête d'un jour. Une servante nous précédait avec un grand panier rempli de pain pour les bêtes. Ce pain cachait les œufs, de magnifiques œufs de carton. Elle les déposa dans l'herbe, au pied de quelques arbres verts, dans un bosquet voisin des écuries, et les enfants les y trouvèrent avec un plaisir assez vif. Mais ni les beaux cartonnages bleus et rouges, ni les poupées et les joujoux que j'y avais enfermés, n'effacèrent l'impression des pauvres œufs pondus par le lièvre de Saverne. On reconnut les étiquettes de Giroux, et, tout en bourrant de pain les marsupiaux d'Australie, Valentine me dit : « Comment cet animal sortirait-il d'ici pour courir les boutiques et où prendrait-il de l'argent ? Avoue, papa, que, cette année, tu as été un peu le kanguroo ? »

J'ai voulu faire mieux, et je n'ai pas réussi davantage. On a organisé hier une fête où les petits amis étaient conviés, garçons et filles. Deux figurants d'un grand théâtre, travestis l'un en coq, l'autre en poule, accueillaient les enfants dans l'antichambre et leur ôtaient les manteaux. Sur la table de la salle à manger, brillamment illuminée en plein midi, une énorme dinde de carton, machinée par un habile homme, battait des ailes, tournait la tête, et pondait à profusion des œufs blancs, jaunes, dorés, tous en sucre.

Si je disais que ce jeu n'amusa pas mes enfants, comme leurs petits amis des deux sexes, je mentirais. Mais quand ils furent seuls, le soir, dans le coin d'appartement qu'ils habitent, ils ne parlèrent que du lièvre de Saverne et des œufs rouges de l'enclos.

« Quand retournerons-nous là-bas? disait le petit Pierre, nous y sommes nés, c'est chez nous.

— Oui, répondit Valentine. Mais il faudra d'abord que tu te fasses casser la tête par les Prussiens.

— Je le sais bien ; c'est convenu ; mais je tâcherai d'abord de leur casser la tête moi-même. »

Ainsi soit-il ! Pauvres petits !

III

LE PREMIER FAGOT DE L'HIVER

(EXAMEN DE CONSCIENCE)

Le vent a soufflé, sifflé, hurlé toute la nuit : un vent à décorner non seulement les bœufs, mais les montagnes elles-mêmes. Nos chiens ont aboyé à perdre haleine, comme pour annoncer l'approche d'un ennemi. En effet, l'ennemi est aux portes : voici l'hiver. Hier, quand le soleil s'est caché derrière notre étroit horizon, à trois heures après midi, la forêt était encore plus verte que jaune. Ce matin elle est rousse, et le sommet des hêtres s'est dégarni. Les feuilles voltigent par milliers, par millions, dans le ciel brumeux; nos pièces d'eau, nettes comme un miroir, se rident et se tachent. Là-bas, vers la petite ville, la rivière, si pauvre en septembre, déborde déjà sur les prés. L'herbe a verdi; ce n'est pas pour longtemps. Cette troisième jeunesse des prés a-t-elle un avenir de huit jours devant elle? Le reste de la campagne a vieilli subitement; le jardin, le verger, les peupliers qui bordent la route, tout est frappé de sénilité foudroyante. Il y a des femmes qui passent ainsi, sans transition, d'un âge à l'autre.

On se lève de bon matin lorsqu'on a mal dormi : cela coûte moins, ce me semble. Mais, aussitôt hors du lit, on frissonne. L'humidité est entrée dans la maison par les volets fermés et les fenêtres bien jointes : il faudra compter avec elle jusqu'aux froids. La température est encore tiède, car ce vent furieux nous arrive du sud-ouest. Le thermomètre accuse une quinzaine de degrés. Que cette température eût été bien venue il y a seulement trois semaines! Maintenant, il n'y a pas à dire, on a froid dans la moelle des os.

Cependant, j'aurais honte de faire allumer du feu dans les poêles : on assure d'ailleurs qu'à se chauffer trop tôt l'homme devient frileux pour tout l'hiver. Mais nous avons une cheminée, une seule dans la maison : si j'y faisais jeter une bourrée de bois sec! Il est bien établi qu'un feu de cheminée n'a jamais chauffé une chambre; mais pour sécher le tapis, la tenture et le propriétaire, je ne connais rien de tel. Séchons la moelle de nos os. Le fagot est délivré de sa hart, l'allumette est mise; le feu flambe et pétille. A la bonne heure, on se sent déjà mieux.

Par quel caprice de la mémoire ce feu me rappelle-t-il la première poignée de charbon de terre que j'ai allumée à Paris? Il y a douze ans de cela; j'habitais l'hôtel du Grand-Mazarin, rue Mazarine; ma chambre était une sorte de halle ouverte à tous les vents, un peu plus bas que l'entresol, un peu plus haut que le rez-de-chaussée. Elle doit exister encore, au fond de cette cour humide et froide. J'y fis porter, en arrivant, une charge de houille, et je me vois encore séchant mes os, comme aujourd'hui devant cette grille suante et fumeuse. Avec quelle impatience et quelle indécision j'interrogeais l'avenir! J'avais vingt-cinq ans sonnés, et point d'état ni de ressource. Les dix premières pages d'un livre ébauché timidement représentaient tout mon avoir et toutes mes espérances. Quand le feu s'éteignait, le froid me montait aux jambes et le doute me serrait le cœur; une pelletée de charbon ranimait et ragaillardissait tout l'homme. « En avant! » disais-je en reprenant ma plume; et j'avançais!

En ce temps-là, j'étais fermement persuadé qu'un travailleur intelligent ne peut vivre et mourir qu'à Paris. Je me serais fâché tout rouge si l'on m'avait prédit que mes ambitions de toute sorte iraient échouer dans le bonheur et dans la paix entre deux montagnes de l'Alsace. Je n'avais jamais traversé une ville sans plaindre les pauvres exilés que je voyais bien portants, heureux et souriants à l'ombre de leurs tonnelles ou sur le seuil de leurs maisons. Aujourd'hui, c'est tout le contraire : je me prends quelquefois à plaindre ces dix-sept ou dix-huit cent mille détenus qui pataugent dans les rues de Paris. Se peut-il que le fond de l'homme, c'est-à-dire les idées, les goûts et les habitudes se modifient en si peu de temps? On me le jurerait, je ne voudrais pas le croire. Mais comment en douter, je le sens?

Le fagot vient de s'affaisser sur lui-même. Il ne reste dans le foyer qu'une myriade de petits charbons rouges. Quelques tisons à demi consumés flambent encore à droite et à gauche, sur les chenets. Un catholique profiterait peut-être de cet instant mélancolique pour faire son examen de conscience. Pourquoi n'en ferais-je pas autant? La conscience n'est pas le monopole des croyants, quoi qu'ils disent. Je viens de résumer pour moi ces douze années, qui ont passé si vite que le souvenir le plus ancien me semble daté d'hier. Allons! Il faut avouer qu'en douze ans l'homme le mieux intentionné peut faire beaucoup de sottises. J'en ai fait par paroles, par actions et par écrit. Il y a là, dans la bibliothèque, vingt-cinq volumes dont les trois quarts auraient pu se dispenser de naître. Que d'erreurs, de contradictions, de malices inutiles et de violences dangereuses! Combien d'engouements dont on est revenu, et de sévérités sur lesquelles on voudrait pouvoir revenir! Baste! ce qui est fait est fait; tous nos actes se tiennent par un enchaînement nécessaire. Le plus clair de tout ceci est que j'ai rudement travaillé; que je n'ai jamais exprimé une pensée qui ne me parût vraie dans le moment; que mes sottises les moins vénielles n'ont guère nui qu'à moi-même, et que je puis me les pardonner, car elles ne m'empêchent pas d'être heureux. Quand je passerais une autre douzaine d'années à corriger ce que j'ai fait, le monde n'en irait pas mieux. Le parti le plus sage est de tourner le dos au passé, de voir le bien qui reste à faire, les vérités qui restent à dire, et de choisir son lot dans cet énorme travail.

(*Causeries*, 2ᵉ série, 1866.)

IV

LE JARDIN DE MON GRAND-PÈRE

(LECTURE FAITE LE 4 AVRIL 1873
A LA SÉANCE PUBLIQUE ANNUELLE DE LA SOCIÉTÉ D'ACCLIMATATION.)

Mesdames, Messieurs,

Nouveau venu dans cette grande et patriotique Société, je n'ai pas accepté sans scrupule la tâche que m'imposait votre vaillant secrétaire général, M. Geoffroy Saint-Hilaire. J'ai dû me demander s'il était bienséant de décrire au milieu d'une élite française, sous la présidence d'un des plus illustres et des meilleurs Français de notre temps, un jardin qui figure au cadastre de l'Allemagne occidentale.

Hélas! oui, l'humble coin de terre dont je viens vous entretenir est devenu allemand malgré lui, je veux dire malgré les braves gens qui l'ont bêché de père en fils, à la sueur de leur front. Les Allemands ont annexé le jardin de mon grand-père, en vertu du principe des nationalités, parce que la commune s'appelle Vergaville, un nom allemand, comme Trouville ou Romainville, et que toute la population de ce village écorche le français comme moi. Ces raisons nous ayant paru mauvaises, ils nous ont démontré, le sabre en main, que nous étions de leur famille.

Mon cher grand-père, en son jeune temps, leur avait prouvé le contraire. Il avait pris pour argument ce fusil du soldat qui, s'il n'a pas toujours décidé la victoire, a bravement travaillé partout. Né sous le règne de Louis XV, il était parti en sabots avec les volontaires de 1792 ; il avait rapporté l'épaulette de sous-lieutenant, qui brillait d'un certain éclat, quoiqu'elle fût de simple laine. Après avoir payé sa dette à la patrie, il épousa une brave fille de son village, éleva sept enfants et cultiva son jardin, selon le précepte de Voltaire, qu'il n'avait pourtant jamais lu.

Il était expérimenté ; on le citait à trois quarts de lieue à la ronde, non seulement comme droit laboureur et vigneron expert, mais encore et surtout comme élève d'un ci-devant jardinier de couvent, ferré sur les meilleures méthodes.

Les meilleures méthodes laissaient beaucoup à désirer, si j'en crois ma mémoire, qui est bonne, et qui garde après quarante ans les impressions de l'enfance.

Ce jardin, le premier dont j'aie mangé les fruits mûrs ou verts, toujours verts quand je me les offrais discrètement à moi-même, était un vrai fouillis de plantes demi-sauvages qui se disputaient le terrain, l'air et la lumière, et vivaient mal aux dépens les unes des autres. L'agréable et l'utile y étaient opposés plutôt que réunis. Les fleurs n'y manquaient pas ; on y trouvait en toute saison, comme chez l'amateur des jardins dont parle La Fontaine,

De quoi faire à Margot pour sa fête un bouquet ;

au printemps, force giroflées et des violettes dans tous les coins, quelques narcisses, une ou deux touffes de jacinthes bleues et une profusion de grandes tulipes rouges qui ressemblaient à des œufs de Pâques montés sur tige. En été, quelques lis, des balsamines, des pieds-d'alouette, des œillets par-ci par-là, et trois ou quatre espèces de roses à peu près doubles, dont pas une n'était remontante. En automne, des dahlias simples et des asters à discrétion.

Les légumes, qui croissaient pêle-mêle avec les fleurs, n'étaient ni très choisis ni très perfectionnés : c'était le chou commun, la carotte ordinaire, le haricot primitif, le pois des anciens jours, le vénérable oignon d'Égypte. Les fruits étaient plus variés et meilleurs, sinon plus délicats ; il me semble, tout bien pesé, que mon grand-père avait la spécialité des bons fruits, mais je n'en ferai pas une question personnelle.

Si les groseilles, les fraises et les framboises de son jardin ne méritaient aucune mention particulière, les prunes de reine-claude étaient exquises, les mirabelles irréprochables, sans parler de certains petits pruneaux de Damas dont le souvenir, après tant d'années, m'agace encore les dents. Nous avions des pommes précoces à croquer en juillet et des pommes tardives à garder pour le carême ; d'excellentes poires d'automne et d'autres presque aussi grosses et bien plus dures qu'un pavé : ma grand'mère, dans une sorte de haut fourneau, les faisait cuire. Je me rappelle aussi les noisetiers qui ombrageaient le banc du fond ; ils portaient de beaux fruits allongés comme la dernière phalange de nos petits doigts, et dont l'amande était vêtue d'une pellicule écarlate.

Enfin nous possédions trois merveilles uniques dans le village, qui ont été l'orgueil de mon enfance et qui sont encore aujourd'hui un problème pour mon âge mûr. Dans ce très modeste jardin, un précurseur inconnu d'Isidore-Geoffroy Saint-Hilaire avait, je ne sais quand, ni comment, ni pourquoi, entrepris un essai d'acclimatation. Un magnifique mûrier noir, vieux de cent ans et plus, s'appuyait au mur de clôture et laissait choir la moitié de ses fruits sur le chemin.

Près des ruches, un gros figuier, qu'on entourait de paille tous les hivers, se chargeait, en été, de grosses figues violettes, et, dans un carré de légumes, quelques pieds de réglisse, arrachés soigneusement à la fin de chaque automne, repoussaient par miracle au printemps. Les figues fraîches et les mûres étaient et sont peut-être encore une curiosité dans notre vieux coin de Lorraine. Quant aux racines de réglisse, elles faisaient l'étonnement de mes camarades en leur prouvant que ce prétendu bois ne pousse pas en caisse dans la boutique de l'épicier.

Vous ne vous moquerez pas de moi, j'en suis certain, si

j'avoue que le jardin de mon grand-père a été longtemps, à mes yeux, le premier, le meilleur et le plus beau du monde. Il a fallu plusieurs années, sinon de voyages et d'études, au moins de promenades et de comparaisons, pour dissiper une illusion si naturelle et si douce. A force de vivre et de voir, j'ai appris que de grandes allées rectilignes, bordées de buis tondu, ne sont pas l'idéal du beau classique, et qu'une confusion de fleurs, de choux et de salades sous l'ombre des arbres fruitiers n'est pas le dernier mot du pittoresque.

J'ai rencontré des fleurs plus belles que nos pauvres tulipes rouges, goûté des légumes plus tendres que ceux de mon grand-père et des fruits plus savoureux. Un peu de réflexion m'a fait comprendre que les plantes les plus chères à mon enfance étaient à la fois primitives et dégénérées ; qu'on n'améliore pas une espèce en recueillant les graines en automne pour les semer, l'année suivante, dans le même terrain ; qu'on a tort de traiter l'arbre à fruit comme un vieux serviteur et d'attendre, pour le remplacer, qu'il soit mort de vieillesse ; qu'il ne faut pas greffer les jeunes plants en coupant, au hasard, une branche de l'arbre voisin, bon, mauvais ou médiocre.

L'expérience d'autrui et la mienne m'ont prouvé que les bonnes greffes et les bonnes semences ne coûtent pas sensiblement plus cher que les mauvaises ; mon grand-père ne l'a jamais su, ou n'y a jamais pensé, car le paysan français, qui prodigue sa sueur à la terre, lui marchande le sacrifice d'un peu de réflexion, de déplacement et d'argent.

Je me rappelle notre vigne et la boisson qu'on en tirait. C'était un vin farouche ; les gourmets du village disaient : « le scélérat se laisse boire, mais il n'y aide pas, ma foi ! » C'est que le plant n'était pas bon. Cependant chaque fois qu'un cep venait à manquer, on n'allait pas chercher un sujet chez le pépiniériste : on couchait une branche en terre.

Les animaux de la maison, comme les ceps de la vigne et les arbres du jardin, étaient les vrais enfants de la routine et du hasard. C'était une vache efflanquée, mal bâtie et littéralement blindée d'un enduit naturel que je croyais inséparable de sa personne ; un cochon maigre qu'on tuait à Noël après avoir fait l'impossible pour l'engraisser, et qui ressuscitait au printemps, plus maigre et plus glouton que jamais : le son, le petit-lait et les pommes de terre ne profitaient qu'au développement de sa charpente osseuse.

Deux douzaines de poules vagabondes, pillardes, et mauvaises pondeuses, parce qu'elles avaient passé l'âge de pondre, grattaient le fumier de la cour en lorgnant l'entrée de la grange et volaient plus de grain qu'on ne leur en donnait. Enfin nous avions un carlin, qui n'avait du carlin que la couleur jaunâtre et l'affreux caractère ; il était haut sur pattes avec un museau pointu. Mais ni dans la maison, ni dans la commune, ni dans les environs, nul ne se souciait d'aller chercher des bêtes de race ; on était mal loti, mais le voisin l'était aussi mal, et la comparaison n'humiliait personne. Et cette sorte d'incurie, fondée sur l'ignorance du mieux, régnait dans tous les villages de France ! Et nous étions le premier peuple du monde, selon nous !

Ces souvenirs ne datent pas d'hier. Je parle de longtemps, comme dit la chanson ; il s'est fait une révolution, une heureuse et pacifique révolution dans ces quarante années. Le moins champêtre des animaux, la locomotive, en rapprochant les villes des villages, a mélangé, fondu une population trop longtemps et trop bien classée. Les citadins, altérés d'air pur, se sont jetés dans la vie rustique, tandis que le cultivateur, friand de respirer un air plus capiteux, courait aux grandes villes. Les deux éléments nécessaires de toute civilisation se sont ainsi complétés l'un par l'autre, en s'aiguisant l un contre l'autre.

L'initiative d'un tel progrès, disons-le hautement pour être juste, appartient à la bourgeoisie, à cette catégorie d'ouvriers ou de villageois arrivés qui constitue le fond honnête, laborieux et studieux des sociétés modernes. Cette classe intermédiaire, raillée par l'orgueil d'en haut et dénigrée par la jalousie d'en bas, n'a pas seulement réconcilié notre siècle avec la nature : elle a entrepris la nature elle-même et l'a poussée résolument dans la grande voie du progrès.

Le mouvement a commencé dans la banlieue des grandes villes; c'est là que des négociants de premier ordre et des manufacturiers de distinction ont honoré leur loisir et justifié leur opulence en cultivant les belles fleurs, les fruits parfaits, les animaux choisis. La bourgeoisie a prêché d'exemple, elle a fait les expériences, les dépenses, la propagande; elle a pris soin de diriger et d'éclairer les braves gens qui la nourrissent; elle a bien mérité, et j'espère, en considération d'un tel bienfait, qu'elle ne sera pas encore anéantie demain matin.

Le branle était donné par quelques amateurs, simples *dilettanti* de la nature, quand les savants, race plus réfléchie et naturellement plus tardive, se mirent de la partie. En fondant la Société d'acclimatation, Isidore-Geoffroy Saint-Hilaire suivait l'esprit de son temps, mais il le dominait de haut, comme Pierre le Grand lorsqu'il fonda une Académie des sciences dans un pays où très peu d'hommes savaient lire.

Oui, sans doute, le but que vous poursuivez sur les traces de ce grand homme de bien est l'introduction méthodique de toutes les espèces animales et végétales qui peuvent vivre en France et que la nature a oublié d'y faire naître. Mais, comme un touriste qui s'élance à l'escalade du mont Blanc ne dédaigne pas de cueillir une fleur de rhododendron sur la route, vous ne vous écartez pas de votre but si vous acclimatez, chemin faisant, dans les villages isolés, arriérés, déshérités de tout, les cultures qui prospèrent autour des grandes villes. Les aventures coûteuses de la grande importation ne doivent pas faire tort à la petite importation, modeste et sûre, qui s'opère de canton à canton, de commune à commune.

Cette entreprise de moyenne grandeur, mais d'intérêt actuel et de profit immédiat, n'a pas été négligée, Dieu merci. Votre

Société, messieurs, sans perdre de vue sa grande œuvre, sans négliger ni les semis d'eucalyptus, ni les couvées d'autruches, ni la reproduction des yacks, des antilopes et des kanguroos, poursuit modestement une besogne de tous les jours qui consiste à mettre en lumière, à prôner et à répandre partout les meilleures semences et les types les plus irréprochables.

Elle ne croit pas déroger en peuplant d'animaux choisis nos étables et nos basses-cours, en multipliant les plus purs échantillons de la race canine, en distribuant la graine des belles fleurs, anciennes ou nouvelles, en exposant toute l'année, à quelques enjambées de Paris, un incomparable modèle de jardin.

Je ne sais pas si vous vous rendez justice à vous-mêmes et si vous estimez à leur prix les excellentes choses que vous avez déjà faites. En croirez-vous un homme qui n'était pas des vôtres le mois dernier, qui vous a jugés du dehors et s'honore d'avoir subi une attraction heureuse?

Me croirez-vous si je vous dis qu'en peu d'années votre Société a ramené des milliers de citadins au goût de la nature et inculqué à des milliers de villageois le sentiment du mieux, l'esprit de sélection? Vous introduisez la campagne dans les habitations de la ville et vous urbanisez l'entourage, les habitudes, le labeur même du campagnard.

Sans mener grand bruit et sans faire plus de mouvement qu'il ne sied aux ouvriers d'une œuvre sérieuse, vous avez étendu votre influence très loin, jusqu'au pays de mon grand-père. Je ne dis pas jusqu'à son jardin, car il n'est plus à nous: on l'a coupé en morceaux et il n'en reste rien, pour ainsi dire. Mais à cent mètres de là, vers l'entrée du village, j'aurais pu vous conduire, en 1870, chez un disciple de la Société d'acclimatation.

C'est le plus jeune fils du grand-père, un de mes oncles, qui, après une vie laborieuse et ballottée, avait voulu mourir au gîte, dans son village natal. De la maison, je ne dis rien, sinon qu'elle était gaie, commode, assortie aux besoins d'une vie simple et aisée. Un petit bout de serre, modeste transition, reliait le salon à un parterre étroit, mais bien dessiné, où les plus belles fleurs de l'horticulture moderne s'épanouissaient en corbeilles sur un *ray-grass* uni comme un velours.

Mon grand-père n'en eût pas reconnu une seule ; il aurait dit comme le patriarche Vilmorin parlant à notre digne et honoré président, M. Drouin de Lhuys, dans son magnifique jardin de Verrières : « Ces fleurs-là ne sont pas celles de ma jeunesse ; je me sens tout dépaysé au milieu d'elles et il me semble que mes enfants ont été changés en nourrice. »

Un potager correct venait ensuite, avec de bonnes bâches pour la culture des primeurs, de beaux carrés couverts de menue paille et plantés de légumes fins, choux-fleurs, artichauts, petits pois échelonnés de quinzaine en quinzaine, sans compter un double rang de framboisiers qui portaient fruit jusqu'à l'automne, et des fraises dont l'une aurait fait le dessert d'un gourmand.

Dans un troisième enclos coupé de petits murs parallèles, les abricotiers, les pêchers, les brugnons, les cerisiers, les poiriers, les pommiers, les vignes, tous plants choisis chez les meilleurs pépiniéristes de Nancy, de Metz et de Bolwiller, étaient taillés en cordons, en palmettes, en fuseaux, en gobelets, en pyramides.

Pas un arbre qui ne fût jeune ou rajeuni ; pas un espalier qui ne fût abrité par un auvent ; toute récolte à peu près mûre était couverte d'un filet.

Dans l'étable, une vache suisse, luisante de santé et de propreté, donnait vingt-cinq litres de lait tous les jours. La basse-cour était peuplée de gros canards normands, d'oies de Toulouse, de lapins béliers et de ces braves poules de la Wantzenau qui sont l'orgueil de l'Alsace.

Un petit réduit propret, aéré, et nullement parfumé (c'est un éloge), servait de boudoir à deux amours de petits cochons anglais, frais comme des roses et ronds comme des pommes.

Bêtes et gens, et les arbres eux-mêmes vivaient en joie dans cet heureux petit coin, et l'auteur de tant de merveilles, votre élève inconnu, messieurs, commençait, lui aussi, à tenir école de progrès lorsqu'il fallut opter entre la maison qui lui était chère et la patrie qui lui était sacrée.

Personne ne l'a chassé, il ne tenait qu'à lui de rester le plus heureux des propriétaires; il préféra rester le plus malheureux des Français.

Du reste, il n'a voulu ni vendre ni louer son petit bien : il a fermé la porte en présence de la famille assemblée, et il a dit à ses enfants : « Baisez le seuil de la maison qui vous a vus naître, mais ne lui dites pas adieu, car Dieu sait que vous y reviendrez un jour ! »

V

LE LYCÉE CHARLEMAGNE

(DISCOURS PRONONCÉ
A LA DISTRIBUTION DES PRIX DU 5 AOUT 1883.)

Élèves de notre vieux Charlemagne,
Mes chers camarades,

Un de vos jeunes maîtres les plus brillants vous a parlé de l'avenir dans un noble et magnifique langage. Permettez qu'un de vos anciens, j'ai failli dire un de vos ancêtres, vous entretienne familièrement du passé.

Le Ministre de l'Instruction publique, en m'appelant à l'honneur de présider cette fête de famille, a récompensé au delà de tout mérite et de toute espérance une longue vie de travail. Je suis aussi ému qu'un vieil officier qui, avant de prendre sa retraite, passerait en revue le régiment où il a débuté comme enfant de troupe. Il y aura bientôt quarante-quatre ans que j'entrai pour la première fois dans cette maison, petit élève de septième, fraîchement débarqué d'une province lointaine que le malheur des temps a rendue plus lointaine encore, car elle est momentanément séparée de la France. Quarante-quatre ans, mes amis, c'est presque un demi-siècle; et pourtant les premiers souvenirs du collège ont un tel empire sur nous, ils se gravent si profondément dans notre mémoire, qu'en me reportant à l'automne de 1839 il me semble que je vous parle d'hier. Je vois encore comme s'ils étaient là les hommes dignes et bons qui formaient la trinité administrative : M. Poirson, savant historien et proviseur austère, qui ne s'est peut-être pas déridé une seule fois dans l'exercice de ses fonctions, et qu'on n'abordait pas sans trembler un peu, même le samedi lorsqu'on était premier et qu'on allait dans son cabinet lui porter la liste des places ; et le censeur, M. Maugeret, un petit homme nerveux, vif comme une souris, présent partout à la fois, inexorable aux indisciplinés, mais miséricordieux comme un père, facile à désarmer par une bonne parole ou par un bon mouvement ; et l'économe, M. Pront, qui s'était illustré comme professeur de grammaire par un traité *Des comparatifs et des superlatifs*, mais qui n'en était pas plus fier, et qui, sur le seuil de son modeste appartement, au rez-de-chaussée de la bibliothèque, nous montrait tous les jours la plus belle physionomie de brave homme que j'aie rencontrée dans ma vie. Les hommes éminents qui représentent l'autorité dans les écoles publiques, n'obtiennent de leurs obligés qu'une justice tardive. Pour les apprécier, il faut avoir un peu vécu, il faut avoir connu le monde, qui malheureusement ne ressemble guère au collège. Je vous en avertis, jeunes gens, vous ne trouverez pas hors d'ici des hommes qui vous récompensent de tout ce que vous aurez fait pour vous-mêmes, et qui vous punissent de fautes que vous commettrez contre vous. On peut se tromper à tout âge ; les hommes faits, comme les enfants, sont sujets au découragement ; la paresse elle-même n'est pas le monopole des écoliers. Eh bien ! s'il vous prend fantaisie de vous croiser les bras, le monde vous laissera faire. Si vous gaspillez les talents dont la nature vous a dotés, si, après avoir marché droit durant quelques années, vous faites fausse route, le monde n'ira pas vous prendre par le bras pour vous ramener dans la ligne. Cette providence incommode, mais généreuse et désintéressée, dont les Poirson, les Maugeret et les Pront ont entouré notre jeunesse, m'a souvent manqué dans la vie. Préparez-vous à lui dire adieu sur le seuil du collège, car vous ne la retrouverez pas hors d'ici.

Si l'administration nous inspirait plus de respect que de tendresse, nous admirions et nous aimions sincèrement nos professeurs. Plus j'y repense, plus il me semble que sur ce point nous n'avions pas tort. Mon premier professeur de grammaire, M. Prieur, n'était peut-être pas ferré sur la philologie comme un érudit de Berlin, mais il savait intéresser sa classe à ces éléments épineux qui bordent la route. M. Bétolaud, excellent homme, très paternel, avait autant d'esprit que de savoir. M. Cappelle joignait à ses mérites professionnels l'éducation d'un gentleman accompli. M. Croizet m'a laissé le souvenir d'un bénédictin, d'un bénédictin laïque, car il a fondé une dynastie universitaire. M. Julien Girard, tout jeune et presque débutant, n'a passé que quelques mois au milieu de nous, mais le jour où il nous dit adieu nous l'aimions tous comme un frère aîné et nous avions des ambitions infinies pour ce jeune homme distingué, simple et modeste entre tous. Car le désintéressement des maîtres a pour contre-partie légitime le dévouement des écoliers. Un bon élève n'admettra pas sans discussion que son professeur ne soit pas supérieur à tous les hommes. Lorsque le roi Louis-Philippe nous fit l'honneur de venir prendre ici deux précepteurs pour ses deux petits-fils, la classe d'Adolphe Regnier et la classe d'Hippolyte Rigault jugèrent unanimement qu'il avait bien choisi et que c'était le roi qui faisait la bonne affaire. Il eût donné la présidence du conseil des ministres à notre professeur de rhétorique, M. Berger, sans que ce choix inattendu nous étonnât outre mesure, car nous pensions que la grande âme de M. Berger, son noble caractère et son expérience du *Conciones* le rendaient digne et capable de gouverner la France. Peut-être y avait-il quelque naïveté dans nos admirations juvéniles, mais je me plais à croire qu'en cela les nouvelles générations ne sont pas plus sceptiques ou moins reconnaissantes que la nôtre. Longtemps après notre émancipation, les succès de nos anciens maîtres, les distinctions honorifiques qui leur étaient accordées, flattaient notre amour-propre autant et plus que des triomphes personnels. J'ai eu en 1848 deux professeurs de philosophie : l'un s'appelait Jules Barni, l'autre s'appelle M. Franck. Barni a fait bonne figure au Parlement ; M. Franck est une des lumières de l'Institut, une des gloires de l'enseignement supérieur. Eh bien ! je n'ai jamais vu, soit le pays, soit le gouvernement, rendre justice à l'un de ces deux hommes sans remercier à part moi, dans un élan de sympathie, ceux qui payaient ainsi mes dettes d'écolier. L'homme qui nous enseignait l'histoire, M. Toussenel, savait beaucoup, parlait très bien, écrivait mieux encore. Il avait un style nourri, pressé, quelquefois un peu sibyllin, à la manière de Tacite. Il a toujours dû faire un livre, un chef-d'œuvre, que nous admirions par avance et qui certes n'eût pas été médiocre, si Toussenel l'avait écrit. Malheureusement, les labeurs quotidiens de l'enseignement d'abord, de l'administration ensuite, ont pris le temps qui était destiné à cette histoire d'Allemagne. Nous sommes quelques-uns qui ne nous en consolerons jamais. L'élève s'identifie tellement à son maître, lorsque le maître n'est point un homme ordinaire, que le livre de Toussenel, ce livre tant promis, tant espéré, ne manque pas seulement à nos bibliothèques, il manque à notre gloire.

De mon temps, le maître d'étude était moins instruit, moins gradé et moins considéré que vos maîtres répétiteurs. Il se recrutait au hasard, et trop souvent, je dois en convenir, parmi les déclassés de toutes les carrières. Mais c'était aussi quelquefois un homme de courage et de vouloir qui, tout en gagnant son pain dur, cherchait laborieusement sa route, un étudiant sans fortune qui sacrifiait tous les jours vingt heures de son temps pour acheter le droit de travailler librement quatre heures. J'en ai connu de bien méritants, un entre autres qui avait pris du service chez mon cher et vénéré chef d'institution, M. Jauffret. C'était un petit homme trapu, à barbe fauve, aux yeux pétillants, un piocheur renfermé, ténébreux, fortement soupçonné de couver des idées subversives. Il en avait au moins une, subversive ou non, et il la mena à bonne fin sans autre ressource qu'une volonté de fer. Ce pion rêvait de publier un dictionnaire comme on n'en avait jamais vu, une encyclopédie populaire, et il n'en a pas eu le démenti. Il s'appelait Larousse ; il a laissé non seulement une fortune, mais une œuvre : *exegit monumentum*.

Je ne m'acquitterais qu'à moitié si, après cet hommage rendu aux hommes de bien qui nous ont donné l'instruction classique, je ne vous parlais pas de ceux qui ont fait notre éducation, c'est-à-dire de nos camarades. On peut affirmer sans paradoxe que dans les écoles de l'État l'éducation est affaire d'enseignement mutuel et que les maîtres y ont moins de part que les élèves. Ce n'est pas du haut de la chaire que le professeur, isolé par sa supériorité même, peut pétrir et redresser le caractère des enfants. Bon gré, mal gré, il leur laisse le soin et l'honneur de se corriger les uns les autres. Dans le petit monde des écoles, il y a un esprit public qui se compose par moitié d'honnêteté native et de tradition constante. Le collège est une sorte de Conservatoire grâce auquel l'esprit de justice absolue, le sentiment de l'égalité, l'instinct de la solidarité et la pratique de la loyauté ne périront jamais en France. C'est au collège seulement que celui qui a le mieux fait son devoir est sûr d'avoir la première place, et personne ne se soucierait de l'obtenir autrement. C'est au collège que tous les Français sont égaux devant la loi ; il n'en va pas toujours ainsi dans le monde. C'est au collège qu'une absurde et touchante fraternité entraîne quelquefois les bons élèves à faire cause commune avec les autres. C'est au collège, enfin, et pas ailleurs, que les coupables se font un point d'honneur de s'accuser eux-mêmes plutôt que de laisser punir un innocent. Dans ce milieu d'une salubrité vraiment rare, ni la fortune ni les relations ne comptent pour rien. On n'y connaît ni les protections ni les influences ; l'émulation y est toujours en éveil, mais une émulation honnête et qui ne sort jamais du droit chemin. Non certes que les écoliers soient tous de petits saints : si je vous le disais, je perdrais votre confiance. Mais ils se rectifient les uns les autres, et ils ne pardonnent jamais une faute contre l'honneur. Voilà comment la camaraderie devient une longue épreuve qui nous permet de nous apprécier les uns les autres, de nous améliorer au besoin par un contrôle réciproque et de choisir nos amis pour la vie. Vous le savez, les vieux amis sont meilleurs et plus solides que les neufs, et la grande fabrique des vieux amis, c'est le collège. J'entends encore notre professeur de septième dicter les places de notre première composition au mois d'octobre 1839. Je vois descendre des gradins un gros garçon sanglé dans son habit bleu barbeau à boutons de métal et si myope sous ses énormes lunettes qu'il trébucha deux ou trois fois avant d'atteindre le banc d'honneur. Il était le premier en thème et s'appelait Francisque Sarcey. Je n'ai pas besoin de vous dire que depuis ce jour-là il a été le premier en beaucoup d'autres choses. Il n'appartenait pas à ma pension; nous ne mangions donc pas le même pain, si ce n'est une fois par an, à la Saint-Charlemagne. Il prenait ses récréations dans une cour de la rue des Minimes, et moi dans une cour de la rue Culture Sainte-Catherine. Nous n'avions donc pas même l'occasion d'échanger ces bons coups de poing qui rapprochent les camarades, comme on prétend que la guerre rapproche les nations. Cependant, au bout de l'année, nous avions pris mesure de nos caractères respectifs, nous n'avions pas de secrets l'un pour l'autre, et je crois bien qu'il en est encore de même aujourd'hui. Dans cette composition mémorable, mémorable pour moi du moins, le second était un enfant sérieux avant l'âge, un petit penseur aux yeux profonds. Il était le second fils d'un poète que l'on acclamait déjà comme le premier homme du siècle; mais il portait le fardeau de son nom avec une simplicité charmante, et c'était, je vous jure, un bien bon camarade que François-Victor Hugo. Un peu moins beau assurément, et moins brillant aussi, que son frère Charles, qui entrait dans la vie comme un jeune dieu de l'Olympe, mais aussi généreux, aussi bon et plus laborieux. Je ne vous apprends pas qu'il a laissé à son pays l'unique traduction de Shakespeare.

La vieille maison où nous sommes était, lorsque j'y suis entré, un champ de bataille littéraire. La place Royale et l'Arsenal, Victor Hugo et Nodier l'avaient conquise au romantisme ; mais la tradition classique, représentée par un certain nombre de professeurs, tenait bon dans la citadelle. Nous, les bambins sortis à peine de la coquille, nous tenions à honneur de prendre parti, et nous suivions des yeux avec un intérêt passionné le vol des jeunes poètes, nos anciens, qui essayaient leurs ailes. Auguste Vacquerie, le poète original, qui devint par la suite un puissant dramaturge et un incomparable polémiste, publiait l'*Enfer de l'esprit;* Laurent Pichat faisait imprimer ses premiers vers, et Paul de Molènes, ce paladin lettré, ses premières nouvelles ; Adrien Decourcelles débutait par un acte charmant à la Comédie-Française ; Got, lauréat du concours général, frappait aux portes du Conservatoire, sans se douter que ce chemin conduisait à l'École Normale et sans prévoir qu'il aurait l'honneur de terrasser un monstre plus résistant que tous les adversaires d'Hercule, le préjugé contre les comédiens.

La contagion littéraire envahissait nos aînés, les rhétoriciens et les philosophes. On rimait sur les bancs, en contrebande, à la barbe des maîtres, qui d'ailleurs étaient indulgents pour ce genre de contravention. Louis Ulbach a été célèbre longtemps avant d'être bachelier. Avec quel feu nous applaudissions les *Fêtes de Bacchus,* cette grande tragédie de Jules Thiénot, qui ne fut jamais représentée ni terminée ! Pauvre Jules Thiénot ! Après tant de beaux rêves et de si magnifiques espérances, il est mort en soldat obscur sur le champ de bataille de l'enseignement, comme son frère le brave commandant devait mourir au champ d'honneur pour la défense du pays. Eugène Manuel, Fallex, Glachant, Lehugeur, Chassang, s'étaient fait parmi nous une réputation d'hommes de goût et d'écrivains élégants entre leur dix-huitième et leur vingtième année.

Il y aura toujours du singe dans l'écolier ; vous ne vous étonnerez donc pas si j'avoue que nous imitions nos aînés, comme il imitaient leurs anciens. Nous avons fait de trop bonne heure un journal littéraire du format d'une copie simple, où la prose et la poésie alternaient amicalement. Cette publication nous révéla, entre autres talents inédits, un romancier sinistre et sanguinaire, fécond en idées dramatiques et habile comme pas un à faire dresser les cheveux sur la tête. Il est membre de l'Académie des inscriptions et, le mois dernier, on l'a fait grand-croix de la Légion d'honneur, mais ce n'est pas comme écrivain, c'est comme ambassadeur de France en Angleterre. Ce Ponson du Terrail, qui a si heureusement dévié, s'appelle Charles Tissot. Un garçon qui ne s'est pas démenti par exemple, c'est notre camarade Vachette, qui nous faisait pouffer de rire et attirait infailliblement sur ses lecteurs ou ses auditeurs une grêle de pensums. Il est toujours aussi plaisant, et l'on retrouve dans ses écrits non seulement la verve, mais le débraillé du collège, quoiqu'il ait tant soit peu modifié son nom et qu'il signe Eugène Chavette. Nous comptions parmi nous un artiste, un seul, mais qui en valait cent. C'était un petit bonhomme rose et joufflu, plus jeune de trois ou quatre ans que ses camarades de classe, pas très fort en latin, mais étonnant en gymnastique et bien doué pour la musique. Il dessinait en outre sur les marges de ses cahiers des croquis d'un goût si bizarre et d'une si haute fantaisie, que l'éditeur Philippon ne se fit pas prier pour les réunir en album. Ce gamin, qui devait un jour jeter à tous les vents une œuvre immense et remplir le monde de son nom, c'était Gustave Doré.

Je ne suis pas venu parmi vous pour passer la revue de mes contemporains ni pour distribuer des prix aux anciens Charlemagne. La simple nomenclature des hommes qui depuis cinquante ans ont ajouté à la gloire de cette vieille maison, nous prendrait la journée entière et pourrait s'allonger à votre détriment jusqu'à demain. C'est pourquoi je ne veux parler ni de Paul Albert, notre ami, qui fut un écrivain, un professeur et un conférencier de premier ordre, ni de Maxime-Abel Gaucher qui, sans abandonner sa chaire un seul jour, s'est classé parmi nos critiques les plus subtils et les plus délicats, ni de Duvaux qui, sans y songer, est devenu, un beau matin, ministre et, ma foi! bon ministre de l'Instruction publique; ni de Quinot, ni de Bary, ni de Marguet, ni de Goumy, ni d'Eugène Benoist, le premier latiniste de France; ni de Fustel de Coulanges, l'admirable historien de la cité antique et le digne héritier de Bersot à l'École Normale. Je passe sans m'arrêter entre les maîtres de la science comme Debray, les maîtres de l'art médical comme Alfred Fournier, les maîtres du barreau comme Craquelin et Martini, les ingénieurs éminents, tels que Dormoy, Greil, Doniol, Geneste et Cornu.

Et si je parle de Flourens, c'est seulement pour remercier ce digne président de notre Association fraternelle et ses collègues au Conseil d'État du décret qui nous a classés parmi les établissements d'utilité publique.

La camaraderie, mes chers enfants, n'est pas une affaire, comme Scribe l'a démontré, sans le croire, dans une de ses comédies les plus plaisantes. Cet homme d'esprit a été toute sa vie le modèle des camarades, et Sainte-Barbe s'en souvient. Ce n'est pas tout que de penser avec plaisir aux compagnons de notre enfance; il faut analyser un sentiment obscur et organiser quelque peu notre fraternité instinctive. L'école est une petite patrie dans la grande; une patrie moins large assurément, mais plus intime. Nous ne lui devons pas notre sang comme à celle qui nous a donné la vie, mais nous lui devons autre chose. Une sorte de parenté intellectuelle et morale nous unit à tous ceux qui se sont assis sur nos bancs, soit avec nous, soit même avant ou après nous. Nous devons quelque déférence à nos aînés du collège, quelque protection à nos cadets, quelque assistance à tous ceux des nôtres qui ont éprouvé la rigueur du sort. On ne songeait guère à tout cela, j'en conviens, quand on avait votre âge, mais nous y avons pensé depuis, et il n'est pas mauvais que vous profitiez un peu de notre expérience. A la distribution des prix de 1840, un philosophe inquiet et malheureux, comme tous ceux qui cherchent la certitude et ne l'ont pas trouvée, Théodore Jouffroy, nous fit entendre un discours admirable qui fut son testament et peut-être son chef-d'œuvre. L'orateur ne s'adressait pas à nous autres bambins; il ne parlait que pour les grands, pour les élèves de mathématiques et de philosophie, qui allaient sortir du collège. Et ce noble esprit leur disait : « Profitez bien des dix années qui s'ouvrent devant vous, car vous entreverrez dans ces dix ans toutes les idées fécondes de votre vie. » Le conseil de Jouffroy était sage et son pronostic était vrai; j'en parle par expérience et je voudrais vous donner, à mon tour, un avis qui ne vous fût pas inutile. Profitez, mes chers camarades, du temps qui vous reste à passer sur ces bancs où nous nous sommes assis avant vous; profitez-en, non seulement pour faire provision de savoir et d'idées, mais encore et surtout pour faire provision d'amis. Passé un certain âge on fait des connaissances, on se crée des relations, on trouve des protecteurs, des protégés, des collègues, des confrères, des associés, mais l'intimité cordiale, le tutoiement, la confiance entière et désintéressée, le dévouement réciproque à l'épreuve de tous les hasards de la vie, ne se développent qu'ici, dans ce milieu sympathique et chaud où je me suis senti rajeunir pendant quelques minutes au voisinage de vos jeunes cœurs.

TABLE DES MATIÈRES

VOYAGES

LA GRÈCE CONTEMPORAINE. — I. Idée qu'on se fait de la Grèce. — Deux sceptiques. — Premier coup d'œil, qui n'est pas rassurant. — Syra. 7

II. L'Attique au mois de février. — Le brillant Antonio. — Le ciel et la mer. — Le Pirée et la route d'Athènes. 10

III. Le Climat de la Grèce : chaleurs intolérables et froids terribles. — Le vent du nord et le sirocco. — Un premier jour de printemps. — Comparaison entre les différentes provinces de la Grèce. — Le pays est malsain. 15

IV. Première excursion. — Comment on apprend le grec moderne. — Mon professeur cire mes bottes. — Voyage dans l'île d'Égine avec Garnier. — Nous donnons le spectacle aux Éginètes. — Paysage. 17

V. Le voyage. — Idées d'Antonio sur la France. — Petits profits du métier de parrain. — Préparatifs. — De l'inutilité des armes en Grèce — Nos gens. — Histoire naturelle de l'agoyate. — Le grand Épaminondas, mon cheval. — Leftéri. 21

VI. Physionomie de Mycènes. — Les bords de l'Eurotas. — Ce qui reste de Sparte et de Mistra. — Aspect de la Laconie. 26

VII. L'Arcadie. — Le cours de la Néda. — Le Ladon. 31

VIII. Conclusion. — La Grèce telle qu'elle est. 33

LE ROI DES MONTAGNES. — I. Les brigands en Grèce. 35

II. Hadgi-Stavros. 39

III. Les gendarmes 49

LE FELLAH. — I. LE CAIRE.	69
II. LE NIL.	75
III. MARIETTE-BEY.	90
DE PONTOISE A STAMBOUL. — I. DE PONTOISE A STAMBOUL.	96
II. SAINTE-SOPHIE.	104
MAITRE PIERRE. — I. LES LANDES.	106
II. LES DUNES.	115
III. LE BASSIN D'ARCACHON.	125

RÉCITS ET NOUVELLES

LES MARIAGES DE PARIS. — I. A MADAME L. HACHETTE.	129
II. LES JUMEAUX DE L'HÔTEL CORNEILLE.	139
LE TURCO. — LA MORT DU TURCO.	163
MADELON. — L'INONDATION.	193
LE GRAIN DE PLOMB.	207
DANS LES RUINES.	220
LE ROMAN D'UN BRAVE HOMME. — I. A VALENTINE.	232
II. LES DUMONT.	233
III. LA FÊTE, L'INCENDIE, LE DÉVOUEMENT.	246

SOUVENIRS

ALSACE. — I.	Saverne................	261
II.	Strasbourg................	278
LES ŒUFS DE PAQUES............		300
LE PREMIER FAGOT DE L'HIVER.......		307
LE JARDIN DE MON GRAND-PÈRE.......		310
LE LYCÉE CHARLEMAGNE...........		319

20 223. — Imprimerie générale A. Lahure, 9, rue de Fleurus, à Paris.

www.ingramcontent.com/pod-product-compliance
Lightning Source LLC
Chambersburg PA
CBHW070622160426
43194CB00009B/1340